UTB **2865**

W0172507

Eine Arbeitsgemeinschaft der Verlage

Beltz Verlag Weinheim · Basel
Böhlau Verlag Köln · Weimar · Wien
Verlag Barbara Budrich Opladen · Farmington Hills
facultas.wuv Wien
Wilhelm Fink München
A. Francke Verlag Tübingen und Basel
Haupt Verlag Bern · Stuttgart · Wien
Julius Klinkhardt Verlagsbuchhandlung Bad Heilbrunn
Lucius & Lucius Verlagsgesellschaft Stuttgart
Mohr Siebeck Tübingen
C. F. Müller Verlag Heidelberg
Orell Füssli Verlag Zürich
Verlag Recht und Wirtschaft Frankfurt am Main
Ernst Reinhardt Verlag München · Basel
Ferdinand Schöningh Paderborn · München · Wien · Zürich
Eugen Ulmer Verlag Stuttgart
UVK Verlagsgesellschaft Konstanz
Vandenhoeck & Ruprecht Göttingen
vdf Hochschulverlag AG an der ETH Zürich

Peter E. Fäßler

Globalisierung

Ein historisches Kompendium

BÖHLAU VERLAG KÖLN WEIMAR WIEN · 2007

Peter E. Fäßler ist Privatdozent für Neuere und Neueste Geschichte sowie Wirtschafts- und Sozialgeschichte an der TU Dresden.

Bibliografische Information der Deutschen Bibliothek:

Die Deutsche Nationalbibliothek verzeichnet diese Publikation in der Deutschen Nationalbibliografie; detaillierte bibliografische Daten sind im Internet über http://dnb.ddb.de abrufbar.

ISBN 978-3-8252-2865-1 (UTB)
ISBN 978-3-412-11406-0 (Böhlau)

© 2007 by Böhlau Verlag GmbH & Cie, Köln Weimar Wien
Ursulaplatz 1, D-50668 Köln, www.boehlau.de

Einbandgestaltung: Atelier Reichert, Stuttgart
Satz: Punkt für Punkt GmbH, Düsseldorf
Druck und Bindung: AALEXX Druck GmbH, Großburgwedel
Gedruckt auf chlor- und säurefreiem Papier
Printed in Germany

ISBN 978-3-8252-2865-1

Inhalt

Vorwort

50, 500 oder 5000 Jahre – wie weit müssen wir zurückblicken, um das Phänomen »Globalisierung« in seiner geschichtlichen Entwicklung angemessen zu erfassen? Wie ist dieser Prozess verlaufen, gab es dynamischere und ruhigere Phasen, kam die Globalisierung irgendwann einmal gar zum Stillstand? Welche Antriebskräfte können benannt werden, welche hemmenden Faktoren übten einen Einfluss auf den globalen Vernetzungsvorgang aus? Können wir aus der Globalisierungsgeschichte Lehren für die Gegenwart ziehen? Und überhaupt – was verstehen wir eigentlich unter »Globalisierung«?

Fragen wie diese beschäftigen zahlreiche Menschen, sie werden in den Feuilletons von Zeitungen ebenso thematisiert wie sie Gesprächsstoff für telemediale Expertenrunden liefern. Das Antwortspektrum beeindruckt durch seine Vielfalt und verwirrt bisweilen durch seine Widersprüchlichkeit. Einerseits liegt dies an dem komplexen, deshalb erst unzureichend verstandenen Phänomen selbst, andererseits wohl aber auch an den politischen Interessen, die mit Globalisierungsanalysen eng verknüpft sind und in die Debatte einfließen.

Das hier vorlegte Studienbuch wurde in der Absicht verfasst, angehenden Historikerinnen und Historikern eine Orientierungshilfe und ein Strukturierungsangebot zugleich anzubieten. Ergänzend zu sozial- und wirtschaftshistorischen Lehrbüchern stehen in diesem Kompendium die langfristigen Globalisierungstrends im Vordergrund. Der knappe Raum erforderte eine Auswahl und Beschränkung des dargebotenen Materials, was zwangsläufig eine exemplarische Argumentation zur Folge hat.

Das Manuskript wurde im Februar 2007 abgeschlossen. Seither sind einige wichtige Arbeiten zur Globalisierung erschienen, und etliche anregende Diskussionen wurden in der Öffentlichkeit geführt. Sie konnten leider nicht mehr berücksichtigt werden; das macht deutlich, dass Studien zur »Globalisierung« als analytische Momentaufnahmen zu verstehen sind – weit mehr, als dies bei anderen Themen der Fall ist.

Für Anregungen und Kritik danke ich Antje Dossmann, Doreen Franz, Sylvia Wölfel, Uwe Balder, Christoph Boyer, Thomas Hauptmann, Maximilian Horster, Georg Ladwig, Stefan Mager, Herrn Roßberg und Michael Schäfer.

Dresden, Februar 2007   Peter E. Fäßler

I. Einleitung

I.1. Ein kalifornisches Fräuleinwunder

Sie ist ein typisches Geschöpf der Globalisierung. Gemeinsam mit Freund Ken bevölkert Barbie seit 1959 unzählige Kinderzimmer in aller Welt *(Abb. 1)*. Mehr als 800 Millionen Exemplare wanderten bislang über die Ladentische; damit avancierte sie zur meistverkauften Spielzeugpuppe überhaupt. Sowohl Verbreitungsgrad als auch Herkunft weisen Barbie als eine wahrhafte Weltbürgerin aus. Entworfen in kalifornischen Designstudios, erlangt sie ihre Gestalt in Asien. Das Plastik für den zierlichen Körper liefern Firmen der Inselrepublik Taiwan, die dünnen Kunsthaare stammen aus Japan. Chinesische Näherinnen fertigen Kleidchen in allerlei Variationen, während Farben und aufwändige Verpackungskartons US-amerikanischen Ursprungs sind. Den Zusammenbau der Figur übernehmen indonesische und malaiische Arbeiterinnen. Für die abschließende Qualitätskontrolle

Abb. 1 Ur-Barbie (1959)
Quelle: Mattel GmbH

kehren die Spielzeugpuppen in ihre kalifornische Ursprungsregion zurück, ehe sie von dort in alle Welt versandt werden.

Barbie ist nicht nur eine Ikone, sondern zugleich ein Lehrstück der Globalisierung. Einige Aspekte mögen dies verdeutlichen:

■ *Weltweite Arbeitsteilung und Wirtschaftsintegration:* Der auf zahlreiche Länder verteilte Herstellungsprozess führt uns die hochgradig arbeitsteilige Weltwirtschaft deutlich vor Augen. Während die Unternehmenszentrale mit dem Management sowie den konzeptionell-kreativen und damit gut bezahlten Tätigkeiten in den USA verbleiben, werden dürftig entlohnte

Jobs in der Produktion in verschiedene Länder Asiens ausgelagert. Hierbei handelt es sich um ein auch bei anderen Branchen vielfach zu beobachtendes Muster regionaler Arbeitsteilung. Des Weiteren belegen die länderübergreifend angesiedelte Produktion sowie der Vertrieb auf dem Weltmarkt einen hohen Integrationsgrad von Grundstoff-, Arbeits- und Absatzmärkten.

■ *Welthandel und -transport:* Global organisierte Herstellungs- und Vertriebsstrukturen ziehen ein beachtliches Handels- und Transportaufkommen nach sich und machen deutlich, weshalb es während der letzten Jahrzehnte zu dem gewaltigen Anstieg des globalen Warentransfers gekommen ist. Trotz des logistischen Aufwands und der damit verbundenen Kosten erzielt das Unternehmen auf diesem Wege höhere Profite, als wenn die gesamte Produktion an seinem Heimatstandort Kalifornien konzentriert wäre. Denn den Mehrausgaben im Bereich Logistik/Transport stehen weitaus höhere Einsparungen bei Löhnen, Sozialleistungen, Steuern und Betriebskosten in den asiatischen Niederlassungen, sowie vermutlich auch staatliche Subventionen, Ansiedlungsprämien u. a. m. gegenüber.

■ *Ökologische Folgen:* Allerdings bleiben bei der ausschließlich betriebswirtschaftlichen Betrachtungsweise die ökologischen Folgen des rasant wachsenden Weltverkehrsaufkommens ausgeblendet. Daraus resultierende Umweltbelastungen sowie die mit ihrer Beseitigung verbundenen Kosten werden nach wie vor größtenteils externalisiert, d. h. die Unternehmensbilanzen weisen sie nicht in angemessener Höhe aus. Letztlich muss die Allgemeinheit für die Begleichung der Umweltschäden aufkommen.

■ *Global player:* Erschaffen, produziert und vertrieben wird die Weltenbürgerin Barbie von einem typischen *global player,* einem rund um den Erdball präsenten, multinationalen Unternehmen (MNU). Als Garagenfirma nach Ende des Zweiten Weltkrieges in Südkalifornien gegründet, 1948 in

---

Triade (lat. Dreiheit)

Im Zusammenhang mit der Globalisierung bezeichnet Triade das Wirtschaftsgeflecht (Handel, Firmenbeteiligungen etc.) zwischen Nordamerika, der Europäischen Union und Japan/ Ostasien.

Innerhalb dieser Regionen werden derzeit rund 75% des Welthandels abgewickelt.

STICHWORT

die Rechtsform einer Aktiengesellschaft umgewandelt, ging die Firma »Mattel« kurz nach Entwicklung ihres Verkaufsschlagers Barbie an die Börse, um das notwendige Kapital für den globalen Expansionskurs aufzubringen. In der Bundesrepublik Deutschland gründete der Spielzeughersteller 1966 die erste Auslandsniederlassung und erschloss von hier aus den wichtigen Absatzmarkt Westeuropa. Mittlerweile verfügt der Konzern über Dependancen in 43 Staaten und ist damit weltweit präsent – außer in Afrika.[1] Das wiederum entspricht der räumlichen Struktur moderner Globalisierung, die innerhalb der Triade Nordamerika – West-/Mitteleuropa – Ostasien besonders dynamisch voranschreitet und um Afrika eher einen Bogen schlägt.[2]

◼ *Kulturelle Homogenisierung:* Als sehr beliebtes Spielzeug transportiert Barbie körperliche und kulturelle Werte, die untrennbar mit der US-amerikanischen Gesellschaft verknüpft sind, in die Kinderzimmer und wohl auch -köpfe dieser Welt. Wespentaille, endlos lange Beine, wallendes blondes Haar, blaue Augen und Stupsnase verbinden sich zu einem absatzfördernden Schönheitsideal. Accessoires und Textilien passen die verantwortlichen Designer den jeweils aktuellen, vornehmlich amerikanischen Mode- und Life-Style-Konjunkturen an. Globalisierungskritiker sehen in dem enormen Verbreitungsgrad Barbies die These von der kulturellen Homogenisierung, d. h. des schleichenden Verlusts regionaler Vielfalt, exemplarisch unterfüttert. Demnach sei die Kinderpuppe eine besonders erfolgreiche Repräsentantin der »Eine-Waren-Welt«, des uniformen Musters globaler Populärkultur. Mehr noch: Die angenommene Homogenisierung werde so sehr von US-amerikanischen Werten geprägt und von US-Firmen vorangetrieben, dass der Sonderfall »Amerikanisierung« vorliege. In den Kinderzimmern rund um den Globus, so die Sorge, setze sich der Siegeszug des Kapitalismus westlicher Prägung fort. Um im Bild zu bleiben: Barbie verdrängt Matroschka aus den Puppenhäusern.

◼ *Globalisierung im Widerstreit:* Freilich regt sich auch Widerstand gegen die Allgegenwart des kalifornischen Fräuleins. Stößt Barbie bereits im westlichen Europa auf sehr geteilte Resonanz, so erlebt sie in der arabischen Welt heftige Ablehnung. Im September 2003 entzog ihr die saudi-

---

1 Vgl. Internetpräsentation der Firma Mattel (www.mattel.de).
2 Begriff erstmals bei Ohmae, Kenichi: Triad power. The Coming State of Global Competition. New York 1985 (dt.: Macht der Triade. Die neue Form des weltweiten Wettbewerbs. Wiesbaden 1985).

arabische Regierung wegen der anstößigen Bekleidung gar die Aufent-
haltsgenehmigung im eigenen Lande, und mittlerweile macht ihr dort das
arabische Modell »Fulla« (arab.: Jasminblüte) Konkurrenz. Offenkundig
teilt Barbie mit der Globalisierung das Schicksal, dass sich an ihr die Geister scheiden.

■ *Glokalisierung:* Nicht zuletzt wegen solcher ethnisch-kultureller Konflikte entwickelte die Firma »Mattel« im Laufe der Jahre sogenannte
Ethno-Barbies. Ursprünglich den speziellen Konsumwünschen innerhalb
der heterogenen US-Gesellschaft geschuldet, passt das Unternehmen den
Habitus seines Verkaufsschlagers nunmehr weltweit regionalen bzw. ethnischen Gegebenheiten an. Gemäß der Einsicht »think global, act local«
befördern dunkel- und hellhäutige Figuren oder solche mit asiatischem
Erscheinungsbild den regionalen Absatz. Landestypische Accessoires
unterstreichen diese Verkaufsstrategie. Zugleich hofft man, so den Vorbehalten gegenüber der US-amerikanischen Dominanz entgegenwirken zu
können. Bereits in den frühen 1990er Jahren warf der Soziologe Robertson
das Kunstwort »Glocalization«[3] (*Glo*balization and *Localization*) in die
Debatte und kennzeichnete damit die Adaption globaler kultureller Muster an lokale/regionale Befindlichkeiten.

Die Fallstudie »Barbie« verweist darauf, wie eng ökonomische, gesellschaftliche, politische, kulturelle und ökologische Aspekte der Globalisierung miteinander verwoben sind. Daher greifen weit verbreitete Erklä-
rungsansätze, welche vornehmlich die (welt-)wirtschaftliche Dimension
untersuchen, zwangsläufig zu kurz. Sie lassen sich nur rechtfertigen, wenn
man aus Gründen der analytischen Operationalisierbarkeit das komplexe
Phänomen in einzelne Bestandteile zerlegt.

I.2. Globalisierung – Wahrnehmung und Kontroversen

Während der letzten Jahre scheint die Globalisierung zu einem allgegenwärtigen Phänomen herangewachsen zu sein, kaum ein Lebensbereich
bleibt von ihren Folgen unberührt. Akzeptiert man die deutsche Tages-
presse und englische Fachzeitschriften als aussagekräftige Indikatoren für
öffentliches Bewusstsein, so setzte die Debatte über die Globalisierung im
deutsch- und englischsprachigen Raum Mitte der 1990er Jahre massiv ein

---

3   Robertson, Roland: Globalization. Social Theory and Global Culture. Lon-
    don 1992, S. 173–174.

(Graphik 1). Die Wahl zu Deutschlands »Wort des Jahres 1996«, bei der »Globalisierung« auf Rang vier landete, bestätigt diesen Befund.

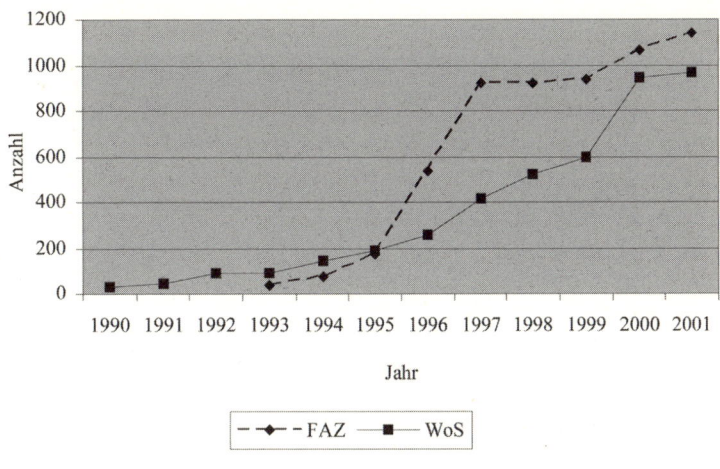

Graphik 1 Anzahl von Artikeln mit dem Stichwort »Globalisierung« in der »Frankfurter Allgemeinen Zeitung« bzw. »Globalization« in englischsprachigen Fachzeitschriften (Web of Science), 1990–2001

Quellen: Deutscher Bundestag (Hrsg.): Globalisierung der Weltwirtschaft. Opladen 2002, S. 49; www.isiwebofknowledge.com

Die schärfere Wahrnehmung von Globalisierung und ihren Folgen just in jenem Zeitraum dürfte auf drei Ursachen zurückzuführen sein: Erstens gewann die weltweite ökonomische, politische, gesellschaftliche und kulturelle Vernetzung seit 1990 deutlich an Fahrt, griff verstärkt in die individuelle Lebensgestaltung ein und wurde damit zur persönlich erfahrbaren Größe. Zweitens hatten bis dato dominierende Themen politisch-ideologischen Inhalts (Ost-West-Konfrontation, Abrüstung u. a.) mit dem Ende des »Kalten Krieges« viel von ihrer Brisanz verloren und rückten gegenüber aktuelleren Problemen (u. a. Entwicklungsfragen, Systemtransformation, Welthandel, Globalisierung) in den Hintergrund. Drittens sensibilisierte die öffentliche Debatte große Teile der Bevölkerung und trug in einem Rückkopplungseffekt dazu bei, dass immer mehr Mosaiksteinchen der Globalisierung identifiziert und in das Gesamtbild integriert wurden. Auch seit langem bekannte Erscheinungen erfuhren im Lichte dieser

Debatte eine neue Kontextualisierung. Die Spielzeugpuppe Barbie etwa wurde nicht länger nur als mehr oder weniger geschmackvoller Teil des »American way of life«, sondern mindestens ebenso sehr als Globalisierungsikone problematisiert.

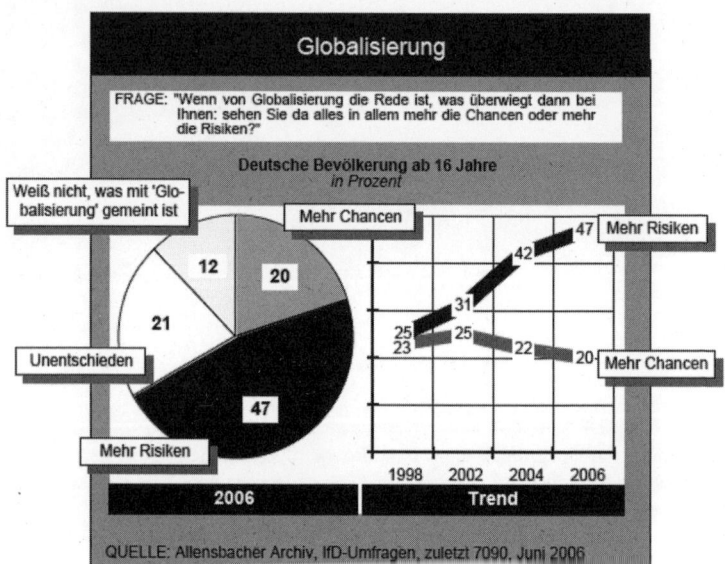

Graphik 2 Umfrage zur Globalisierung, 6/2006

Ehe der gesamtgesellschaftlich spürbare Trend zur weltweiten Integration ein öffentliches Thema wurde, hatten sich bereits Wissenschaftler, Unternehmer und Politiker damit befasst. Als Ergänzung zu inhaltlich verwandten Begriffen wie »Internationalisierung« oder »Weltwirtschaft« entdeckten große Unternehmen in den 1980er Jahren den seinerzeit positiv konnotierten Begriff »Globalisierung«, um die weltläufige Strategie des eigenen Hauses und seine Stilisierung zum konkurrenzfähigen *global player* zu etikettieren. Mittlerweile ist man davon etwas abgerückt, denn das öffentliche Urteil über die Globalisierung fällt aufgrund weit verbreiteter Sorgen recht kritisch aus. Insbesondere im hoch entwickelten Deutschland dominieren bei einem wachsenden Teil der Bevölkerung Ängste vor dem sozialen Abstieg, wohingegen nur noch eine Minderheit überzeugt ist, dass die Globalisierung für den Einzelnen mehr Chancen als Risiken berge *(Graphik 2)*.

Einig ist man sich vor allem in der Erkenntnis, dass die Globalisierung die moderne Welt zutiefst verändert und einen fundamentalen gesellschaftlichen Transformationsprozess auslöst. Bislang existieren sehr widersprüchliche Expertisen über die Art und Weise, in der dies geschieht. Derzeit stehen folgende Aspekte im Vordergrund einer kontrovers geführten Diskussion:

Zentrale Konfliktfelder der Globalisierungsdebatte

- Globalisierung und Nationalstaat
- Globalisierung und Demokratie
- »Race to the bottom« bei Umwelt- und Sozialstandards
- Globalisierung und Grenzen der ökologischen Belastbarkeit
- Homogenisierung – Heterogenisierung – Hybridisierung
- Globalisierungsgewinner und -verlierer
- Globalisierung und Migration

INFO-BOX 1

■ *Globalisierung und die Zukunft des Nationalstaates*: Ungeachtet zahlreicher Staatsgründungen nach dem Niedergang des Sozialismus in Osteuropa, welche eine Renaissance des nationalstaatlichen Prinzips plausibel erscheinen lassen, mehren sich die Stimmen, die zwischen der Kompetenzerosion nationaler Regierungen und dem Voranschreiten der Globalisierung einen kausalen Zusammenhang erkennen. Die Gründe hierfür sind vielfältig, teils politisch gewollt, teils strukturell bedingt. So werden Handlungskompetenzen ganz bewusst von der nationalen auf die supranationale Ebene verlagert, wie das Beispiel der westeuropäischen Integration zeigt. Auf der anderen Seite erhalten zivilgesellschaftliche Organisationen aufgrund ihrer stärkeren Einbindung in behördliche Entscheidungsprozesse (öffentliche Anhörungen, Beratungsgremien u. ä.) mehr Mitspracherechte. Auch durch die zahlreichen internationalen Vereinbarungen erlegen sich nationale Regierungen eine gewisse Selbstbeschränkung der eigenen Handlungsspielräume auf.

Neben diesen politisch in Kauf genommenen Entwicklungen engen aber vor allem nicht erwünschte Tendenzen die staatliche Gestaltungsmacht ein. Beispielsweise erscheinen angesichts des derzeitigen weltwirtschaftlichen Verflechtungsgrades bestimmte wirtschaftspolitische Maßnahmen nationalen Zuschnitts (z. B. Konjunkturprogramme) kaum noch sinnvoll. Auch stellt die grenzüberschreitende Mobilität von (Human-)

Kapital und Kapitalgesellschaften, deren Richtung gemäß einer pointierten These von der »Gier des Marktes« (Claus Koch) bestimmt werde, eine Bedrohung für das nationale Steueraufkommen bzw. für Arbeitsplätze im eigenen Land dar. Nicht zuletzt deshalb stößt die Finanzierung sozialer Sicherungssysteme an ihre Grenzen. Vor diesem Hintergrund prognostizieren etliche Autoren das Ende des Nationalstaats.[4] Andere wiederum bestreiten ein derartiges Szenario vehement. Überzeugt vom regionalen und nationalen Behauptungswillen gehen sie davon aus, dass auch in Zukunft Staaten und ihre Regierungen wichtige Akteure der Globalisierung bleiben werden.[5]

■ *Globalisierung und Demokratie:* Überzeugte Vertreter eines liberalen Standpunktes sehen einen Zusammenhang zwischen demokratischer Grundordnung und freier Marktwirtschaft. Daher prognostizieren sie, dass die voranschreitende Globalisierung – einhergehend mit einer Ausbreitung der Marktwirtschaft – zur weiteren Demokratisierung der Welt beitragen werde.[6] Bestätigt fühlen sie sich durch den empirischen Befund der dritten Demokratisierungswelle, die mit der voranschreitenden Globalisierung einhergeht.[7]

■ *»Race to the bottom« bei Umwelt- und Sozialstandards:* Heftig umstritten ist weiterhin die Frage, ob und in welcher Form ein Wettbewerb zwischen verschiedenen Standorten um die Ansiedlung von Produktionsstätten ausgetragen wird, der in eine Abwärtsspirale bei so kostentreibenden Werten wie Sozial- oder Umweltstandards münden könnte. Während Skeptiker bzw. Kritiker der Globalisierung ein solches »race to the bottom« für beide Bereiche zu erkennen glauben, vertreten Befürworter die Auffassung, dass

---

4 Strange, Susan: The Retreat of the State. The Diffusion of Power in the World Economy. Cambridge 1996. Ohmae, Kenichi: The End of the Nation State. The Rise of Regional Economics. How new Engines of Property are Reshaping Global Markets. London 1995. Camilleri, Joseph A./Falk, Jim: The End of Sovereignty. Alderhot 1992.

5 Hirst, Paul/Thompson, Graham: Globalization in Question: The International Economy and the Possibilities of Governance. Cambridge 1996. Weiss, Linda: The Myth of the Powerless State. Governing the Economy in a Global Era. Cambridge 1998.

6 Micklethwait, John/Wooldridge, Adrian: The Hidden Promise. Liberty Renewed. In: Micklethwait, John/Wooldridge, Adrian (Hrsg.): A Future Perfect: The Essentials of Globalization. 2000, S. 332–342.

7 Karatnycky, Adrian: A Century of Progress. In: Journal of Democracy 11 (2000) 1, S. 187–200, S. 187.

der globale Wettbewerb auf lange Sicht zu höheren Standards insbesondere in Entwicklungsländern führen werde. Untersuchungen des Politikwissenschaftlers David Vogel förderten für beide Positionen empirische Befunde zu Tage.[8] Am Beispiel des US-Bundesstaates Delaware dokumentierte er tatsächlich ein »race to the bottom« hinsichtlich der Umwelt- und Sozialstandards in den benachbarten Maryland und New Jersey (*Delaware-effect*), wohingegen die fortschrittlichen Umweltauflagen Kaliforniens auch von anderen Bundesstaaten übernommen wurden (*California-effect*).

▨ *Globalisierung und Grenzen der ökologischen Belastbarkeit:* Das nachweislich starke Anwachsen des Welthandels ist mit einem steigenden Verkehrsaufkommen verknüpft, dessen ökologische Folgen die Kapazität unseres Planeten zu übersteigen drohen. Es seien an dieser Stelle nur die schleichende Meeresverschmutzung durch die Schifffahrt, die Schadstoffbelastung der Stratosphäre durch hoch fliegende Jets oder der Beitrag von Verbrennungsmotoren zum globalen Klimawandel in Erinnerung gerufen. Während über die Sachverhalte weitgehend Einigkeit besteht, stoßen Forderungen nach einer Eindämmung der Weltverkehrsströme, etwa durch höhere Treibstoffsteuern, Zölle, Förderung einheimischer Produkte etc., bei Freihandelsverfechtern auf entschiedene Ablehnung.

▨ *»Homogenisierung« – »Heterogenisierung« – »Hybridisierung«:* Hinter dem Schlagwort »Homogenisierung« verbirgt sich die von David Levitt Anfang der 1980er Jahre in die Diskussion eingebrachte Vorstellung, dass es aufgrund weltweiter Vernetzungen und intensiver Austauschbeziehungen letzten Endes zu einer einheitlichen Weltkultur kommen werde.[9] Griffige Formulierungen wie »McDonaldisierung« (George Ritzer), »Coca-Colonization« (Zdravko Mlinar) oder auch »McWorld« (Benjamin Barber) lassen eine solche Konvergenz zumindest in Teilbereichen des Massenkonsums plausibel erscheinen. Da es sich dabei um eine vermeintliche Dominanz US-amerikanischer Produkte und Akteure handelt, werden auch die Begriffe »Westernisierung« bzw. »Amerikanisierung« verwendet.[10] Selbst bei Kulturwerten wie der Sprache, die keine primär ökonomische Bedeu-

---

8 Vogel, David: Trading up. Consumer and Environmental Regulation in a Global Economy. Cambridge/Mass. 1995.

9 Levitt, David: The Globalization of Markets. In: Harvard Business Review, 1.5.1983, S. 92–102.

10 Wilkinson, David: Globalizations. The First Ten, Hundred, Five Thousand and Million Years. In: Gills, Barry K./Thompson, William R.: Globalization and Global History. London, New York 2006, S. 68–78, hier: S. 69.

tung haben, erscheint die angelsächsische Präsenz erdrückend. Als Indikator für den Verlust kultureller Vielfalt diskutieren Sprachwissenschaftler den Rückgang lebendiger Sprachen. Nach pessimistischen Schätzungen werden von den derzeit rund 6500 Sprachen nur ca. 10 % das 21. Jahrhundert überdauern.

Zahlreiche Autoren bezweifeln indes die Homogenisierungsthese und verweisen auf lokale, regionale und nationale Strömungen, die selbst unter Globalisierungsdruck ihre unverwechselbare Identität bewahren und ihre Tradition pflegen. Vermittelnd zwischen »Homogenisierern« bzw. »Heterogenisierern« hebt eine dritte Gruppe von Forschern auf »Hybridisierungseffekte« ab. Danach verschmelzen globale und regionale Kulturelemente zu neuen Formen (»kulturelle Kernschmelze«).

■ *Globalisierungsgewinner und -verlierer:* Schließlich sei noch auf eine weitverbreitete Sorge hingewiesen. Offenkundig profitieren bestimmte Akteursgruppen von der Globalisierung mehr als andere, ganz zu schweigen von jenen, die sich durch die Globalisierung in ihrer bisherigen Existenz bedroht sehen.[11] Jüngste Umfragen belegen den hohen Verbreitungsgrad der damit verbundenen Ängste *(Graphik 3)*. Unter Berufung auf das Samuelson-Stolper-Theorem leiten Forscher die These von den globalisierungsbedingt wachsenden sozialen Unterschieden hierzulande ab. Eine derartige Entwicklung könnte nach Meinung zahlreicher Experten den sozialen Frieden und damit die innere Stabilität erheblich gefährden. Dagegen betonen die Verfechter weiterreichender weltwirtschaftlicher Verflechtungen die wohlstandssteigernden Effekte der Globalisierung, von denen auf lange Sicht alle Menschen profitieren würden.

■ *Globalisierung und Migration:* Großräumige Migrationszüge prägen die Menschheitsgeschichte seit ihren Anfängen. Wenn Stephen Castles und Mark Miller dennoch die Gegenwart als »Zeitalter der Migration« charakterisieren und ihr damit eine neue Qualität zuschreiben, müssen sie dafür gute Gründe anführen.[12] Tatsächlich vertreten etliche Forscher die Auffassung, dass die massenhafte, interregionale Migration mit globalen Wanderungszielen aufgrund von Massenelend, Perspektivlosigkeit, Bürgerkriegen,

---

11 Bonß, Wolfgang: Schreckgespenst Globalisierung? Zu den Auswirkungen der Globalisierung auf die Erwerbsgesellschaft. In: Globalisierung und Soziale Marktwirtschaft, hrsgg. v. Rektorat der Universität Ulm. Ulm 1999, S. 55–74.

12 Castles, Stephen/Miller, Mark: The Age of Migration. Basingstoke ³2004.

Samuelson-Stolper-Theorem

Der Ökonom und Nobelpreisträger **Paul A. Samuelson** *(*1915) formulierte gemeinsam mit seinem Kollegen* **Wolfgang F. Stolper** *(*1912) im Jahre 1941 das nach ihnen benannte Theorem. Im Kern besagt es: Wird ein Gut aufgrund von Grenzöffnung (neue Handelsbeziehungen, Zollabbau o. ä.) verstärkt nachgefragt, steigt das Einkommen jener Faktoren (Arbeit, Wissen, Kapital, Boden), die zur Herstellung intensiv genutzt werden.*

Das Theorem bietet einen Erklärungsansatz dafür, dass in den Hochtechnologieländern Experten von der Globalisierung profitieren, wohingegen gering qualifizierte Arbeitskräfte Einkommenseinbußen bzw. Entlassungen hinnehmen müssen. Dagegen werden arbeitsintensive Produktionen (z.B. Textil) in Niedriglohnländern mit zahlreichen, schlecht ausgebildeten Arbeitern verlagert, die hierdurch eine Besserstellung erfahren.

STICHWORT

Dürrekatastrophen etc. sowohl quantitativ als auch qualitativ eine neue Dimension erreicht habe.[13] Die sich hieraus ableitenden sozio-ökonomischen Probleme sowohl für die Herkunfts- als auch für die Zielregionen vermag bislang niemand auch nur einigermaßen zuverlässig abzuschätzen.

Diese knappe Aufzählung prominenter Kontroversen innerhalb des Globalisierungsdiskurses darf nicht darüber hinwegtäuschen, dass es eine Vielzahl strittiger Themen in diesem Zusammenhang gibt, die hier nicht zu benennen, geschweige denn zu diskutieren sind.

---

13 Wilkinson, Globalizations, S. 70.

FRAGE: "Woran denken Sie, wenn Sie das Wort 'Globalisierung' hören, was denken Sie über die Globalisierung?" (*Kartenspielvorlage*)

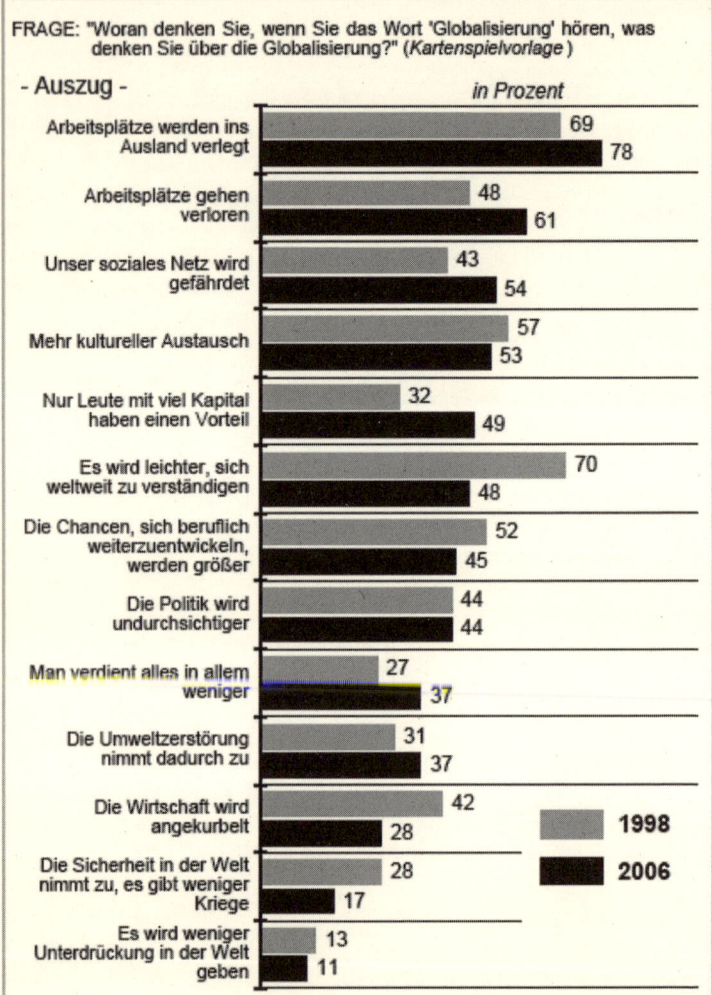

Graphik 3 Globalisierung. Gedanken und Vorstellungen 1998/2006

Quelle: Allensbacher Archiv, IfD-Umfragen 6055 und 7090; befragt wurden 1269 Personen über 16 Jahre.

I.3. Fragen und Herausforderungen für die Geschichtswissenschaft

In den 1990er Jahren lieferten Wirtschafts- und Politikwissenschaftler, aber auch Soziologen bemerkenswerte Beiträge zur wissenschaftlichen Analyse der Globalisierung. Historiker, insbesondere deutschsprachige Experten, hielten sich indes mit eigenständigen Untersuchungen lange zurück. Immerhin, seit Beginn des neuen Jahrtausends widmet die Geschichtsforschung, die erfahrungsgemäß zeitgenössische Strömungen etwas zögerlich in den Kanon ihrer Untersuchungsgegenstände zu integrieren pflegt, der Globalisierung zunehmende Aufmerksamkeit. Nunmehr hat das Stichwort »Globalisierung« selbst in die Einführungsliteratur zur Geschichte bzw. zum Geschichtsstudium Eingang gefunden – ein untrügliches Zeichen dafür, dass das Thema im Fach angekommen ist.

Eine solche Entwicklung ist ausdrücklich zu begrüßen. Schließlich versteht sich die Historiographie seit den 1960er Jahren zu Recht als kritische Orientierungswissenschaft, die den eher staatstragenden Historismus hinter sich gelassen hat und bewusst in aktuelle Kontroversen eingreift. Will sie ihren eigenen Anspruch und damit ihre gesellschaftspolitische Relevanz nicht aufgeben, muss sich die Geschichtsforschung in der Globalisierungsdebatte positionieren. Das ist umso dringender erforderlich, als bereits jetzt die politische Kontroverse in hohem Maße von argumentativen Rückgriffen auf die Vergangenheit geprägt wird. »Alles schon mal da gewesen«, lautet beispielsweise die These etlicher Globalisierungsbefürworter, mit der sie a.) dem aktuellen Globalisierungsschub keine neue Qualität zugestehen und b.) daher auch keinen gesteigerten politischen Handlungsbedarf erkennen, um auf mögliche gesellschaftliche bzw. ökologische Folgen angemessen zu reagieren. Ein analoges Argumentationsmuster mit umgekehrten Vorzeichen findet sich bei zahlreichen Globalisierungsskeptikern bzw. -kritikern. Sie postulieren, ebenfalls unter Berufung auf historische Erfahrungen, die neue Qualität der jüngsten Entwicklung und mahnen dringenden Regulierungsbedarf an.

In einer solchen Situation sind Historiker aufgefordert, ihre fachliche Kompetenz zumindest bezüglich der historischen Dimension des Phänomens in die Waagschale zu werfen. Was aber kann die historische Forschung substanziell zum Thema Globalisierung beitragen? Und umgekehrt: Welche Chancen und Herausforderungen ergeben sich aus dem hochpolitischen Thema für das Fach selbst? Die nachstehenden Überlegungen zu beiden Fragen mögen verdeutlichen, dass von einer intensiven

Auseinandersetzung mit der Globalisierung sowohl der öffentlich-politische Diskurs als auch die Wissenschaft selbst enorm profitieren werden.

Bereits zum jetzigen Zeitpunkt kann die vor allem von Ökonomen vertretene Auffassung, Globalisierung sei ein Phänomen des ausgehenden 20. Jahrhunderts, zurückgewiesen werden. Die historische Genese der Globalisierung, ihr Ursprung, ihr Entwicklungsweg und dabei erkennbare Zäsuren belegen, dass wir es mit einem langdauernden, säkularen Prozess *(longue durée)* variierender Geschwindigkeiten zu tun haben. In seinen Grundzügen handelte es sich letztlich um einen irreversiblen Vorgang; allerdings erweist sich Globalisierung in bestimmten gesellschaftlichen Teilbereichen als steuerbar, partiell sogar umkehrbar, wie die weltwirtschaftliche Desintegration der 1930er Jahre eindrücklich belegt. Die Herausbildung der für die Globalisierung so typischen Netzwerkstruktur, die Akteurskonstellation, bei der neben nationalen Regierungen einflussreiche Akteure wie *MNUs* oder *International Non-Governmental Organizations (INGO)* auf den Plan treten, stellen weitere Untersuchungsfelder dar, auf denen historische Einsichten zu einem tieferen Verständnis der gegenwärtigen Situation führen können.

Umgekehrt bietet die Globalisierung der historischen Forschung eine wichtige heuristische Hilfestellung. Aus ihrem Blickwinkel lassen sich zahlreiche bekannte Sachverhalte einer Reinterpretation unterziehen. Das muss keineswegs zwangsläufig auf eine Widerlegung oder gar Entwertung älterer Forschungsergebnisse hinauslaufen. Vielmehr hilft die Analyse aus verändertem Blickwinkel, neue, möglicherweise tiefer gehende Einsichten zu gewinnen. Drei Beispiele mögen dies verdeutlichen:

■ *Ostelbische Junker als Globalisierungsverlierer?* Bislang dominierte in der historischen Diskussion die Auffassung, dass die agrarischen Eliten Preußens im ausgehenden 19. Jahrhundert aufgrund des industriellen Modernisierungsschubes und der dadurch veränderten gesellschaftlichen und letztlich auch innenpolitischen Machtbalance in die Defensive gedrängt wurden. Des Weiteren gelten die stürmisch voranschreitende Weltagrarmarktintegration und die verschärfte internationale Wettbewerbssituation als wichtige Ursache für ihre kritische Lage, auf die mit einer Schutzzollstrategie reagiert wurde. Globalisierungstheorien könnten neue Interpretationsansätze für dieses soziale Abstiegsszenario aufzeigen, etwa hinsichtlich der Frage nach Handlungsoptionen.

■ *Westeuropäische Integration als Regionalisierungsstrategie?* Die Gründung der Europäischen Gemeinschaft für Kohle und Stahl (EGKS) im Jahre 1952 und ihre Fortführung in der Europäischen Wirtschaftsgemeinschaft

(EWG, 1958) bzw. Europäischen Gemeinschaft (EG, 1968) lassen sich auf ein ganzes Bündel an Motiven zurückführen. Besonderes Gewicht wurde dabei den Aspekten »Abbau des nationalen Konfliktpotentials in Europa«, »Westintegration/Disziplinierung der Bundesrepublik Deutschland« und »ökonomischer Wiederaufbau« beigemessen. Das frühzeitig vorgebrachte Argument, mit der westeuropäischen Integration entstünde auf lange Sicht ein politisch-ökonomisches Gegengewicht zu den USA und Japan, galt in der historischen Forschung lange als zweitrangig. Heute, im Lichte der Globalisierung erscheint diese Regionalisierungsstrategie von ungeheurer Evidenz und die Frage nach ihren historischen Wurzeln wird neu gestellt werden müssen.[14]

▓ *Das bundesdeutsche »Wirtschaftswunder« – eine Folge der Globalisierung?* Eine weitere Reinterpretation hat Ingo Pies angestoßen, der das bundesrepublikanische »Wirtschaftswunder« als unmittelbare Folge der zweiten Globalisierungsphase interpretiert.[15] Damit kritisiert er indirekt jene Position, die vor allem die ordnungspolitischen Ursachen (soziale Marktwirtschaft) des wirtschaftlichen Aufschwunges unterstreicht. Auch hier sind für die Zukunft spannende Diskussionen zu erwarten.

Von großer Bedeutung für die methodisch-analytische Weiterentwicklung der modernen Geschichtsforschung erweist sich die Notwendigkeit, den *methodologischen Nationalismus* zu überwinden, der die Geistes- und Gesellschaftswissenschaften lange in das Korsett nationalstaatlicher Grenzen gezwängt hat. Selbst neuere Strömungen, wie sozial- oder kulturgeschichtliche Ansätze, orientieren sich in hohem Maße am »nationalstaatlichen Container«. Oftmals vorgenommene internationale Vergleiche bleiben dem methodologischen Nationalismus verhaftet, stellen nationale Eigenheiten denen anderer Nationen gegenüber und wagen zu selten einen wahrhaft transnationalen Zugriff. Hier bieten die Globalisierung und die damit verbundene Fokussierung auf transnationale Netzwerke gute Möglichkeiten, die nationalen Grenzen auch in der wissenschaftlichen Analyse hinter sich zu lassen.

---

14 Neebe, Reinhard: Weichenstellung für die Globalisierung. Deutsche Weltmarktpolitik, Europa und Amerika in der Ära Ludwig Erhard. Köln, Weimar, Wien 2004.

15 Pies, Ingo: Globalisierung und Demokratie. Chancen und Risiken aus ökonomischer Sicht. In: Brunkhorst, Hauke/Kettner, Matthias (Hrsg.): Globalisierung und Demokratie. Wirtschaft, Recht, Medien. Frankfurt a. M. 2000, S. 53–89, hier: S. 83.

Aufgaben für die Geschichtswissenschaft

- Deskription
  - Ursprünge, Zäsuren, Epochen
  - Kennzeichen, Indikatoren
  - Akteure, Netzwerke

- Ursachenanalyse
  - Mono-, Multikausalität
  - Ökonomische, politische, kulturelle Triebkräfte

- Revision
  - Reinterpretation bekannter Sachverhalte

- Theoriebildung

- Folgenabschätzung/politische Debatte
  - Steuerbarkeit, Reversibilität
  - Homogenisierung/Heterogenisierung

Die Liste der mit dem Komplex »Globalisierung« verbundenen geschichtswissenschaftlichen Aufgaben ist sehr lang. Nachstehende Ausführungen erheben daher keinen Anspruch auf Vollständigkeit, wohl aber auf Relevanz.

■ *Deskription:* Selbstverständlich hat die Geschichtswissenschaft zuvörderst die Aufgabe, den Lauf der historischen Entwicklung zu beschreiben und sinnvoll zu strukturieren.

■ *Ursachenanalyse*: Aus der historischen Betrachtung lassen sich Erkenntnisse darüber gewinnen, auf welche Weise soziale Aktions- bzw. Interaktionsradien eine Ausdehnung erfahren haben. Die Expansionsmotive für diesen Kernprozess der Globalisierung sind dabei von ebenso großem Interesse wie die einzelnen Faktoren, denen es zu verdanken ist, dass naturräumliche und soziale Interaktionsbarrieren zunehmend ihre trennende Funktion verloren haben.

■ *Folgen/Reaktionen:* Schließlich bietet die Vergangenheit ein weites Feld an Erfahrungen über die Auswirkungen sich großräumig verdichtender Netzwerke. Gesellschaftliche Auf- bzw. Abstiegsszenarien und daraus resultierende innen- und außenpolitische Spannungen erhalten im Lichte der Globalisierung neue Akzente.

■ *Theorie der Globalisierung:* Die inhaltliche Abgrenzung zu verwandten Begriffen wie »Internationalisierung«, »Weltwirtschaft«, »Weltsystem«,

»Globalgeschichte« u. a. m. dient dazu, den Gegenstand sprachlich und gedanklich schärfer zu fassen.

■ *Beteiligung am öffentlichen Diskurs:* Historische Erfahrungen bieten etliche Ansatzpunkte, von denen aus auch gegenwärtige Problemlagen reflektiert und analysiert werden können. Dieser wichtigen Aufgabe sollten sich Historiker nicht verschließen.

I.4. Konzeption

Der vorliegende Studienband bietet Lernenden wie Lehrenden einen Einstieg in die Geschichte der Globalisierung. Konzeption, formale und inhaltliche Gestaltung orientieren sich an diesem Anspruch. Bestimmte Begriffe und Sachverhalte werden in Stichwort- bzw. Info-Boxen erläutert. Die Auswahlbibliographie listet Studien grundlegender Art bzw. neueren Datums, erhebt dabei aber nicht den – ohnehin kaum einzulösenden – Anspruch auf Vollständigkeit. Spezialverweise im Text bzw. den Fußnoten finden daher nicht in jedem Falle Eingang in die Bibliographie.

Den äußerst zahlreichen Publikationen zur Globalisierung liegen je nach disziplinärer Verortung sehr unterschiedliche Begrifflichkeiten und theoretische Konzepte zugrunde. Zudem weichen die Erkenntnisinteressen und das methodische Vorgehen erheblich voneinander ab. Daher ist es unumgänglich, dem historischen Abriss der Globalisierung in *Kapitel II* eine nachvollziehbare Definition und ein daraus abgeleitetes Funktionsmodell der Globalisierung voranzustellen. Beides ermöglicht, die außerordentliche Vielfalt der zu diskutierenden Entwicklungen in einem systematischen Raster entsprechend zu ordnen. Selbstverständlich ist die damit verbundene Komplexitätsreduktion problematisch, aber bis zu einem gewissen Grad vertretbar. Schließlich erhebt das hier vorgestellte Modell ja keinen Anspruch auf ein Erklärungsmonopol, wohl aber auf innere Schlüssigkeit. Daher wird es auch darum gehen, die Tragfähigkeit und Erklärungsreichweite des Konzeptes auszuloten und gegebenenfalls mit Hilfe überzeugender Argumente zu modifizieren. Auf diese Weise soll ein konzeptioneller Beitrag zur aktuellen Globalisierungsdebatte geleistet werden. Denn nach wie vor kennzeichnen wissenschaftlich-semantische Unschärfen und Vorläufigkeiten die Diskussion, eine allgemein akzeptierte Theorie der Globalisierung ist nicht in Sicht.[16]

---

16 Dürrschmidt, Jörg: Globalisierung. Bielefeld 2002, S. 9.

Bei einem solch komplexen Phänomen wie dem der Globalisierung stellt sich für den Historiker mehr als sonst die Frage, ob ein chronologischer oder ein strukturgeschichtlicher Ansatz angemessener sei. In der vorliegenden Untersuchung kommen beide Zugriffsweisen gleichermaßen zum Tragen, um ihre spezifischen Vorteile zu kombinieren. Die im *Teil A* präsentierte Darstellung der Globalisierung entlang der Zeitachse verdeutlicht in besonderem Maße das Zusammenwirken ganz unterschiedlicher Faktoren innerhalb einzelner Entwicklungsabschnitte. Ohne diese Wechselwirkungen, seien sie verstärkender, seien sie hemmender Natur, wäre die Dynamik der Globalisierung kaum zu verstehen.

Andererseits birgt eine ausschließlich chronologische Betrachtungsweise die Gefahr, langfristige Entwicklungslinien einzelner Strukturen aus den Augen zu verlieren. Beispielsweise lässt sich die historische Genese bestimmter Akteursgruppen – zu denken wäre an die MNUs oder INGOs – nur verstehen, wenn man ihren Werdegang über die Epochengrenzen hinweg verfolgt und interpretiert. Daher kommen in *Teil B* einige zentrale Strukturelemente bzw. Aspekte der Globalisierungsdebatte zu Sprache. Zum einen geht es hierbei um die wissenschaftlich-technischen Voraussetzungen insbesondere im Bereich der Infrastruktur, zum anderen um das maßgebliche Akteursspektrum. Weiterhin gilt es, die ideengeschichtlichen Vorstellungen aufzuzeigen, die in hohem Maße handlungsleitende Qualitäten aufweisen. Schließlich werden mögliche Folgen der Globalisierung aus historischem Blickwinkel erörtert.

Mit dem hier vorgelegten Studienbuch verbindet sich der Anspruch, einen Beitrag zur Globalisierungsdebatte zu leisten und umgekehrt einige Chancen des Forschungsfeldes für die Geschichtswissenschaft aufzuzeigen. In *Teil C* sind diese Überlegungen – in Thesenform zugespitzt – zusammengefasst.

II. Globalisierung – Definition und analytisches Modell

»Globalisierung« ist in aller Munde, ein häufig gebrauchtes, zuweilen auch missbrauchtes Schlagwort. Journalisten nutzen seine auflagensteigernde »catchword«-Qualität, um die Aufmerksamkeit der Leser für alle möglichen Themen zu gewinnen. In politischen Diskussionen dient der Hinweis auf die »Sachzwänge der Globalisierung« als Totschlagargument zur Durchsetzung umstrittener Projekte. Mithin werfen inflationäre Verwendung und inhaltliche Beliebigkeit die Frage auf, ob ein solcher Begriff als analytische Kategorie überhaupt noch taugt.

Die Zweifel sind umso mehr angebracht, als auch führende Sozialwissenschaftler eine neue Unübersichtlichkeit in der Debatte beklagen. Tatsächlich existieren in den einzelnen Disziplinen sehr unterschiedliche Vorstellungen davon, was unter Globalisierung zu verstehen sei und welche theoretische Konzeption dem komplexen Phänomen am besten gerecht werde. Zudem spiegeln terminologische Ableger wie »Globalität«, »Globalismus«, »Glokalisierung« u. a. das zwar redliche Bemühen wider, auf den Facettenreichtum von Globalisierung sprachlich angemessen zu reagieren. Da aber diese Ausdrücke oftmals unzureichend präzise gefasst werden, tragen sie eher zur allgemeinen Verwirrung bei, als dass sie ihr entgegen wirken.

Trotz der sehr berechtigten Einwände hat sich »Globalisierung« in den Geistes- und Gesellschaftswissenschaften als Schlüsselbegriff der Gegenwartsanalyse und als Epochenetikett des ausgehenden 20. Jahrhunderts etabliert. Gerade wegen seiner Anschaulichkeit und semantischen Offenheit füllt er diese Doppelfunktion bestens aus. Definitorische bzw. theoretische Unzulänglichkeiten sind nicht dem Begriff selbst anzulasten. Sie zeugen vielmehr von der ungeheuren, bislang nur teilweise verstandenen Komplexität des Problems einerseits und von dem noch frühen Forschungsstadium andererseits.

Natürlich hängen plausible Antworten auf wichtige Fragen der Globalisierungsgeschichte von der zugrunde gelegten Konzeption ab. Bevor man ihre Triebkräfte, spezifischen Merkmale, historischen Entwicklungen und Folgewirkungen, um nur einige Gesichtspunkte aufzugreifen, herausarbeitet, müssen Begrifflichkeit und analytisches Instrumentarium klar benannt werden.

II.1. Globalisierung – Annäherung an eine Definition

Globalisierung wird als ein Prozess aufgefasst, in dessen Verlauf

a. soziale Interaktionen immer weitere Räume erschließen (*Expansion*),
b. zunehmend dichtere Interaktionsnetzwerke diese Räume durchziehen *(Netzwerkverdichtung),* aus denen
c. globale Wechselwirkungen *(Reziprozität)* erwachsen, welche
d. den strukturellen Umbau *(Transformation)* einbezogener Gesellschaften befördern.[17]

Der Begriff ›soziale Interaktion‹ deckt das gesamte Beziehungsspektrum zwischen individuellen bzw. kollektiven Akteuren ab. Hierzu zählen u. a. militärische Konflikte, Regierungsabkommen, privatrechtliche Verträge, Handelsmessen, Weltausstellungen, kirchliche Missionsbemühungen, wissenschaftliche Symposien, sportliche Wettbewerbe oder auch nur das einfache private Telefongespräch. Globalisierung stellt einen gesamtgesellschaftlichen Querschnittsprozess dar, d. h. sie ergreift alle gesellschaftliche Partialsysteme (Politik, Wirtschaft, Wissenschaft, Religion, Literatur, Sport u. a. m.) – wenn auch in unterschiedlichem Maße.

Umgekehrt gehen von den einzelnen sozialen Teilbereichen stärkere und schwächere Globalisierungsimpulse aus. Beispielsweise übernahm nach verbreiteter Auffassung die kapitalistisch geprägte, industriell organisierte Wirtschaft während der vergangenen zwei Jahrhunderte die Schrittmacherfunktion. Im Zuge sogenannter *spill-over-effects* (»Überschwappeffekte«), so die Überlegung, erfasste die vornehmlich von wirtschaftlichen Interessen vorangetriebene Globalisierung moderner Prägung Konsumgewohnheiten und Arbeitsverhältnisse, drückte dem Alltagsleben zuneh-

---

17 In ähnlichem Sinne vgl. Giddens, Anthony: The Consequence of Modernity. Cambridge 1994, S. 64; Lübbe, Hermann: Zur Theorie der zivilisatorischen Evolution. In: Biskup, Reinhard (Hrsg.): Globalisierung und Wettbewerb. Bern 1996, S. 36–63.

mend seinen Stempel auf und spiegelte sich in kulturellen Trends wider. Weiterhin können sowohl politisch intendierte Anpassungen nationaler Rechts- und Regierungssysteme an die Erfordernisse globaler Interaktionsfelder als auch die Etablierung inter- bzw. supranationaler Ordnungsrahmen zu den *spill-over-effects* gerechnet werden. Multi- bzw. transnationale Unternehmen bereicherten – in Ergänzung und Konkurrenz zu den nationalen Regierungen – das für die Globalisierung relevante Akteursspektrum. Selbst der Aufstieg wichtiger zivilgesellschaftlicher Akteure auf internationaler Bühne wäre nach dieser Betrachtung – nicht nur, aber auch – eine Reaktion auf die Vorgaben einer primär wirtschaftsdynamischen Globalisierung.

Kernmerkmale der Globalisierung

Globalisierung als Prozess

- Expansion sozialer Interaktionsreichweiten
- Etablierung/Verdichtung von Interaktionsnetzwerken
- Interregionale Wechselwirkungen
- Transformationsdruck
- Gesamtgesellschaftlicher Querschnittsprozess
- Selbstverstärkende Effekte

Ursachen

- Expansionstendenzen aufgrund
  - Religiöser Motive
  - Wissenschaftlich-kultureller Motive
  - Ökonomischer Motive
  - Politisch-militärischer Motive
- Erosion von Interaktionsbarrieren aufgrund
  - Intellektueller Horizonterweiterung
  - Technologischer Innovationen
  - Organisatorischer Innovationen
  - Inter- bzw. supranationaler Institutionenordnung

Folgen

- Neue Spiel-/Wettbewerbskonstellationen
- Etablierung globaler Netzwerkstrukturen
- Reflexionen über Globalisierung

INFO-BOX 3

Gemäß der hier vorgeschlagenen Definition ist die Globalisierung als langfristiges historisches Kontinuum zu verstehen, welches einem graduellen Wandlungsprozess unterworfen ist. Nimmt man die beiden erstgenannten Kriterien »Expansion von Interaktionsradien« und »Netzwerkverdichtung« zum Maßstab, liegt die Schlussfolgerung nahe, Globalisierung erstrecke sich über die gesamte Menschheitsgeschichte. Allerdings verliert eine solche, in der Forschung durchaus vertretene Argumentation zweierlei aus den Augen: zum einen die explizite Bezugsgröße »Globus«, die erst seit dem frühen 16. Jahrhundert zur empirisch unterfütterten Gewissheit wurde, zum anderen die spezifischen Merkmale moderner Globalisierung, die ihr eine neue Qualität verleihen. Insbesondere der gesamtgesellschaftliche Charakter, Wechselwirkungen zwischen weit entfernten Regionen und das transformatorische Potential sind Merkmale heutiger Globalisierung, die auf die frühe Neuzeit nicht zutreffen. Daher ist es gerechtfertigt, die *Prä-* und *Protoglobalisierung* von den späteren Phasen der modernen Globalisierung klar zu unterscheiden.

Sowohl die *präglobale Epoche* (vor 1500) als auch noch die Jahrhunderte der *Protoglobalisierung* (1500–1840) standen ganz im Zeichen der Expansion von Interaktionsradien und Netzwerken, wohingegen die globale Netzwerkdichte vergleichsweise gering blieb. Sie rückte erst mit dem Ausbau der ihr zugrunde liegenden Infrastrukturen während der ersten Globalisierungsphase (1840–1914) in den Vordergrund. Transport- und Kommunikationsrevolution trugen gleichermaßen dazu bei, dass Waren, Personen, Kapital und Informationen schneller, häufiger, kostengünstiger und in größerem Umfang rund um den Globus verkehrten. Politische, ökonomische und kulturelle Akteure schlossen sich verstärkt zu globalen Netzwerken zusammen. Damit verloren Raum und Zeit in bislang ungekanntem Maße ihre trennende Qualität, es kam zur viel zitierten »time-space-compres-

---

Container-Theorie

*Gemäß dieser (unzulänglichen!) Theorie werden Gesell-
schaften als Staatsgesellschaften gedacht und dementsprechend der Raum- und Ordnungsstruktur von Staaten
untergeordnet.*

*Problematisch: Grenzüberschreitende Vernetzungs-
prozesse im Zuge der Globalisierung sind nur bedingt
mit der Container-Theorie in Einklang zu bringen.*

STICHWORT

sion«[18]. Sie ist heute für jeden sinnlich erfahrbar, der morgens im verregneten Frankfurt am Main abhebt und abends den Sonnenuntergang an der Pazifikküste in Malibu genießt.

Betont *Globalisierung* den Prozesscharakter des ganzen Vorganges, so hebt *Globalität* auf den Sachverhalt ab, dass geographische Räume und die in ihnen verorteten Gesellschaften stets in Austauschbeziehungen zu anderen Regionen bzw. Gesellschaften stehen und keineswegs als isoliert betrachtet werden können.[19] Damit wird die unterschwellig nach wie vor präsente Vorstellung vom Nationalstaat als klar begrenzter sozio-politischer Container (»Containertheorie«) überwunden. Aus historischer Sicht gilt es, die Genese solcher grenzüberwindenden Beziehungen – um im Bilde zu bleiben: die Perforation der Containerwand – hinsichtlich ihrer quantitativen und qualitativen Eigenarten eingehender zu untersuchen. Von besonderem Interesse sind weiterhin die mannigfachen Rückwirkungen wechselseitiger Beziehungen auf die jeweiligen Gesellschaften.

Die Expansion von Interaktionsradien stellt den grundlegenden und logischerweise ersten Schritt des hier ausgebreiteten Globalisierungskonzeptes dar. Der Ausbruch aus eher lokalen bzw. regionalen hin zu überregionalen oder gar globalen Handlungsfeldern setzte zum einen den Wunsch und zum anderen die Fähigkeit voraus, derart weite Räume zu durchdringen. Im Folgenden werden beide Aspekte einer abstrahierenden Analyse unterzogen.

II.2. Triebkräfte der Globalisierung

Wohl zu allen Zeiten strebten Individuen, Gruppen, ganze Gesellschaften oder auch Herrschaftsformationen danach, ihre Handlungsräume auszudehnen.[20] Die Ursachen dafür waren sehr unterschiedlicher Natur. Sieht man einmal von hier nicht weiter betrachteten anthropologischen Dispositionen ab, dürften *religiöse Beweggründe* insbesondere in der Vormoderne einen bedeutenden Einfluss ausgeübt haben. Der universale Geltungsan-

---

18 Harvey, David: The Condition of Postmodernity. An Enquiry into the Origins of Cultural Change. Cambridge/Mass., Oxford 1990.

19 Beck, Ulrich: Was ist Globalisierung? Frankfurt a. M. ³1997, S. 28.

20 Schulz, Raimund: Aufbruch in neue Welten und neue Zeiten. Die großen maritimen Expansionsbewegungen der Antike und Frühen Neuzeit im Vergleich der europäischen Geschichte. München 2003.

spruch beispielsweise von Christentum und Islam trug sicherlich zur expansiven Dynamik beider Religionen bzw. der ihnen verpflichteten Gesellschaftsformationen bei. Zweifelsohne verstanden Christen den neutestamentarischen Missionsbefehl (Matthäus 28, 16–20) als Aufforderung, die abendländisch-christliche Kultur rund um den Globus (ursprünglich: Erdkreis) zu verbreiten. Untrennbar mit weltlichen Interessen verknüpft, fungierte der Missionsbefehl als Legitimationsformel für den abendländischen Anspruch auf globale Vorherrschaft in allen Lebensbereichen. Bereits Heinrich der Seefahrer (1394–1460) förderte die portugiesischen Erkundungsreisen im 15. Jahrhundert nicht nur als Infant des lusitanischen Königshauses, sondern auch in seiner Funktion als Großmeister des Christusordens. Noch im 19. Jahrhundert rechtfertigten die Europäer ihr koloniales Engagement auf Kosten überseeischer Gesellschaften mit dem Verweis auf das heilsbringende Evangelium.

Einen anderen – im intellektuellen wie räumlichen Sinne – horizonterweiternden Faktor stellte die *wissenschaftliche Neugierde* dar. Zu Beginn der europäischen Expansion erschlossen oftmals christliche Missionare fremde Kulturen und Sprachen, wie etwa Franciscan Bernadino de Sahagún, der ab 1529 in Mexiko die Nahuatl-Sprache erlernte und Sitten und Gebräuche der Aztekenvölker erforschte.[21] Später begleiteten Geographen, Botaniker, Zoologen oder auch Ethnologen die Erkundungsfahrten oder betrieben sie zuweilen auf eigene Faust. Mit zunehmender Industrialisierung und steigendem Rohstoffbedarf verbanden sich wissenschaftliche mit wirtschaftlichen Interessen und fokussierten weltweit auf mögliche Lagerstätten für Erze, Erdöl u. a. m. Besondere historische Folgewirkungen erzielten beispielsweise jene Geologen, die im Dienst US-amerikanischer Ölkonzerne während des Zweiten Weltkrieges rund um den Persischen Golf Erdölquellen suchten und fanden. Damit wurden einige der wichtigsten, zugleich problematischsten Grundlagen moderner Globalisierungsstruktur gelegt.

Ein weiterer Motivationsschub für die Globalisierung ist in *sozialen und wirtschaftlichen Wettbewerbssituationen* zu sehen. Bereits in der Antike offenbarte sich am Beispiel der phönizischen und griechischen Kolonisationsbewegung im Mittelmeerraum bzw. rund um das Schwarze Meer die expansive Qualität von Handelsinteressen. Ein großer Teil der portugiesischen Abenteurer, die während des 15. Jahrhunderts entlang der Westküste Afri-

---

21 Bentley, Jerry H.: Globalizing history and historicizing globalization. In: Gills/Thompson, Globalization, S. 18–31, hier: S. 23.

kas den Seeweg nach Indien suchten, entstammte dem vom gesellschaftlichen Abstieg bedrohten niederen Adel. Mit den Erkundungsfahrten öffnete sich für sie ein neues Betätigungsfeld, welches soziales (Ruhm, Ehre) und finanzielles Kapital einzubringen versprach. Während der ersten Globalisierungsphase im 19. Jahrhundert sollte der Slogan »the flag follows the trade« gar zur expansionspolitischen Maxime Großbritanniens werden. Der erste Opiumkrieg (1839–1842), den London gegen China vom Zaun brach, gilt als prägnantes Beispiel dafür, dass die massive Verletzung von Handelsinteressen letztlich den Anstoß zur politisch-militärischen Aktion geben kann.[22] Selbst die Vereinigten Staaten, lange Zeit selbsternannter Vorreiter von Demokratie und Selbstbestimmungsrecht der Völker, nahmen sich unter Theodore Roosevelt (1858–1919) das Recht heraus, Schuldansprüche von US-Konzernen vor allem im lateinamerikanischen »Hinterhof« mit militärischen Interventionen einzutreiben.[23]

Die mit der Industrialisierung des 18. und 19. Jahrhunderts einhergehende Massenproduktion entwickelte sich zum überragenden Antriebsfaktor für grenzüberschreitendes Handeln. Im Bestreben, möglichst große Absatzmärkte oder auch Rohstoffquellen zu erschließen, drängten Unternehmen energisch in andere Länder. Dabei machten sie ihren politischen und finanziellen Einfluss geltend, um günstige infrastrukturelle und institutionelle Rahmenbedingungen für internationale Geschäfte zu errichten.

Im Prinzip lassen sich individuelle Handlungsmotive, welche der innergesellschaftlichen sozio-ökonomischen Wettbewerbssituation geschuldet waren, auf die zwischenstaatlich-politische Ebene übertragen. Eric L. Jones sieht in der *frühneuzeitlichen politischen Konkurrenz* der eher kleinräumigen europäischen Staatenwelt jenen entscheidenden Antriebsfaktor, welcher den Aufstieg Europas, das »Wunder Europa«, bewirkte. Die Rivalität der katholischen Königreiche Portugal und Aragon/Kastilien während des 16. Jahrhunderts mag für diese These ein anschauliches Beispiel bieten. In anderen Kulturregionen mit vergleichbarem wissenschaftlich-technischen und militärischen Potential zur globalen Expansion – Jones nennt das in Nordindien zu verortende Mogulreich (1526–1857) und China unter der Ming-Dynastie (1368–1644) – fehlte eine solche politische Konkurrenz-

---

22 Trocki, Carl A.: Opium, Empire, and the Global Political Economy. A Study of the Asian Opium Trade 1750–1950. London 1999.
23 Münkler, Herfried: Imperien. Die Logik der Weltherrschaft – vom Alten Rom bis zu den Vereinigten Staaten. Berlin 2005, S. 147.

situation und damit der Impuls zur staatlich geförderten Horizonterweiterung.[24] Bei aller Vorsicht, die man allgemein und abstrakt gehaltenen Erklärungsansätzen mittlerer Reichweite wie denen von Jones entgegenbringen sollte, sprechen auch Vorgänge des 19. Jahrhunderts für seine Sichtweise. Während des Hochimperialismus trug die subjektiv empfundene Wettbewerbssituation unter den europäischen Mächten maßgeblich zu ihrem aggressiv-expansiven Agieren auf der Weltbühne bei.[25]

II.3. Interaktionsbarrieren – »Raumteiler« der Globalisierung

Die Globalisierungsdynamik war und ist keineswegs nur von der Motivlage beteiligter Akteure abhängig. Das Voranschreiten dieses Prozesses, seine in der Vergangenheit zu beobachtenden Phasen der *Be-* und *Entschleunigung*, korrelieren in hohem Maße mit den jeweils zur Verfügung stehenden Möglichkeiten, bestehende Interaktionsbarrieren unterschiedlicher Art zu überwinden. Diese Interaktionsbarrieren strukturieren letztlich die Handlungsräume auf der Erde, fungieren gewissermaßen als »Raumteiler«. Im Folgenden werden ihre unterschiedlichen Beschaffenheiten vorgestellt, die Erosionsmechanismen thematisiert und ein Modell vorgeschlagen, welches das Zusammenspiel der Folgen erodierender Interaktionsbarrieren innerhalb des Globalisierungsprozesses verständlich macht.

II.3.1. Typen von Interaktionsbarrieren

Grundsätzlich sind zwei Typen von Interaktionsbarrieren zu unterscheiden: die naturräumlichen und die kulturell-institutionellen.

Naturräumliche Interaktionsbarrieren: Als wohl grundlegendes Hindernis für großräumige Austauschbeziehungen ist die Entfernung an sich einzustufen. Die bis ins 19. Jahrhundert doch sehr mäßigen Geschwindigkeiten, mit denen Menschen, Waren, Kapital und vor allem Informationen transportiert werden konnten, setzten dem überregionalen bzw. interkontinentalen Austausch enge Grenzen. Allen kartographisch-nautischen Fortschritten und sämtlichen respektablen schifffahrtstechnischen Innova-

---

24 Jones, Eric L.: The European Miracle. Environments, Economies, and Geopolitics in the History of Europe and Asia. Cambridge ³2003.
25 Neitzel, Sönke: Weltmacht oder Untergang. Die Weltreichslehre im Zeitalter des Imperialismus. Paderborn 2000.

tionen während der Vormoderne zum Trotz, dauerte eine Seereise von Europa nach Asien auch zu Beginn des Industriezeitalters – wie all die Jahrhunderte zuvor – rund neun Monate. Erst die Beschleunigungsschübe im Zuge der Maschinisierung/Motorisierung sollten eine umwälzende Änderung herbeiführen. Noch gravierendere Folgen zeitigten die Innovationen im Informations- und Kommunikationssektor. Hier hielt mit der Trennung des Informationstransports vom allgemeinen Verkehrsnetz und dem Aufbau einer eigenen Infrastruktur, basierend auf elektromagnetischer Technologie, eine wahrhaft globale »Echtzeit-Kommunikation« Einzug. Allerdings ist die euphorische Illusion, dass Entfernung in der modernen »one world« zur quantité négligeable degradiert werden würde, mittlerweile einer nüchterneren Einschätzung gewichen. Die gegenwärtige wirtschaftsgeographische Forschung betont wieder stärker den Grundsatz: »Distance is not dead.«[26]

Weitere naturräumliche Barrieren, die vor allem in der Vormoderne eine erhebliche Hindernisfunktion ausübten, stellten Gebirge, Urwälder, Wüsten, Sümpfe, große Flüsse und Ozeane dar. So erwies sich das Ausgreifen Roms über die Alpen hinweg nach Nordeuropa als überaus mühsam; umso größer das Erstaunen, ja Entsetzen, in der Metropole, als der Karthager Hannibal mit seinen afrikanischen Kampfelefanten im Herbst 218 v. Chr. den umgekehrten Weg erfolgreich bewältigte. Die Schutzfunktion der Barriere »Alpen« hatte offenkundig versagt. Bis in die Frühe Neuzeit blieb das zentrale und südliche Afrika für die Europäer ein wegen der Sahara nur schwer erreichbarer, rätselhafter Teil des Kontinents. Da der Weg über den Atlantik navigatorisch noch nicht beherrscht wurde, bedurften die Austauschbeziehungen zwischen dem Mittelmeerraum und Zentralafrika der Kamelkarawanen und setzten genaue Orts- und Wegekenntnisse sowie eine intakte Versorgungsstruktur mit Timbuktu, Djenné und Gao als wichtigen Zentralorten voraus. Der »Flaschenhals« Transsaharahandel verhinderte somit den intensiven Ausbau weit reichender wirtschaftlicher und kultureller Beziehungen.

Zuweilen lassen sich Bestrebungen nachweisen, den topographischen Gegebenheiten nachzuhelfen und künstliche Interaktionsbarrieren naturräumlicher Art zu schaffen. Auf diese Weise sollte der Trend stetig expan-

---

26 Braunberger, Gerald: »Distance is not dead«, in: Frankfurter Allgemeine Sonntagszeitung, Nr. 37, 17.9.2006, S. 46. Ostertag, Matthias P.: Globalisierung unter Aspekten der Wirtschaftsgeographie. Erlangen-Nürnberg 2000, S. 3.

dierenden Handlungsradien gebremst werden. Letztlich zählen zu derartigen Maßnahmen die Errichtung von Grenzanlagen jeglicher Art, etwa der römische Limes, die Chinesische Mauer oder auch der »Eiserne Vorhang« zwischen West- und Osteuropa. Prinzipiell sind sie aber als physische Hilfsmittel einer institutionellen Barriere zu interpretieren.

Im Gegensatz zu den bislang aufgeführten naturräumlichen Interaktionsbarrieren muss die Funktionalität von Ozeanen als ambivalent eingestuft werden. Die entsprechende verkehrstechnische Beherrschung vorausgesetzt, kehrt sich ihre separierende Wirkungsweise um und sie fungieren als integratives Medium, gewissermaßen als interregionale »Kontaktzone«[27]. Bestes Beispiel hierfür ist der seit der Antike eng verflochtene Mittelmeerraum. Er profitierte davon, dass das Mittelmeer selbst mit nur küstennah eingesetzten Galeeren gut zu befahren war. Auch die Gebiete rund um den Indischen Ozean und das südostasiatische Archipel wiesen bereits während der Vormoderne alle Merkmale einer wirtschaftlich-kulturell dicht vernetzten Region auf. Das *mare balticum* (Ostsee) und die Nordsee bildeten das räumliche Herzstück der Hanse, welche als Städtenetzwerk über mehrere Jahrhunderte den Handel in dieser Region dominierte. Der Atlantik hingegen behielt bis ins 15. Jahrhundert seine nur sporadisch durch die Wikinger außer Kraft gesetzte Barrierenfunktion; folgerichtig entwickelten sich die Kulturen Eurasiens und Amerikas völlig unabhängig voneinander. Erst nach der immer effizienteren nautischen Beherrschung dieses Ozeans etablierte sich ein atlantisches Wirtschaftssystem, welches Immanuel Wallerstein und anderen Autoren zufolge als entscheidender Baustein des modernen kapitalistischen Weltsystems zu interpretieren ist.[28]

Bis zum heutigen Tag haben die Ozeane nichts von ihrer integrierenden Qualität eingebüßt. Im Gegenteil: die weltwirtschaftliche Raumstruktur zeigt trotz dichtem Luftverkehrsnetz nach wie vor eine ausgeprägte maritime Orientierung. Die hoch entwickelten Küstenregionen des aufstrebenden Chinas belegen diesen Sachverhalt ebenso wie die bereits älteren regionalen Schwerpunkte an der West- bzw. Ostküste Nordamerikas. Dagegen stagniert die wirtschaftliche Entwicklung kontinentaler Binnenperipherien, etwa im Norden Asiens, in Australien, Südamerika oder auch

---

27 Vgl. Klein, Bernhard/Mackenthun, Gesa (Hrsg.): Das Meer als kulturelle Kontaktzone. Räume, Reisende, Repräsentationen. Konstanz 2003.
28 Wallerstein, Immanuel: The Modern World-System I. Capitalist Agriculture and the Origins of the European World-Economy in the Sixteenth Century. San Diego 1974.

in Afrika, und bestätigt damit im Umkehrschluss die These von der maritimen Orientierung der gegenwärtigen weltwirtschaftlichen Raumstruktur.

Kulturell-institutionelle Interaktionsbarrieren Während der Erosion naturräumlicher Hindernisse vornehmlich im Zuge der Entdeckung und Erschließung globaler Räume eine überragende Bedeutung zukam, sollte der

---

Typen von Interaktionsbarrieren

Naturräumliche Interaktionsbarrieren, u. a.

- Entfernung
- Flüsse
- Sümpfe
- Urwälder
- Wüsten
- Gebirge
- Ozeane (funktionale Ambivalenz!)

Kulturell-institutionelle Interaktionsbarrieren

- Vielfalt und Unkenntnis
  - Ängste, Mythen
  - Geographische Verhältnisse
  - Sprache
  - Sitten, Gebräuche
- Fehlender Ordnungsrahmen
  - Vielfalt
  - Rechtsunsicherheit
  - Organisationsmangel
  - Kapitalmangel
- Politisch gesetzte Interaktionsbarrieren
  - Völkerrechtliche, u. a.
    Staatliche Außengrenzen
  - Wirtschaftspolitische, u. a.
    Tarifäre Handelshemmnisse (u. a. Zölle)
    Nichttarifäre Handelshemmnisse
  - Allgemein politische, u. a.
    Einwanderungs-/Aufenthaltsbeschränkungen

INFO-BOX 4

Abbau kulturell-institutioneller Barrieren, insbesondere im 19./20. Jahrhundert, zunehmend wichtiger werden. Ihr Spektrum ist ungeheuer breit und eine Typologisierung gestaltet sich dementsprechend schwierig.

Zu den frühen Hürden zählen *sozio-kulturelle Interaktionsbarrieren.* Ängste, Mythen und falsche Vorstellungen von der »Welt« lähmten über Jahrhunderte den Expansionsdrang. So fürchteten die Portugiesen südlich des an der Westküste Afrikas gelegenen Kaps Boujadour wahlweise ein mit geronnenem Eisen gefülltes Meer, Magnetberge, an denen die Schiffe zerschellten, oder eine alles Leben versengende Gluthitze – ganz zu schweigen von der Vielzahl an Meeresungeheuern unklarer zoologischer Einordnung. Auch Kolumbus musste auf seiner Reise gen Westen bei der Flottillencrew tief sitzende Ängste vor dem abgründigen Ende der Welt überwinden. Diese aus heutiger Sicht irrational anmutenden Handlungsblockaden erodierten in dem Maße, in dem die wissenschaftliche Entzauberung der Welt voranschritt.

Häufig lassen sich sozio-kulturelle Interaktionsbarrieren durch ihre *Vielfalt* und die daraus abgeleitete *Unkenntnis des Fremden* erklären. So erschweren unterschiedliche Sprachen, Sitten und Gebräuche die transkulturelle Verständigung erheblich. Folgende Episode mag illustrieren, welch gravierende Folgen inkompatible Sprach- und Verhaltensmuster haben können: Bei der Landung auf einer bis dahin von Europäern nicht angesteuerten Südseeinsel richteten sich der britische Entdecker James Cook (1728–1779) und seine Gefährten am Ufer für einige Tage ein, um ihren Proviant zu ergänzen und frisches Wasser an Bord zu nehmen. Die indigene Bevölkerung suchte vorsichtigen Kontakt zu den Fremden. Nach ersten freundlichen Gebärden beiderseits wandten sich die Inselbewohner den ihnen unbekannten Gegenständen zu und wollten sie in ihre Hütten tragen. Offenkundig hatten sie ein gänzlich anderes Verständnis von Eigentum als die gelandeten Europäer. Diese interpretierten das Verhalten als unverfrorenen Diebstahl und reagierten unmissverständlich. Im Kugelhagel ihrer Musketen starben etliche der Inselbewohner – an ein gütliches Miteinander war fortan nicht mehr zu denken.[29]

---

29 Sahlins, Marshall: Der Tod des Kapitän Cook. Geschichte als Metapher und Mythos als Wirklichkeit in der Frühgeschichte des Königreiches Hawaii. Berlin 1986.

> **Transaktionskosten**
>
> *Transaktionskosten umfassen alle Kosten,*
> *die bei der Anbahnung und Abwicklung eines*
> *Geschäftes anfallen.*
> *Beispiel: Einholen von Marktinformationen,*
> *Maklergebühren, Transportkosten u.a.m.*
>
> **STICHWORT**

Institutionelle Vielfalt und daraus resultierende Unkenntnis sorgen auch in der transnationalen Wirtschaft für erhebliche Kosten, so genannte Transaktionskosten. In früheren Zeiten mussten Kaufleute immer damit rechnen, wegen unbekannter Zahlungsmittel einen überhöhten Preis für bestimmte Waren zu entrichten. Im Industriezeitalter bereiten international abweichende technische Standards beispielsweise im Anlagenbau des Öfteren Probleme. Grenzüberschreitende Geschäftsbeziehungen können sich aufgrund fremder Rechtsbestimmungen ungünstiger entwickeln als ursprünglich geplant.

Die heute maßgeblichen Interaktionsbarrieren gehen meist auf die politische Gestaltungskompetenz nationaler Gesetzgeber bzw. Regierungen zurück. Dies gilt vor allem für Staatsgrenzen, die in sehr unterschiedlichem Maße ein Hemmnis für Personen-, Waren- und Kapitalverkehr, ebenso für Informations- und Kommunikationsflüsse, darstellen können. Mit dem »Eisernen Vorhang« beispielsweise, er senkte sich bekanntlich nach dem Zweiten Weltkrieg für rund 40 Jahre quer durch Europa, errichteten die kommunistischen Staaten eine physische Interaktionsbarriere hohen Wirkungsgrades. Gleiches gilt für jenen Metallzaun zwischen den Vereinigten Staaten und Mexiko, welcher heutzutage die illegale Einwanderung aus dem Süden in Grenzen halten soll. Das Gros politisch gesetzter Interaktionsbarrieren präsentiert sich indes weniger augenfällig. Um nur zwei der bekanntesten zu benennen: Visa-Bestimmungen regeln das Aufenthaltsrecht, Zollvorschriften und Warenkontingentierung die Bedingungen des grenzüberschreitenden Gütertransfers.

An dieser Stelle sei noch auf einen Sonderfall von Interaktionsbarriere hingewiesen, nämlich die Rechtsunsicherheit aufgrund fehlender Ordnungselemente bzw. Sanktionsmöglichkeiten. Das kann so spektakuläre Phänomene wie Piraterie auf dem offenen Meer betreffen, die beispielsweise in der Frühneuzeit Spanien und Portugal erhebliche Probleme bereitete. Auch das subtilere Problem der »Marken- bzw. Patentpiraterie« lässt sich darauf zurückführen, dass auf internationaler Ebene der gewerbliche Rechtsschutz nicht hinreichend gewährleistet wird.

II.3.2. Funktionsweise und Erosion von Interaktionsbarrieren

Die historische Genese der Globalisierung ist nur zu verstehen, wenn man sich die Funktionsweise der Interaktionsbarrieren vergegenwärtigt. Drei Merkmale sind dabei hervorzuheben: Interaktionsbarrieren wirken
- *graduell,*
- *systemspezifisch* und
- einander in der Wirkung *verstärkend* bzw. *hemmend*

Graduelle Wirkung Entscheidend für den Mechanismus von Interaktionsbarrieren ist ihre graduelle Wirksamkeit, es gilt kein Alles-oder-nichts-Prinzip. Die vollständige Separierung von Lebensräumen ist in der Vergangenheit nur selten nachzuweisen. Am ehesten kommt die naturräumliche Trennung von Amerika und Eurasien-Afrika vor 1492 einer solchen Situation nahe, welche die divergenten ethnischen und kulturellen Entwicklungen auf beiden Kontinenten ermöglichte. Eine sehr weitgehende Form institutioneller Isolation liegt aktuell im Falle Nordkoreas vor, wo der fehlende Austausch mit anderen Gesellschaften ebenfalls sozio-kulturelle Sonderentwicklungen erwarten lässt. Aber auch der andere Extremfall, die völlige Bedeutungslosigkeit von Interaktionsbarrieren, ist nirgends nachzuweisen. Selbst im Bereich der digitalen Kommunikation, wo Raum und Zeit am weitesten außer Kraft gesetzt sind, bleiben rudimentäre Barrierefunktionen erhalten (z. B. Zugangskosten, emotionale Distanz zur E-mail).

Interaktionsbarrieren verfügen über graduelle Wirksamkeit, ihre Erosion verläuft ebenfalls in abgestufter Weise. So werden naturräumliche Hürden in Abhängigkeit technischer Hilfsmittel sukzessive schneller, häufiger, sicherer und kostengünstiger überwunden, aber niemals zum Nulltarif. Kulturell-institutionelle Barrieren verlieren ihre trennende Funktion durch Erwerb von Sprach- und Landeskenntnissen, der ebenfalls Zeit beansprucht. Auch Außengrenzen und Zollschranken fallen in aller Regel peu à peu. Aus diesem Grunde trifft der Begriff »Erosion« von Interaktionsbarrieren den Sachverhalt besser als die in der Forschungsliteratur oftmals zu lesende »Entgrenzung«.[30]

---

30 Teusch, Ulrich: Was ist Globalisierung? Ein Überblick. Darmstadt 2004.

Systemspezifische Wirkung: Grundsätzlich können Interaktionsbarrieren, insbesondere kulturell-institutionelle, selektiv hinsichtlich bestimmter gesellschaftlicher Partialsysteme wirken. So erklärt sich, dass die von zahlreichen Staaten während der 1930er Jahre praktizierte Schutzzoll- und Autarkiepolitik sehr wohl weltwirtschaftliche Desintegrationstendenzen massiv beförderte, zugleich aber beispielsweise die internationale *scientific community* nicht weiter berührte. Auch Sportgroßereignisse wie die ersten Fußballweltmeisterschaften (1930, 1934) oder die Olympischen Spiele (1932, 1936) blieben vom Niedergang des Welthandels weitgehend unbeeinflusst. Zudem führt die systemspezifische Wirkungsweise von Interaktionsbarrieren die auf Nationalstaaten bezogene »Container-Theorie« ad absurdum. Beispielsweise verständigen sich international orientierte Wissenschaftler bevorzugt auf Englisch und befleißigen sich einer sehr speziellen Fachsprache. Bisweilen fühlen sie sich dem transnationalen Forschernetzwerk enger verbunden als ihren bodenständigeren Landsleuten, die sie kaum verstehen.

Verstärkende/hemmende Wirkung: Schließlich sei noch darauf hingewiesen, dass sich die separierenden Wirkungen unterschiedlicher Interaktionsbarrieren gewissermaßen miteinander verrechnen lassen. Beispielsweise beruhte die enorme Beschleunigung der weltweiten Integration im 19. Jahrhundert (*erste Globalisierungsphase*) auf einander verstärkenden Folgen naturräumlicher (u. a. durch Eisenbahn) und institutioneller Barrierenerosion (u. a. durch Freihandel, internationalen Goldstandard, Ansätze zur internationalen Rechtsordnung). Es gibt andere Fälle, bei denen versucht wurde, mittels Errichtung institutioneller Barrieren grenzüberschreitenden Geschäften einen Riegel vorzuschieben – so geschehen im Zuge der seit 1880 in Europa praktizierten Schutzzollpolitik. Trotzdem schritt die ökonomische Globalisierung weiter voran, weil die angehobenen Zollhürden durch sinkende Hindernisse u. a. beim Transport in ihrer Wirkung überkompensiert wurden. Sie vermochten das Globalisierungstempo bestenfalls zu bremsen, keineswegs aber auf null zu reduzieren. Gerade das letzte Beispiel zeigt aber, dass die Umkehrbarkeit bestimmter Globalisierungstendenzen durchaus im Bereich des Möglichen liegt, insbesondere wenn es politisch gesetzte Barrieren betrifft. Allerdings liegt es auf der Hand, dass die Erosion naturräumlicher Barrieren kaum rückgängig gemacht werden kann. Auch hinsichtlich der globalen kulturellen Verständigung (Fremdsprachen, Ethnographie etc.) erscheint es weder wünschenswert noch realistisch, dass das Rad der Zeit zurückgedreht werden könnte.

II.4. Folgen erodierender Interaktionsbarrieren

Aus dem hier vorgestellten Modell erodierender Interaktionsbarrieren ergibt sich als primäre Folge, dass die Handlungsräume, gewissermaßen die »Spielfelder«, weiter gesteckt werden. Sekundär bedeutet dies für die auf ihnen befindlichen Akteure mehr Handlungsoptionen einerseits, mehr und neue Mitspieler (Partner, Wettbewerber, Kontrahenten etc.) andererseits. Orientierte sich das Gros der Bevölkerung in den Triadenstaaten bis vor wenigen Jahrzehnten an lokalen, regionalen, nationalen oder vielleicht noch kontinentalen Rahmenkoordinaten, so sind sie nunmehr gewahr, dass ihr Lebensraum potentiell ein globaler geworden ist. Teile der Gesellschaft reagieren darauf durch weltweite Vernetzung mit Akteuren, die ähnliche Interessen oder Tätigkeitsfelder aufweisen. Dagegen verfügen immer noch weite Teile der Bevölkerung über nur geringe internationale Kontakte.

Aus den veränderten Raumkoordinaten erwachsen neue Kooperations- und Wettbewerbskonstellationen. Der häufig strapazierte, oft missverstandene Begriff »Wettbewerb« bezieht sich dabei keineswegs nur auf ökonomische Konkurrenz oder militärische Konfrontation. Letztlich stehen auch kulturelle Muster im Wettbewerb miteinander, etwa die Nutzungsfrequenz von Sprachen. Ein wichtiger Aspekt dieses weltweiten Wettbewerbs ist in der Reziprozität und Reflexivität zu sehen. Es kann überhaupt kein Zweifel daran bestehen, dass einander ferne Akteure bzw. Kulturen, die in Beziehung stehen, sich gegenseitig beeinflussen. Globalisierung war und ist keine Einbahnstraße. Auch wenn in jüngerer Zeit eine gewisse Dominanz westlicher oder gar US-amerikanischer Kulturpraktiken zu verzeichnen ist, kann der Einfluss anderer regionaler Eigenarten auf Europa bzw. Nordamerika keineswegs geleugnet werden. Ein Blick in das gastronomische Angebot einer mitteleuropäischen Stadt genügt, sich diesen Sachverhalt vor Augen zu führen. Auch die Vorstellung, in absehbarer Zeit könnte sich die Dominanz erübrigt haben und andere regionale Zentren, genannt seien China oder Indien, übernähmen die Führung, ist nicht von der Hand zu weisen. Diese wechselseitige Durchdringung wird auch als »kulturelle Osmose« metaphorisch umschrieben.

Neue Akteurs- und Wettbewerbskonstellationen bringen letztlich erhebliche gesellschaftliche Transformationsprozesse mit sich. Nicht zuletzt deshalb entstanden Gegenreaktionen zur Globalisierung, die entweder den Trend stoppen oder – weitaus häufiger – die Globalisierung in sozial und ökologisch verträglichere Bahnen gelenkt sehen wollen. Diese kritische bzw. skeptische Bewegung erlangt durchaus Wirkungsmacht, was dazu führt, dass Globalisierung keineswegs als ein linearer, gleichgerichteter Prozess verläuft, sondern sehr wohl in einzelnen gesellschaftlichen Bereichen einen gegenläufige Entwicklung nehmen kann.

Schlussendlich sei darauf hingewiesen, dass es sich bei der Globalisierung um einen teilweise selbstverstärkenden Prozess handelt. So befördert sie die Bildung von Strukturen (MNUs) oder Handlungsstrategien (Regionalisierung), die ihrerseits den gesamten Vorgang beschleunigen. Analoge Wirkungskreisläufe lassen sich bei der Errichtung globaler Verkehrs- und Kommunikationsinfrastruktur erkennen. Daher lassen sich Ursache und Wirkung in der Globalisierungsanalyse nicht immer eindeutig zuordnen.

Teil A: Entlang der Zeitachse

Wann begann die Globalisierung? Auf diese schlichte Frage bietet die historische Forschung ebenso zahlreiche wie unterschiedliche Antworten *(Tab. 1)*. Einige Experten, vornehmlich Archäologen und Anthropologen, vertreten die These, Globalisierung habe mit dem Aufbruch des Menschen aus dem abessinischen Hochland vor rund 100.000 Jahren eingesetzt.[31] Denn, so ihr Kernargument, seit jener Zeit habe die Species Homo sapiens ein expansives, naturräumliche Barrieren überwindendes Verhalten an den Tag gelegt und sich sukzessive über den gesamten Erdball ausgebreitet. Der urgeschichtliche Expansionsvorgang weise eine strukturelle Analogie zur Globalisierung unserer Tage auf und stehe überdies in historischer Kontinuität zu ihr. Mithin sei er nicht sinnvoll von letzterer abzugrenzen.

Die Argumentation erscheint aus zwei Gründen problematisch. Zum einen reduziert sie das Phänomen »Globalisierung« in unzulässiger Weise auf die anthropologische Konstante »Expansionsneigung« und nimmt ihm damit jegliche historisch-analytische Qualität. Zum anderen unterschlägt sie so wichtige Globalisierungscharakteristika wie regionale Wechselwirkungen, Dauerhaftigkeit großräumiger Handlungsnetze oder auch Reflexionen über Globalisierung. Aus diesen Gründen muss ein Globalisierungsbegriff, der letztlich die ganze Menschheitsgeschichte einbezieht, als untauglich abgelehnt werden.

Diskussionswürdiger erscheint indes der von André Gunder Frank und Barry Gills unterbreitete Vorschlag, die Globalisierung mit den frühen historisch überlieferten Weltsystemen beginnen zu lassen. Bereits vor rund 5.000 Jahren hätten Fernhandel, überregionale Marktintegration und kapitalistische Wirtschaftsweise ausgedehnte Interaktionsräume in China,

---

31 Mellars, Paul/Stringers, C. (Hrsg.): The Human Revolution. Behavioural and Biological Perspectives on the Origins of Modern Humans. Princeton/NJ ²1990; Appiah, K. Anthony: ›Citizens of the World‹. In: Gibney, Matthew J. (Hrsg.): Globalizing Rights. Oxford 2003, S. 189–232, hier: S. 193.

Beginn	Kriterien	Autoren
100.000 v. Chr.	Ausbreitung von Homo sapiens	Paul Mellars
10.000 v. Chr.	Neolithische Revolution	K. Anthony Appiah
5000 v. Chr.	Frühe Weltsysteme	André G. Frank Barry Gills William McNeill
1350 n. Chr.	pax mongolica	Janet Abu-Lughod
1500 n. Chr.	Entdeckung des Globus Kapitalistisches Weltsystem	Immanuel Wallerstein
1820 n. Chr.	Transportrevolution Kommunikationsrevolution	Kevin O'Rourke Jeffrey Williamson
1945 n. Chr.	Inter-/supranationale Ordnung (u. a. UNO; System von Bretton Woods)	Anthony G. Hopkins
1973 n. Chr.	Modifikation des Weltwährungssystems Freie Wechselkurse	Robert Brenner Ivan T. Berend
1990 n. Chr.	Ende der bipolaren Weltordnung Digitale Revolution	Kenichi Ohmae Amos Perlmutter

Tab. 1 Anfänge der Globalisierung – Forschungsstandpunkte

Indien und im Zweistromland begründet.[32] Ähnlich argumentieren Moore und Lewis für den späteren Zeitraum vom Assyrischen bis zum Römischen Reich.[33] Folgt man Cioffis »big collapse-model«[34], fusionierten diese gewissermaßen regionalen Weltsysteme gemeinsam mit einigen weiteren, in Mittel- bzw. Südamerika lokalisierten, letztlich zu dem einen, wahrhaft globalen Weltsystem unserer Tage.

Dagegen plädiert Janet Abu-Lughod dafür, den Auftakt zur Globalisierung ins 13./14. Jahrhundert zu legen. Die damals weithin akzeptierte *pax mongolica* gewährte hinreichende Sicherheit für den Fernhandel entlang der Seidenstraßen, also entlang jenes Routennetzes, das seit der Antike China

---

32 Frank, Andre G./Gills, Barry K: The World Systems: Five Hundred Years or Five Thousand. London, New York 1993; McNeill, William H.: The Rise of the West. A History of the Human Community. Chicago 1991.
33 Moore, Karl/Lewis, David: The Birth of the Multinational. 2000 Years of Ancient Business History. From Ashur to Augustus. Copenhagen 1999.
34 Cioffi, Revilla: The Big Collapse. A Brief Cosmology of Globalization. In: Gills/Thompson, Globalization, S. 79–95, hier: S. 79.

mit dem Vorderen Orient verband. Insgesamt acht Fernhandelskreise
wären über diese Infrastruktur in vergleichsweise enge Austauschbeziehungen getreten. Der Interaktionsraum »Eurasien« mit den Eckpfeilern Westeuropa und China, so Abu-Lughods These, nahm erst jetzt reale Gestalt
an.[35]

> ### Weltsystem
>
> *Ein Weltsystem stellt eine wirtschaftliche, gesellschaftliche
> oder politische großräumige Formation dar, die von Akteuren
> als ein Handlungsraum erfahren wird. Es zeichnet sich
> durch hohen innere Verflechtungsgrad und spezifische
> Operationsweisen aus.*
>
> STICHWORT

Derzeit neigen wohl die meisten Historiker dazu, die Anfänge der modernen Globalisierung im frühen 16. Jahrhundert zu verorten.[36] Tatsächlich
sprechen auf den ersten Blick einige gewichtige Argumente für diese Sichtweise: Erschließung des Globus, frühkapitalistische Wirtschaftsweise, Etablierung globaler Netzwerke politischer, ökonomischer und kultureller
Akteure oder auch das erstmalige Auftreten unternehmerischer *global players*. Aber, so das Gegenargument der Wirtschaftshistoriker Kevin O'Rourke
und Jeffrey Williamson, einen integrierten Weltmarkt sowie gesellschafts-
transformierendes Potential hätte die Globalisierung erst im Zuge der infrastrukturellen Vernetzung Mitte des 19. Jahrhunderts hervorgebracht. Nach
Auffassung der beiden Autoren liegen ihre Ursprünge daher in diesem
Zeitraum.[37]

In Abgrenzung zu Historikern konzentrieren sich Politik-, Wirtschafts-
und Sozialwissenschaftler vornehmlich auf die zweite Hälfte des 20. Jahrhunderts. Kriterien wie die Unterminierung nationalstaatlicher Steuerungs-

---

35 Abu-Lughod, Janet: Before European Hegemony. The World System A.D.
   1250–1350. Oxford 1989.
36 Fischer, Wolfram: Auswirkungen der Globalisierung auf wirtschaftliche und
   soziale Institutionen in Europa. In: Gömmel, Rainer (Hrsg.): Weltwirtschaft
   und Wirtschaftsordnung. Stuttgart 2002, S. 357–367.
37 O'Rourke, Kevin H./Williamson, Jeffrey G.: Globalization and History. The
   Evolution of a Nineteenth-Century Atlantic Economy. Cambridge/Mass.
   1999.

kompetenzen durch grenzüberschreitende/globale Kräfte oder die digitale Revolution erscheinen in diesem Diskurs maßgeblich, um von einem Zeitalter der Globalisierung zu sprechen.

Die Antwort auf die Frage nach Beginn und zeitlichem Verlaufsmuster der Globalisierung hängt natürlich von der zugrundeliegenden Begrifflichkeit und Konzeption ab. Es bleibt letzten Endes ein definitorisches Problem, ab wann man dem globalen Integrations- und Vernetzungsgrad eine solche Qualität zuschreibt, dass man den Begriff »Globalisierung« verwendet. Ausgehend von der in Kapitel II entwickelten Konzeption wird für den weiteren Verlauf der Darstellung die nachstehende Periodisierung als sinnvoll erachtet *(Tab. 2)*. Dabei bieten die Jahresangaben jeweils nur eine ungefähre Orientierung, da sich ein gesamtgesellschaftlicher, langfristiger Strukturwandel, wie ihn die Globalisierung gleichermaßen verkörpert und induziert, einer exakteren Datierung naturgemäß entzieht.

Erst im ausgehenden 15. und frühen 16. Jahrhundert konnte der empirische Beleg für die schon länger diskutierte Hypothese von der Kugelgestalt unseres Planeten erbracht werden. Daher trifft die Bezeichnung *präglobale*

Zeit	Bezeichnung	Charakteristika
Bis 1500	Präglobale Epoche	Separate Handlungsräume: Eurasien-Afrika, Amerika, Australien
1500–1840	Protoglobalisierung	Entdeckung/Erschließung des Globus Grundstrukturen moderner Globalisierung
1840–1914	Erste Globalisierungsphase	Produktions-, Transport- und Kommunikationsrevolution Hegemon: Großbritannien
1914–1945	Zeit der Gegenläufe	Weltkriege, -wirtschaftskrise Weltwirtschaftliche Desintegration
1945–1990	Zweite Globalisierungsphase »zweigeteiltes Spielfeld«	Supranationale Strukturen Bipolare Weltordnung Semi-Hegemon USA
1990-heute	Dritte Globalisierungsphase »Turbokapitalismus«	Digitale Revolution Hegemon USA

Tab. 2 Globalisierung – ein Periodisierungsvorschlag
Quelle: eigene Ausarbeitung

Epoche[38] für die frühere Zeit durchaus zu; die angelsächsische Forschung bevorzugt allerdings den Begriff *archaic globalization*[39]. Eurasien und – mit Einschränkungen – Afrika bildeten dabei einen gemeinsamen Interaktionsraum. Zu nennen wären des Weiteren Amerika und Australien als separate Handlungsareale. Bis ins frühe 19. Jahrhundert hinein gelang in erster Linie den Europäern die Erschließung globaler Räume, mit Ausnahme etlicher weißer Flecken auf der Weltkarte, z. B. im Inneren Afrikas und Asiens. Politische, wirtschaftliche und soziale Netzwerke begannen die Erdkugel zu umspannen, der *global player* betrat als maßgeblicher Akteurstypus die Weltbühne. Aufgrund der nach wie vor sehr beschränkten Kommunikations- und Transportmöglichkeiten erreichte die weltweite Integration allerdings nur eine geringe Ausprägung – verglichen mit späteren Zeiten. Daher erscheint als wesentliches Kennzeichen dieser Periode, dass zwar zahlreiche Globalisierungsstrukturen bereits erkennbar wurden, dass sie letztlich aber in den »Kinderschuhen« stecken blieben. Diese Vorläufigkeit bereits erkennbarer Muster bringt der Terminus *Protoglobalisierung* angemessen zum Ausdruck.

---

global player

Dem Wortsinne nach bezeichnet global player ganz allgemein einen Akteur (Person, Organisation), dessen Präsenz und/oder Handlungsradien sich über weite Teile des Globus erstrecken. Zu den frühen Vertretern zählen beispielsweise die katholische Kirche bzw. christliche Orden.

In der modernen Globalisierungsdebatte werden unter global player i. e. L. Wirtschaftsunternehmen und INGOs verstanden, die transnational, genauer: auf mehreren Kontinenten, vertreten sind. Diese begriffliche Verengung auf ökonomische Akteure wird in dieser Studie aber nicht übernommen.

STICHWORT

---

38 Schäfer, Wolf: The New Global History. Toward a Narrative for Pangea Two. In: Erwägen – Wissen – Ethik. 14 (2003) 1, S. 75–88.
39 Bayly, Christopher: The Birth of the Modern World, 1870–1914. Global Connections and Comparisons. Malden/Mass. 2004 (dt.: Die Geburt der modernen Welt. Eine Globalgeschichte 1780–1914. Frankfurt a. M./New York 2006).

Revolutionäre technologische Innovationen (Produktion, Transport, Kommunikation) und der Ausbau institutioneller Ordnungselemente jenseits des Nationalstaates induzierten im 19. Jahrhundert einen ungeheuer dynamischen globalen Integrationsschub, weshalb jene Zeit zu Recht als *erste Phase moderner Globalisierung* (1840–1914) charakterisiert werden kann.

Ihr geräuschvolles Ende – damit auch das Ende der vorherrschenden Schrittmacherfunktion Europas – ist mit dem Ausbruch des Ersten Weltkrieges anzusetzen; er zeriss abrupt technische, vor allem aber institutionelle und soziale Netzwerke. Deren Rekonstruktion misslang während der Zwischenkriegszeit und des Zweiten Weltkrieges vor allem im wirtschaftlichen Bereich weitgehend. Auf der anderen Seite zeigen etliche Entwicklungen (Luftverkehr, Völkerbund u. a.), dass der Globalisierungstrend keineswegs gänzlich zum Erliegen gekommen war. Somit ist aus globalisierungshistorischer Perspektive für die Jahre 1914–1945 lediglich eine *ökonomische,* nicht aber eine umfassende *Desintegrationsphase* zu konstatieren.

Nach 1945 schwenkte die internationale Staatengemeinschaft wieder auf den ökonomischen Globalisierungspfad ein – wenn auch mit erheblichen, ideologisch begründeten Einschränkungen. Die *zweite Globalisierungsphase (1945–1990),* institutionell geprägt von internationalen Institutionen wie der UNO, dem Internationalen Währungsfonds (IWF), der Weltbank oder dem General Agreement on Tariffs and Trade (GATT), entfaltete ihre Wirkungsmacht vornehmlich in der westlichen und in weiten Teilen der blockfreien Welt, kaum aber im sozialistischen Staatenlager. Daher wird jene Zeit bisweilen auch als »halbierte Globalisierung«[40] bezeichnet; wie noch zu zeigen sein wird, ist diese Begrifflichkeit nicht unproblematisch.

In den frühen 1970er Jahren erwies sich die Weltwährungsordnung mit der Leitgröße US-Dollar, an welche die übrigen Währungen in festen Relationen gekoppelt waren, den sich ändernden ökonomischen und politischen Rahmenbedingungen nicht länger gewachsen. Die Freigabe der Wechselkurse und sukzessive Liberalisierung des Welthandels stellten schon frühzeitig die Weichen für eine nächste Globalisierungsphase. Diese setzte sich aber erst mit der Zäsur von 1989–1991 – Zusammenbruch des Ostblocks, Überwindung der bipolaren Weltordnung, Liberalisierung des Welthandels, Verbreitung von Internet und Mobilfunk – durch, was den Beginn der *dritten Globalisierungsphase* markierte; sie dauert bis zum heutigen Tage an.

---

40 Osterhammel/Petersson, Globalisierung, S. 86.

III. Präglobale Epoche (vor 1500 n. Chr.)

1492 – annus mirabilis nannten christliche Zeitgenossen jenes »wundersame Jahr«. Die spanischen Könige Ferdinand und Isabella eroberten im Januar Granada, die letzte noch verbliebene islamische Bastion auf der iberischen Halbinsel. Zehn Monate später, am 12. Oktober 1492, betrat Christoph Kolumbus erstmals den Boden der karibischen Insel Guanahani (heute: San Salvador). Seine ursprüngliche Hoffnung, die sagenumwobene Insel Zipangu (Japan) aufzufinden, erfüllte sich indes nicht. Ebenso erwies sich die Vorstellung, den westlichen Seeweg nach Indien respektive Asien entdeckt und damit die lange vermutete Kugelgestalt der Erde bewiesen zu haben, als ein Trugschluss. Dennoch nahm Spanien seine Reise als den gelungenen Abschluss eines grandiosen Jahres 1492 wahr.

Im globalisierungshistorischen Kontext nimmt die Entdeckungsfahrt Kolumbus' eine Schlüsselposition ein. Sie läutete die bis heute andauernde Periode kontinuierlicher Kontakte zwischen den vormals separierten Gesellschaften Europas und Amerikas ein, forcierte die Gewissheit unter den Geographen jener Zeit, dass die Erde eine Kugel wäre und minderte weit verbreitete Ängste vor dem gefährlichen »Weltenabgrund«. Die spätere Umsegelung (1519–1521) und eingehendere Erforschung des Globus folgten somit einer gewissen Zwangsläufigkeit; es war nur noch eine Frage der Zeit, wann die vormals separierten Interaktionsräume Eurasien/Afrika, Nord-/Süd-Amerika und Australien tatsächlich fusionieren würden.

III.1. Die präglobale Epoche im Überblick

Die präglobale Epoche vor 1492 kennzeichnen zum einen der noch ausstehende empirische Beleg für die Kugelgestalt der Erde und zum anderen die Unklarheiten hinsichtlich ihrer tatsächlichen Ausmaße. Bekanntlich wagte Kolumbus seine riskante Westexpedition nicht zuletzt deshalb, weil er den Erdumfang gewaltig unterschätzt hatte. Die einzelnen Völker blieben weitgehend ihren jeweiligen Interaktionsräumen verhaftet und wussten kaum etwas über die Existenz anderer Kontinente und Kulturen – sieht man einmal von mythologischen Überlieferungen ab, die nicht als gesicherte

Erkenntnis gelten können. Philosophisch-religiöse Welt-, Kosmos- und Universalvorstellungen sind zwar vielerorts nachzuweisen, ebenso daraus abgeleitete Ansprüche auf die Weltherrschaft, blieben aber naturgemäß vage und bezogen sich vor allem auf den jeweils bekannten Teil der Erde.

Diese für die präglobale Epoche typische geographische Beschränktheit findet eine Ursache in dem unzureichenden navigatorischen Vermögen, die Weltmeere einigermaßen sicher und regelmäßig überqueren zu können. So gelang den Wikingern zwar mehrfach und über einen längeren Zeitraum hinweg der Sprung von Island und Grönland nach Neufundland, wo sie kleinere Siedlungen errichteten. Allerdings gingen diese bald zugrunde; eine kontinuierliche Beziehung zwischen den Gemeinschaften Europas und Nordamerikas konnte nicht etabliert werden. Auch die historische

---

Kennzeichen der präglobalen Epoche

INFO-BOX 5

Separierte Interaktionsräume
- Eurasien/Afrika, Nord-/Südamerika, Australien

Expansion von Interaktionsradien
- Großräumige Herrschaftsgebilde
- Ansätze zu weiträumigen Netzwerken politischer, kultureller und ökonomischer Natur

Ansätze zur Netzwerkverdichtung
- Fernhandelsbeziehungen, Handelsmessen
- Wissenschaften, Künste

Institutionen mit universalem Anspruch, u. a.
- Religionen, u. a. Christentum, Islam
- Geistliche und weltliche Herrschaften

Folgen interregionaler Mobilität
- Kulturtransfer
  - Religion
  - Wissenschaften
- Warentransfer
  - Fernhandel mit Luxusgütern
- Politisch-militärische Kontakte
- Pandemien

Überlieferung dieser Fahrten verlor sich mit der Zeit oder fand Eingang in sagenhafte Erzählungen.

Selbst innerhalb der kontinentalen Interaktionsräume herrschte große Unkenntnis über weit entfernt gelegene Areale und Völker. So kursierte in Europa bis ins 16. Jahrhundert die Vorstellung vom Priesterkönig Johannes, dessen christliches Reich die Zeitgenossen wahlweise in Ostasien, südlich der Sahara oder südöstlich des arabisch-islamischen Herrschaftsgebietes – ungefähr im heutigen Abessinien – vermuteten. Gefunden wurde es nie, wagemutige Expeditionen dorthin scheiterten und vermochten kein Licht ins Dunkel zu bringen. Auch die Schilderungen über ungeheure Reichtümer im fernen Asien, im Reich der Mitte (China) oder auf der Insel Zipangu (Japan), weckten Phantasien und Begehrlichkeiten im Abendland, taugten aber nicht als Grundlage solider landeskundlicher Kenntnisse.

Überregionale politische, kulturelle und wirtschaftliche Kontakte blieben spärlich und – wie im Falle der berühmten, um 800 n. Chr. datierenden Korrespondenz zwischen Kaiser Karl d. Großen und Harun al-Raschid, dem Kalifen von Bagdad – einer schmalen Oberschicht vorbehalten. Das trifft auch auf den zweifelsohne bedeutsamen Kulturtransfer zwischen den arabisch-islamischen und europäischen Wissenschaften zu, der sich innerhalb eines Gelehrtennetzwerkes vollzog. Fernhandelsbeziehungen zwischen Asien, Europa und Afrika beschränkten sich auf einige Luxuswaren wie Seide, Edelmetalle, Gewürze und Sklaven; sie beglückten vornehmlich die Vornehmen. Gleichwohl darf nicht übersehen werden, dass in mittel- und langfristiger Perspektive gerade der präglobale Wissens- und Gütertransfer innerhalb Eurasien-Afrikas entscheidende Grundlagen für die Protoglobalisierung schuf, wie noch zu zeigen sein wird.

III.2. Expansion und Netzwerkverdichtung

Die für die Globalisierung typischen Prozesse der Expansion von Handlungsradien und der großräumigen Netzwerkverdichtungen sind vor 1500 n. Chr. durchaus anzutreffen.

Politisch-militärische Expansion: Zahlreiche der seit der Antike entstandenen Großreiche galten in zeitgenössischer Wahrnehmung als Weltreiche, als politische und religiöse Integrationseinheiten. Innerhalb deren Grenzen liefen modern anmutende Vernetzungsprozesse kultureller und wirtschaftlicher Natur ab. So unterwarf der Makedonier Alexander (356–323 v. Chr.) im 4. Jahrhundert vor Christus ein riesiges Gebiet seiner Herrschaft. Für kurze Zeit hatte er eine machtpolitische Brücke zwischen dem Mittelmeerraum und Indien geschlagen, die auch einen wirtschaftlichen Güter- und kulturellen Wissenstransfer ermöglichte. Als langlebiger erwies sich das Römische Reich. Nach seinem Niedergang sollte es mehrere Jahrhunderte dauern, ehe erneut ein nennenswerter Austausch materieller und immaterieller Werte zwischen Ostasien und Westeuropa einsetzte.

Erst die so genannte *pax mongolica,* der Frieden im Einflussbereich der Mongolenherrschaft, sorgte entlang der Seidenstraße für ein Mindestmaß an physischer Sicherheit. Etliche europäische Kaufleute und Missionare machten sich in jenen Dekaden auf den beschwerlichen Weg ins ferne Asien und belebten die interkontinentalen Beziehungen.[41] Zu ihnen gehörte der venezianische Kaufmann Marco Polo (1254–ca. 1324 n. Chr.), dessen langjährige Reise an den Hof Kublai Khans und weiter in das Reich der Mitte leider nur unvollständig in der Schrift »Il Milione« (dt.: Die Wunder der Welt) überliefert ist.

Auch in anderen Zentren des eurasisch-afrikanischen Raumes kam es zu expansiven und integrativen Entwicklungen. Beispielsweise legte die seit 1368 n. Chr. in China herrschende Ming-Dynastie eine beachtliche Expansionsdynamik an den Tag. Zu Beginn des 15. Jahrhunderts brach die bis dahin mächtigste Flotte der Welt von den Ufern des Jangtse auf, um unter Führung von Admiral Cheng Ho das chinesische Meer und den Indischen Ozean zu durchmessen. Im Zuge von sieben Erkundungsfahrten gelang es, den Raum bis zur Ostküste Afrikas zu erschließen und den chinesischen Vormachtsanspruch zu demonstrieren. Mit Rücksicht auf die innere Stabilität und wegen der kontinuierlichen Bedrohung durch die Mongolen im Norden stellte das Reich der Mitte bereits gegen 1430 seine maritim-militärischen Expansionsbestrebungen unvermittelt ein. Chinesische Kauffahrer blieben jedoch noch lange im Einzugsgebiet des Indischen Ozeans präsent.

Um ein weniger bekanntes Beispiel expansiver Reichsbildung aus Afrika zu benennen: Vom 13. bis zum frühen 15. Jahrhundert erreichte Mali im westlichen Afrika seine größte Ausdehnung und Machtfülle. Unter der Herrschaft islamischer Mansa (Könige) profitierte es ungemein vom regen Transsaharahandel, sicherte dessen Infrastruktur und trug Sorge dafür, dass die europäische und arabische Nachfrage nach Gold, Elfenbein und Sklaven bedient wurde. Zwischen 650 und 1500 n. Chr. sollen geschätzte

---

41 Cioffi, The Big Collapse, S. 89.

4 Mio. Menschen als Sklaven aus Afrika nach Europa bzw. in den arabischen Raum verschleppt worden sein.

Kulturell-religiöse Expansion Neben den politischen Herrschaften legten kulturelle, namentlich religiöse Bewegungen ebenfalls ein expansiv-dynamisches Verhalten an den Tag. Insbesondere das Christentum und der Islam, beide untrennbar mit weltlicher Herrschaft verbunden, beförderten die Errichtung weiter Interaktionsräume. Die Ausbreitung des Islam von Indonesien bis nach Westafrika schuf die Rahmenbedingungen für großräumige kulturelle und wirtschaftliche Austauschbeziehungen. Hiervon legt die berühmte Schilderung »Reisen ans Ende der Welt« aus der Feder des arabischen Gelehrten Ibn Battuta (1304–1377 n. Chr.) beredt Zeugnis ab. Nomen est omen: Die katholische Kirche (gr.: »das Ganze betreffend«) erhob und erhebt entsprechend ihres Selbstverständnisses einen globalen Geltungsanspruch.

Ökonomische Expansion Fernkaufleute erschlossen immer neue und weiträumige Märkte, die sich etablierenden Netzwerke gewannen an transkontinentaler Ausdehnung und struktureller Dichte. Sie verbanden bereits seit der Antike die entfernten Regionen Eurasiens und Afrikas. Nicht selten ging – wie im Falle der phönizischen und griechischen Koloniebildung rund um das Mittelmeer und das Schwarze Meer – die Ausdehnung von Wirtschaftsbeziehungen mit jener des politischen bzw. militärischen Einflussbereiches Hand in Hand. Einen interessanten Sonderstatus nimmt die Hanse ein, die während ihrer Blütezeit Ende des 14. Jahrhunderts mit mehr als 70 Kommunen ein machtvolles Städtenetzwerk in Nordeuropa darstellte. Bis ins 16. Jahrhundert beherrschte sie den Regionalhandel von Russland über Ost- und Nordsee bis hin zum Atlantik. Aber auch dieser Bund blieb letztlich in seiner geographischen Reichweite auf den genannten Raum beschränkt.

Erstmals lässt sich im 13./14. Jahrhundert eine interregionale Arbeitsteilung, in der Regionen unterschiedlicher Klimazonen verflochten waren, nachweisen. Die in Ägypten produzierte Baumwolle gelangte über Venedig nach Oberdeutschland, wo sie als Rohstoff für die Barchentproduktion (Textilgewebe) genutzt wurde.

Ins hohe Mittelalter datieren frühe organisatorische und institutionelle Neuerungen, die den Fernhandel und das überregionale Finanz- bzw. Kreditwesen auf eine leistungsfähige Grundlage stellten. Zu Recht werden sie in ihrer Gesamtheit als *kommerzielle Revolution (Raymond de Roover)* charakterisiert. In den oberitalienischen Städten setzte sich erstmals der kaufmännische Gebrauch des arabischen Ziffernsystems gegenüber dem wesentlich umständlicheren römischen durch. Von Oberitalien breitete sich auch die Rechtsform der großen Handelsgesellschaften aus, die über mehrere Jahrhunderte den europäischen Fernhandel prägen sollte. Stellvertretend sei die glanzvolle Medici-Familie aus Florenz benannt, deren Geschäftsnetz während ihrer Blütezeit (15.–17. Jh.) die damals bekannte Welt durchdrang. Die hausinterne Korrespondenz wurde über ein ausgefeiltes Botennetz für damalige Verhältnisse sehr zügig quer durch ganz Europa verteilt und trug Züge moderner Nachrichtenübermittlung.

Eine wichtige Rolle im überregionalen Vernetzungsprozess kam den Handelsmessen zu. Als Treffpunkte für Händler, Produzenten, Käufer und Bankiers aus aller Herren Länder stellten sie wichtige Knoten in einem immer dichter werdenden Geflecht von Fernhandelsbeziehungen dar. Veränderungen der europäischen Messelandschaft geben recht genaue Auskunft über die Verlagerung von Wirtschaftszentren und Handelsströmen. Nachdem bis Mitte des 13. Jahrhunderts die berühmten Champagne-Messen die Szene beherrscht hatten, verlagerte sich der Schwerpunkt des präglobalen Messewesens weiter in den Nordwesten Europas, insbesondere nach Brügge, Antwerpen und – deutlich später – nach Amsterdam.

Im flandrischen Brügge befindet sich bis zum heutigen Tag die Keimzelle jener Einrichtung, die wie keine andere die ökonomische Seite der Globalisierung symbolisiert: die Börse. Das Haus der dort ansässigen Patrizierfamilie van der Beurse – am Giebel befand sich ein Wappen mit drei Geldbörsen – gab dieser Einrichtung den Namen. In der Nähe des Anwesens trafen sich Bankiers, Produzenten und Händler, um ihre Geschäfte zu besprechen und abzuschließen. Von dieser ursprünglichen face-to-face-Institution leitet sich der globale Markt für Waren, Devisen und Wertpapiere aller Art ab, dessen Geschäfte zwischenzeitlich auf Zuruf, heute meist elektronisch abgewickelt wurden bzw. werden.

Für die spätere wirtschaftliche Globalisierung sollten sich bestimmte Handels- und Kreditinstrumentarien aus dem Umfeld des mittelalterlichen Messewesens als bedeutsam erweisen, die geeignet waren, die Raum-Zeit-Bindung bei Geschäftsabschlüssen aufzuheben. Damit war eine wesentliche Voraussetzung späterer Globalisierung geschaffen. An prominenter Stelle ist der Wechselbrief zu benennen. Er verpflichtete seinen Aussteller, die auf dem Dokument vermerkte Geldsumme zu einem späteren Zeitpunkt an einem bestimmten Ort zu bezahlen. Diese Form des schriftlichen Zahlungsversprechens ermöglichte es Fernkaufleuten, auch ohne größere Bargeldbestände Messegeschäfte abzuschließen. Dadurch sank ihr Risiko, auf den langen, gefährlichen Reisen großer Summen beraubt zu werden.

Die auf andere Personen übertragbaren Wechselbriefe wandelten sich im Laufe der Zeit zum wichtigen Kreditinstrument unserer Tage. Natürlich funktionierte das System nur, wenn der Empfänger des Wechselbriefes einigermaßen sicher sein konnte, tatsächlich dereinst das versprochene Geld ausgezahlt zu bekommen. Die historische Stabilität dieser Institution spricht dafür, dass die transregionalen Handelsnetzwerke bereits so eng geflochten waren, dass Kaufleute, die ihre Zahlungsversprechen nicht hielten, in der Tat mit empfindlichen Sanktionen rechnen mussten.

Neben dem Wechselbrief setzte sich in der präglobalen Epoche bereits das Seedarlehen durch, welches für die maritim verflochtene Wirtschaft zu größter Bedeutung aufstieg. Hierbei streckte ein Kapitalgeber dem Handelsreisenden zur See das benötigte Geld vor. Beide schlossen sich für die Dauer der Unternehmung zur *compagnia accomandita* zusammen und verteilten das Risiko auf mehrere Schultern. Instrumentarien wie der Wechselbrief und das Seedarlehen bildeten wichtige institutionelle Grundlagen für den überregionalen, später globalen Kapitalverkehr. Auch Leitwährungen kristallisierten sich bereits heraus, ebenso ein gewisser Schutz individueller Verfügungsrechte auch auf fernen Handelsplätzen.[42] Die *lex mercatoria,* das nicht schriftlich codifizierte Kaufmannsrecht, stellte eine historisch wie juristisch schwer zu beurteilende, gleichwohl unbestreitbare Rechtsinstitution dar, die nicht an politische Herrschaftsräume gebunden war.

III.3. Folgen überregionaler Interaktionen

Die präglobale Epoche zeigte insbesondere im ausgehenden Mittelalter ein wachsendes Maß an überregionaler Mobilität von Personen, Waren, Kapital und Informationen. Eine – freilich unwillkommene – Begleiterscheinung hierbei stellten die im 14. Jahrhundert einsetzenden Pestepidemien dar.[43] Seit 1347 breitete sich der »Schwarze Tod« über Europa aus – mit katastrophalen demographischen Auswirkungen. Ursprünglich aus dem Inneren Asiens stammend, gelangte der Erreger vermutlich im Schlepptau mongolischer Reiterverbände bzw. Fernhändler binnen kürzester Zeit in den Orient und von dort mit Schiffstransporten in italienische Hafenstädte.

---

42 North, Michael: Kommunikation, Handel, Geld und Banken in der frühen Neuzeit. München 2000.
43 McNeill, William: Plagues and People. New York 1998.

Seine Ausbreitungswege entlang der großen Handelsrouten über ganz Europa legen den Schluss nahe, dass die Pestwellen als Indikatoren für den schon beachtlichen, weiträumigen Vernetzungsgrad innerhalb Eurasiens gewertet werden können.

Für diesen Befund spricht auch der umfangreiche Transfer wissenschaftlicher Kenntnisse und kultureller Güter zwischen Ost und West, wobei das Abendland sehr von den arabischen, indischen und chinesischen Wissenschaften profitierte.[44] Einige von ihnen sollten während der nachfolgenden Protoglobalisierung eine bedeutende Rolle spielen. Auf grundlegende Erkenntnisse der Mathematik und Naturwissenschaften sei nur am Rande verwiesen; konkreter zeigte sich der Nutzen bei technischen Gerätschaften wie dem Magnetkompass, Jakobsstab und Sextanten, deren Ursprünge in China vermutet werden. Auch das Schießpulver, auf dem die militärisch-psychologische Durchschlagskraft europäischer Conquistadores und Eroberer beruhte, stammte wohl aus dem Reich der Mitte.

Zahlreiche Luxusgüter asiatischer Herkunft gelangten bereits vor 1500 nach Europa. Im Gegenzug lieferte dieses vor allem Edelmetalle; an europäischen Gewerbeprodukten bestand in Fernost weniger Interesse. Es etablierte sich somit ein Warenaustausch, der in seinen Grundstrukturen bis ins 18. Jahrhundert erhalten blieb. Edle chinesische Waren und vor allem teure Gewürze aus dem südostasiatischen Archipel weckten in Europa große Begehrlichkeit und spornten dort die Suche einer Direktverbindung nach Fernost an.

---

44 Nolte, Hans Heinrich: Weltgeschichte. Imperien, Religionen und Systeme 15.–19. Jahrhundert. Wien/Köln/Weimar 2005, S. 41–43.

IV. Protoglobalisierung (1500–1840)

»In meinem Reich geht die Sonne nicht unter.« Angeblich umschrieb Kaiser Karl V. (1500–1558 n. Chr.) mit diesen Worten die gewaltigen Ausmaße seines Herrschaftsgebietes, welches Besitzungen in Asien, Europa und Amerika umfasste. Auch wenn die genaue Quellenzuschreibung nicht als gesichert gelten darf, ist ihre zeitgenössische Herkunft unstrittig. Die Veranschaulichung der Herrschaftsreichweite Karls V. durch ein astronomisches Phänomen belegt, dass der Globus im Denken des 16. Jahrhunderts zur räumlichen Bezugsgröße aufgestiegen war – zumindest in den abendländischen Machtzentren.

Kennzeichen der Protoglobalisierung

Erschließung des Globus
- Verbindung zuvor getrennter Interaktionsräume

Neustrukturierung globaler Interaktionsräume
- Regionalsysteme, z. B.
  - Atlantisches System mit Dreieckshandel
  - Innerasiatisches Handelsnetzwerk mit europäischer Beteiligung
- Globaler Edelmetallfluss

Ansätze einer Weltordnung
- Verträge von Tordesillas (1494), Saragossa (1529)
- Hugo Grotius, »Mare Librum« (»Das Freie Meer«), (1609)
- Immanuel Kant, »Zum ewigen Frieden. Ein philosophischer Entwurf« (1795)

Global players
- Katholische Kirche, kirchliche Orden
- Chartered companies

INFO-BOX 6

Die Erschließung des Erdballes stellte freilich nur einen ersten, wenn auch spektakulären Schritt der Protoglobalisierung dar, auf den weitere folgten: Das Einklinken der Portugiesen, Niederländer und Engländer in ein seit langem bestehendes asiatisches Handelsnetz, die Verknüpfung Europas, Afrikas und Amerikas zum atlantischen Regionalsystem, der Mitte des 16. Jahrhunderts eingerichtete Schiffsverkehr zwischen Amerika und Asien und die späte Entdeckung der *terra incognita Australis*. Sie alle veränderten die politisch-ökonomische und soziale Globalstruktur von Grund auf. Fortan prägten erdumspannende Kolonialreiche die weltpolitische Landkarte. Daneben drängten mehr und mehr private Händler bzw. Handelsgesellschaften, gewissermaßen die Vorläufer multinationaler Konzerne, auf die Weltbühne. Auch Missionare und Wissenschaftler beteiligten sich an der Auslotung und Ausgestaltung des globalen Raumes.

Die Folgen der erstmaligen oder intensivierten Kontakte vormals getrennter Kulturen fielen sehr unterschiedlich, niemals aber unerheblich aus. Das Spektrum reichte von vergleichsweise wenig dramatischen Veränderungen in der Konsum- und Alltagskultur (Europa, Asien), über die massive Unterdrückung indigener Völker und die weitgehende Zerstörung ihrer soziokulturellen Strukturen, bis hin zur Vernichtung ganzer Ethnien in der Karibik, in Amerika, Afrika, Asien, Australien und Ozeanien. Nicht zuletzt wegen dieser gravierenden Folgewirkungen interkontinentaler Austauschbeziehungen hebt sich die Protoglobalisierung deutlich von der präglobalen Epoche ab.

IV.1. Entdeckung, Erschließung und Strukturierung des globalen Raumes

Den Auftakt zu dem knapp hundertjährigen, systematischen Erkunden des Seewegs nach Indien gab das portugiesische Königreich mit der Eroberung des nordafrikanischen Ceuta im Jahre 1415. Eine erste Hürde, das wegen seiner widrigen Wind- und Strömungsverhältnisse gefürchtete und mit unheilvollen Mythen behaftete Kap Bojador, ließen die wagemutigen Seefahrer bereits 1434 hinter sich. Den Äquator überquerten sie 1470/71 und schließlich umsegelte Bartolomé Diaz im Jahre 1488 die von ihm als »Kap der Stürme« charakterisierte Südspitze Afrikas. Portugals König Johann II. ordnete die Umbenennung in »Kap der guten Hoffnung« an. Ihm war offenkundig die Erwartung, dass nunmehr der Weg nach Osten und damit nach Indien offen stehen würde, wichtiger als die schwierigen Windverhältnisse vor Ort. Es sollte aber noch weitere zehn Jahre dauern, ehe portugiesische Schiffe unter Leitung Vasco da Gamas tatsächlich im Hafen von Calicut an der indischen Malabarküste festmachten. Derweil hatte Christoph Kolumbus mit der Entdeckung karibischer Inseln und des amerikanischen Festlandes den Wettbewerb zwischen den katholischen Königreichen Portugal und Spanien um überseeische Besitzungen verschärft. Mittels der päpstlichen Autorität, die gewissermaßen als überstaatliche Schiedsinstanz angerufen wurde, gelang es, die Konkurrenz geraume Zeit in – aus Sicht der Beteiligten – geordnete Bahnen zu lenken. Die Verträge von Tordesillas (1494) und Saragossa (1529) schrieben die geographische Trennung kolonialer Ansprüche fest und bildeten den frühen Kristallisationspunkt einer globalen Raumordnung *(Abb. 2)*.[45] Aber nicht lange, denn alsbald traten mit Franzosen, Niederländern und Engländern weitere Akteure auf den Plan, die weder die iberischen Ansprüche noch die päpstliche Autorität akzeptierten.

Die europäischen Mächte strebten auf sehr unterschiedliche Weise danach, überseeische Gebiete dauerhaft ihrer Kontrolle zu unterstellen. In Afrika und Asien konzentrierten sich die Portugiesen, später auch die Niederländer und Briten, auf die militärische Sicherung einer Kette von Han-

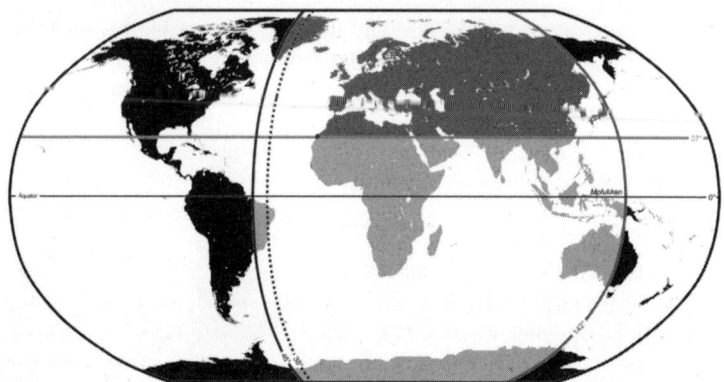

Schwarz: spanische Einflusssphäre   *Hellgrau: portugiesische Einflusssphäre*

Abb. 2 Globale Raumordnung nach den Verträgen von Tordesillas (1494) und Saragossa (1529)

---

45 Schneider, Ute: Tordesillas 1494 – Der Beginn einer globalen Weltsicht. In: Saeculum 54 (2003) 1, S. 39–62.

delsstützpunkten an den Küsten. Klima, Vegetation, Krankheiten sowie Machtverhältnisse vor Ort bildeten für lange Zeit schwer überwindbare Hürden, um ins Landesinnere reichende Herrschaftsansprüche geltend zu machen. Beispielsweise musste sich selbst die mächtige Vereenigde Oostindische Compagnie, die von Amsterdam aus den Asienhandel im 17. und 18. Jahrhundert kontrollierte, gegenüber den japanischen Tokugawa-Herrschern ausgesprochen demütig verhalten. Die Japaner gestatteten den Niederländern keinen Zutritt auf die Hauptinsel, sondern wiesen deren Faktorei einen Platz auf der künstlichen Insel Deshima in der Bucht von Nagasaki zu. Erst im 18. Jahrhundert vereinnahmten die Briten umfangreichere Gebiete des indischen Subkontinents. Der afrikanische Kontinent blieb den Europäern sowohl wegen seiner Unwirtlichkeit (u. a. Malaria) als auch wegen der wehrhaften Stämme bis Ende des 19. Jahrhunderts einigermaßen verschlossen. Ganz anders gestaltete sich die Situation in Amerika. Dort erlaubten es das günstige Klima, die Existenz dünn besiedelter Gebiete und die geringe Widerstandskraft einheimischer Völker den europäischen Mächten Spanien, England und Frankreich, rasch weite Landstriche unter die eigene Herrschaft zu bringen.

So unterschiedlich die Strategien in Ost und West waren, eines hatten sie gemeinsam. Es handelte sich durchweg um *gunpowder empires* (William H. McNeill), d. h. ausschlaggebend für die europäische Überlegenheit waren die Feuerwaffen, auf die sich in letzter Konsequenz ihre Herrschaft in Übersee stützte. So gab die Schiffsartillerie der Portugiesen den Ausschlag dafür, dass sie die numerisch überlegenen arabischen Flottenverbände in die Flucht schlugen. Die Musketen der Conquistadores verbreiteten unter den Azteken- und Inkaheeren großen Schrecken bei vergleichsweise wenigen Todesopfern. Diese Wirkung aber genügte den Europäern, um die Auseinandersetzungen für sich zu entscheiden.

Neben den Kolonialherrschaften etablierten sich im Laufe der Protoglobalisierung komplexe Regionalsysteme, die für die weitere Entwicklung von großer Bedeutung waren. Am Beispiel des *atlantischen Dreieckshandels* lasst sich exemplarisch nachvollziehen, wie eng die wirtschaftlichen mit den politischen und sozialen Strukturen verknüpft waren *(Abb. 3)*.[46]

Nachdem der atlantische Raum durch die Entdeckungsfahrten bis Anfang des 16. Jahrhunderts als Handlungsfeld abgesteckt war, setzte zwischen den drei Eckpfeilern Europa – Westafrika – Mittel-/Südamerika

46 Verlinden, Charles: Les origines de la civilisation atlantique. De la Renaissance à l'Age des Lumières. Neuchatel, Paris 1963.

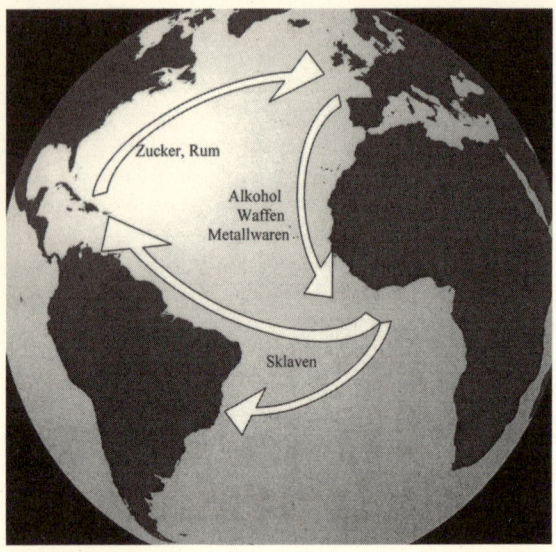

Zucker, Rum

Alkohol
Waffen
Metallwaren

Sklaven

Abb. 3
Der atlantische
Dreieckshandel
(16.–18. Jh.)

ein reger Warentransport ein.[47] Die spanischen Vizekönigreiche in der
»Neuen Welt« lieferten anfangs vornehmlich Gold und Silber nach Europa.
Schon bald kamen landwirtschaftliche Produkte hinzu, allen voran der
begehrte Zucker. Um aber die großen Plantagen auf den karibischen Inseln
bzw. in Südamerika erfolgreich bewirtschaften zu können, bedurfte es zahlreicher Arbeitskräfte. Die indigene Bevölkerung, ohnehin gewaltig dezi-
miert, verweigerte sich meist einer solchen Tätigkeit, und so bemühten
sich die Plantagenbesitzer, afrikanische Sklaven als Feldarbeiter einzusetzen. Den Erwerb von Sklaven an Afrikas Westküste übernahmen europäische Kaufleute, die sie bei afrikanischen Zwischenhändlern gegen Metallwaren, Waffen, Alkohol, Tabak u. a. m. eintauschten. Geschätzte 11 Mio.
Personen wurden gegen ihren Willen zwischen 1550 und 1800 auf der
berüchtigten *middle passage* von der Westküste Afrikas nach Süd- und Mit-
telamerika transportiert.[48] Die Hochphase dieser traurigen Praxis datiert
auf die 1780er Jahre, als knapp 80.000 Sklaven pro Jahr verschifft wurden.

---

47 Zu den Tauschobjekten zählte auch die »Ware Mensch«, sprich Sklaven. Selbstverständlich handelt es sich hierbei um eine zeitgenössische Sicht der Dinge.
48 Zeuske, Michael: Sklaven und Sklaverei in den Welten des Atlantiks 1400–1940.
   Umrisse, Anfänge, Akteure, Vergleichsfelder und Bibliographien. Münster 2006.

Die gesellschaftlichen und ökonomischen Folgen des atlantischen Dreieckshandels werden zwar im Detail kontrovers diskutiert, in der Gesamtschau aber als sehr weit reichend eingestuft. Das afrikanische Sozial- und Machtgefüge dürfte sich durch den demographischen Aderlass massiv verändert haben. Plausible Schätzungen gehen davon aus, dass die tatsächliche Bevölkerungszahl Mitte des 19. Jahrhunderts um die Hälfte unter der bei ungestörter Entwicklung zu erwartenden lag. Während weite Landstriche im Innern des Kontinents unter den Menschenjagden litten und die Agrarwirtschaft einen Niedergang erfuhr, profitierten jene küstennahen Stämme, die als Zwischenhändler im Sklavenhandel Waffen und metallene Gerätschaften von den Europäern erwarben. In der Karibik bildete sich eine streng hierarchische Gesellschaftsformation heraus, wobei die politisch-militärische und wirtschaftliche Macht bei einer zahlenmäßig verschwindend geringen weißen Pflanzeraristokratie lag. Beispielsweise standen in Jamaika 1808 den 17.000 Weißen rund 350.000 Farbige gegenüber. Bis zum heutigen Tag leiden diese Gesellschaften an den Folgen der damals etablierten sozio-ökonomischen Strukturen. Den wohl größten Nutzen aus dem transatlantischen Dreieckshandel zog Europa. Mittels umfangreicher Gold- und Silberlieferungen amerikanischen Ursprungs finanzierten Klerus, Adel und wohlhabende Bürger teure Warenlieferungen aus Asien. Das Luxusgut Zucker verlor mit zunehmender Verfügbarkeit nach und nach seinen exklusiven Status und gelangte immer häufiger auf den Tisch auch ärmerer Schichten. Während diese Sachverhalte allseits akzeptiert werden, gilt dies nicht für die so genannte *Williams-These*. Der Oxford-Historiker und nachmalige Ministerpräsident von Trinidad/ Tobago, Eric Williams, publizierte 1944 die Überlegung, dass die Industrialisierung Europas ihre finanzielle Initialzündung aus den Gewinnen des Sklavenhandels und der -wirtschaft bezogen hätte, sein Reichtum mithin auf dem Elend der Afrikaner gründete.[49] An der Williams-These entzündete sich eine lang anhaltende und durchaus fruchtbare Kontroverse, wobei der unmittelbare Zusammenhang zwischen transatlantischem Sklavensystem und europäischer Industrialisierung letztlich nicht überzeugend nachzuweisen war.

Ein im 16. Jahrhundert einsetzender Edelmetallstrom verband die einzelnen Regionalsysteme, die sich um den Atlantik, Indischen Ozean und Pazifik gruppierten. Riesige Gold- und Silbermengen – geschätzte 80 % der

49 Williams, Eric: Capitalism & Slavery. New York 1961.

Weltproduktion zwischen 1500 und 1800 – gelangten aus Amerika über den Atlantik, West- und Mitteleuropa bis nach China, welches als Sammelbecken für die begehrten Edelmetalle fungierte *(Graphik 4)*. Mit der 1571 erstmaligen, dann aber regelmäßigen Entsendung der *Manila-Galeone* vom mexikanischen Acapulco in die philippinische Metropole schloss sich der globale Edelmetallkreislauf.[50] Die europäische Preisrevolution (Inflation) des 16. Jahrhunderts, d. h. der in der Forschung kontrovers diskutierte Güterpreisanstieg jener Zeit, dürfte zu einem gewissen Teil auf die amerikanischen Lieferungen zurückzuführen sein und dokumentiert ein bereits beachtliches Maß interkontinentaler Verflechtung. Das betraf auch den mitteleuropäischen Silberbergbau, dessen Niedergang durch die Importe beschleunigt wurde.

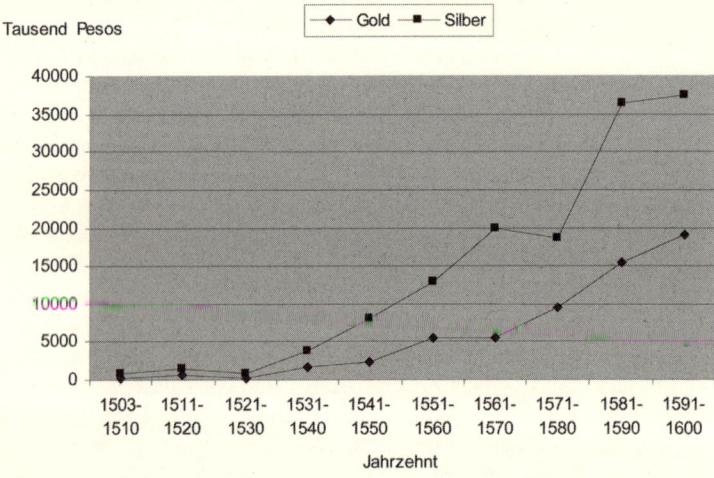

Graphik 4 Gold- und Silberlieferungen aus Amerika nach Spanien (1503–1600)

Quelle: Sanz, Eufemio L., Comercio de España con América en la época de Felipe II. Valladolid 1980, Bd. 2, S. 256.

---

50 Flynn, Dennis O./Giráldez, Arturo: Globalization began in 1571. In: Gills/Thompson, Globalization, S. 232–247, hier: S. 232.

IV.2. Voraussetzungen der maritimen Expansion

IV.2.1. Motive

Von Anfang an sorgte ein ganzes Bündel ökonomischer, politischer und religiöser Motive für den lang anhaltenden Antriebsschub der europäischen Expansionsbewegung.

Ökonomische Beweggründe Die Eroberung Konstantinopels 1453 durch die Osmanen veränderte die geographischen Rahmenbedingungen des bisherigen Asienhandels von Grund auf und bestärkte die Portugiesen in ihren Bemühungen, einen Seeweg nach Indien und zu den Gewürzinseln ausfindig zu machen. Die Ausschaltung des osmanischen Zwischenhandels und der Verkauf von Pfeffer, Gewürznelken, Zimt, Muskat und weiterer Spezereien asiatischer Herkunft in Europa unter eigener Regie versprachen gewaltige Profite. Zugleich bedeuteten sie eine willkommene Schwächung sowohl islamischer als auch christlicher Konkurrenten (Venedig, Genua). Da schon die ersten Expeditionen Sklaven, Elfenbein und Gold aus Westafrika eingebracht hatten, zudem auf den in Besitz genommenen Atlantikinseln einträgliche Zuckerrohrplantagen angelegt worden waren, erwies sich die ganze Unternehmung »Seeweg nach Indien« als überaus gewinnbringend für die portugiesischen Akteure. Bürgerliche Kaufleute, niederer Adel und die Krone mehrten ihren Reichtum und politischen Einfluss.

Ähnliche Motivstrukturen existierten bei späteren Akteuren der europäischen Expansion, so bei den katholischen Spaniern und Franzosen, bei den anglikanischen Briten oder den protestantischen Niederländern. Als beispielsweise Portugal Ende des 16. Jahrhunderts die steigende Gewürznachfrage auf den europäischen Märkten nicht hinreichend zu bedienen vermochte und daraufhin die Pfeffer- und Muskatpreise in die Höhe schossen, wagten Amsterdamer Kaufleute (»Pfeffersäcke«) den Einstieg ins riskante Asiengeschäft. Die gewaltigen Profite wollten sie sich nicht entgehen lassen. Weitere gewinnträchtige Produkte wie Tee, Seide und Porzellan erhöhten die Attraktivität der Handelspartner in China und Japan.

Politische Beweggründe Wirtschaftliche Motive und (geo-)politisches Machtkalkül waren zu allen Zeiten der Protoglobalisierung untrennbar miteinander verbunden. Die absolutistische Staatsräson ging davon aus, dass die Macht eines Herrschers sowohl nach Innen wie auch nach Außen unmittelbar mit seinen finanziellen Ressourcen im Zusammenhang stünde (Merkantilismus). Daher bemühten sich die frühneuzeitlichen Monarchien um eigene Positionsgewinne in Übersee auf Kosten anderer europäischer

Mächte. Großbritannien erreichte beispielsweise im Siebenjährigen Krieg (1756–1763) die koloniale Schwächung des Rivalen Frankreich und sicherte sich damit eine Vorteilsposition im wirtschaftlichen und politischen Wettbewerb.

Religiöse/Soziale Beweggründe Auf die legitimatorische Funktion theologischer Argumente im Zusammenhang mit der europäischen Expansion wurde bereits hingewiesen. Des Weiteren spielten religiöse Faktoren eine Rolle bei der frühneuzeitlichen Migrationsbewegung vor allem nach Nordamerika. Die berühmten *pilgrim fathers* – und nach ihnen noch viele andere religiöse Gemeinschaften – wichen dem sozial-religiösen Verfolgungsdruck ihrer englischen Heimat aus und suchten auf der anderen Seite des Atlantiks eine bessere Zukunft. Migration wurde bereits während der Protoglobalisierung zu einer transkontinentalen Erscheinung.

IV.2.2. Wissenschaft und Technik

Natürlich bedurfte die im 15. Jahrhundert einsetzende intellektuelle wie geographische Horizonterweiterung wissenschaftlich-technischer Kenntnisse bzw. Gerätschaften, um die naturräumlichen Interaktionsbarrieren auch überwinden zu können. So setzten die Umsegelung Afrikas und die navigatorische Beherrschung des offenen Meeres wesentliche schiffbautechnische und nautische Innovationen voraus. Neue Schiffstypen, wie die portugiesische Karacke oder die niederländische Fluit, machten Hochseereisen sicherer und effizienter. Allerdings lag die durchschnittliche Verlustrate auf der Asienroute im 17. Jahrhundert immer noch bei rund 30 %. Die Kombination von rechteckigen Rahsegeln und dreieckigen Lateinersegeln verhalfen den Schiffen zu vergleichsweise hoher Geschwindigkeit und guter Manövrierfähigkeit. Fortan meisterten die Seefahrer große Distanzen und schwierige Windverhältnisse weitaus besser, wozu auch das neu entwickelte Heckruder beitrug. Nautische Gerätschaften, wie Magnetkompass, Sextant oder Jakobsstab, ermöglichten auch auf hoher See eine genaue Standortbestimmung und zielgerichtetes Segeln. Die gesammelten Erkenntnisse über Küstenlinien, Strömungs- und Windverhältnisse wuchsen mit der Zeit zu einem kartographischen Erfahrungsschatz heran, der das weitere Erforschen der Erdoberfläche erleichterte. Mit dem Buchdruck stand schließlich eine Technik zur Verfügung, mit deren Hilfe die Informationsfülle wesentlich rascher und kostengünstiger als bisher zu Papier gebracht und einer relativ breiten Öffentlichkeit übermittelt werden konnte.

All diese technischen Innovationen trugen dazu bei, naturräumliche Barrieren leichter zu überwinden. Natürlich erodierten in dem Zusammenhang auch kulturelle Hürden, etwa die bereits angeführten Ängste vor unbekannten Gegenden und fremden bis feindseligen Kulturen. Anfänglich fehlendes Wissen um Sprachen, Sitten und Gebräuche erwarb man im Laufe fortdauernder Kontakte. Und letztlich darf nicht vergessen werden, dass gerade die Europäer eine wichtige kulturelle Interaktionsbarriere, nämlich die Abwehrhaltung fremder Völker gegen die Eindringlinge, oft genug mit Waffengewalt einrissen.

IV.2.3. Institutionelles Arrangement globaler Akteure

Eine besondere Herausforderung stellte die dauerhafte Nutzung globaler Handlungsräume dar. Denn im Unterschied zur erstmaligen Entdeckung ferner Länder und unbekannter Routen bedarf die langfristige militärische Behauptung und effiziente ökonomische Nutzung geeigneter Organisationsstrukturen. Dabei unterschieden sich das institutionelle Kolonialdesign der iberischen Staaten einerseits und der nordwesteuropäischen Staaten andererseits grundsätzlich voneinander. Die frühabsolutistischen Monarchien in Lissabon und Madrid legten Wert darauf, die Kontrolle über den gesamten Schiffsverkehr zwischen dem Heimatland und ihren Überseebesitzungen auszuüben. Königliche Zentralbehörden, die portugiesische *Casa da India* bzw. die spanische *Casa de la Contratación*, vergaben Lizenzen an private Kaufleute für die Asien- und Amerikafahrt. Importierte Waren wurden mit einer Steuer belegt. Diese Form des *Kronkapitalismus (capitalismo monárquico)* erwies sich auf lange Sicht als zu bürokratisch und sehr korruptionsanfällig. Demgegenüber beschritten Niederländer, Briten und Franzosen einen effizienteren Weg. *Chartered companies*, von den Regierungen beauftragte Handelsgesellschaften, traten in Asien und Amerika als quasistaatliche Akteure auf. Diese privatrechtlichen Organisationen, teilweise Aktiengesellschaften, verfügten über hinreichend großes Risikokapital und bekamen zudem von den jeweiligen Regierungen Hoheitsrechte verliehen. Eine solche Kombination erlaubte es ihnen, in fernen Regionen eigenmächtig über Krieg und Frieden zu entscheiden, eigene Truppen zu unterhalten, Territorien in Besitz zu nehmen oder eine Kolonialverwaltung mit Gouverneuren und eigener Rechtssprechung zu errichten. Das Modell der *chartered companies* setzte sich gegen den iberischen Kronkapitalismus vor allem aufgrund unternehmerischer Initiative und Dynamik durch und bestimmte im 17. und 18. Jahrhundert das europäische Auftreten in Übersee. Es wird in der Forschung diskutiert, ob diese Gesellschaften als Vorläufer moderner multinationaler Unternehmen anzusehen seien.

IV.3. Transformation und Untergang – neue Interaktionsräume und ihre Konsequenzen

Die maritime Expansion veränderte die Welt in bislang ungekanntem Ausmaße. Vor allem die Herausbildung neuer Interaktionsmöglichkeiten und Wettbewerbskonstellationen ist dabei von besonderer historischer Relevanz.

Europäisch-amerikanische Begegnung Nachdem der Atlantik seine nahezu absolute Barrierefunktion eingebüßt hatte, entwickelte sich zwischen den Gesellschaften Europas und Amerikas ein zunehmend intensiveres Austauschverhältnis, welches bekanntlich rasch in offene Konfrontation umschlug – mit desaströsem Ausgang für die indigene Bevölkerung der »Neuen Welt«. Trotzdem darf das nicht den Blick für den aus globalisierungshistorischer Sicht überaus lehrreichen *Columbian exchange*[51] verstellen *(Abb. 4)*. Darunter versteht man den interkontinentalen Transfer von Nutzpflanzen und -tieren, der beiderseits des Atlantiks weit reichende kulturelle Folgewirkungen zeitigen sollte. Um nur einige Beispiele zu nennen: Bereits die Spanier führten auf ihren Schiffen Wein, Weizen und Zuckerrohr erstmalig nach Amerika, ebenso ein breites Spektrum an Haustieren (Pferd, Rind, Schwein, Ziege, Geflügel u. a. m.). Umgekehrt gelangten Tabak, Kartoffeln, Mais und Tomaten nach Europa und bereicherten dort – zumindest auf lange Sicht – das Nahrungsspektrum. Bei den Haus-/Nutztieren erwiesen sich die amerikanischen Zivilisationen als weniger ergiebig. Hier stehen nur Meerschweinchen und Truthahn auf der Liste der nach Europa transferierten Arten.

Welch enormes kulturelles und gesellschaftliches Transformationspotential landwirtschaftliche Güter freizusetzen vermochten, sei exemplarisch anhand des Pferdes, des Zuckers und der Kartoffel illustriert:

▪ Das im 16. Jahrhundert von Europa nach Amerika eingeführte Pferd – frühere dort existierende Bestände waren zwischenzeitlich ausgestorben – ermöglichte es den nordamerikanischen Völkern überhaupt erst, die weiträumige Prärie als Lebensraum zu erschließen. Die berühmte »plains-

---

51 Crosby, Alfred W.: The Columbian Exchange. Biological and Cultural Consequences of 1492. Westport/Conn. ³1975.

culture«, die das verbreitete Klischee vom typischen Indianer prägte –
federbeschmückt, verwegen auf dem Mustang galoppierend, mit Pfeil und
Bogen den Bison jagend –, bildete sich tatsächlich erst nach Ankunft der
Europäer in Amerika heraus.

▨ Die Zuckerproduktion auf den karibischen Inseln und in Brasilien
wuchs zu dem Wirtschaft und Gesellschaft prägenden Faktor schlechthin
heran. Ausgedehnte Zuckerrohrplantagen basierten auf Sklavenarbeit und
sicherten ihren Besitzern – selbstredend europäischer Herkunft – große
Reichtümer. Aus dieser sozio-ökonomischen Struktur leitete sich eine an
der Hautfarbe ablesbare Gesellschaftshierarchie *(Pigmentokratie)* ab, deren
Grundzüge noch heute anzutreffen sind.

▨ Bezüglich der Kartoffel kann festgehalten werden, dass sie seit dem ausgehenden 18. Jahrhundert als ein wichtiges Grundnahrungsmittel vor allem
ärmere Schichten Europas sättigte und eine der Voraussetzungen für die
Bevölkerungsexplosion während der Industrialisierung darstellte.

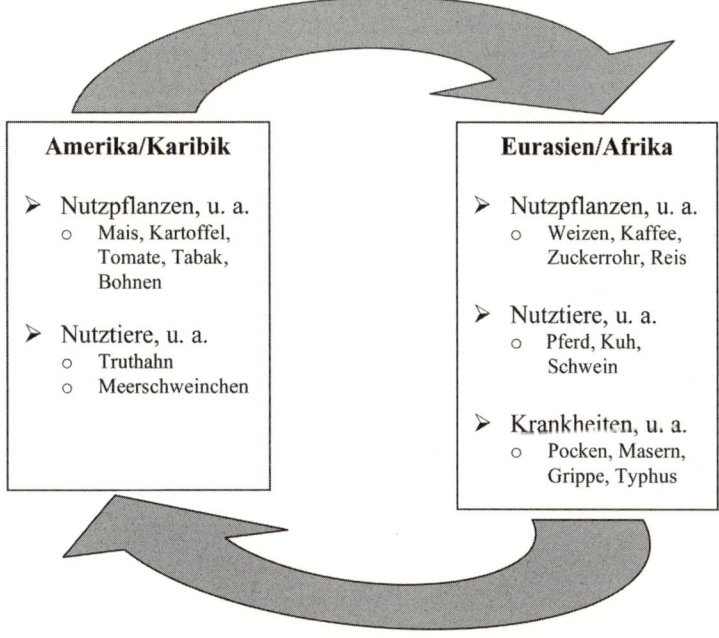

Amerika/Karibik

➢ Nutzpflanzen, u. a.
  ○ Mais, Kartoffel,
    Tomate, Tabak,
    Bohnen

➢ Nutztiere, u. a.
  ○ Truthahn
  ○ Meerschweinchen

Eurasien/Afrika

➢ Nutzpflanzen, u. a.
  ○ Weizen, Kaffee,
    Zuckerrohr, Reis

➢ Nutztiere, u. a.
  ○ Pferd, Kuh,
    Schwein

➢ Krankheiten, u. a.
  ○ Pocken, Masern,
    Grippe, Typhus

Abb. 4 The Columbian Exchange (16. Jh.)
Quelle: eigene Bearbeitung

Besonders verheerend wirkte sich aber der *mikrobiotische Musterkoffer* aus, welchen die Europäer unwissentlich mit sich führten. Pocken, Masern oder Typhus überforderten das Immunsystem der indigenen Bevölkerung in der Karibik und auf dem amerikanischen Kontinent. Allein für das 16. Jahrhundert sind 17 große Epidemien überliefert, denen geschätzte 80 % der ursprünglichen Bevölkerung zum Opfer fielen. Diese demographische Katastrophe zerstörte Gesellschaftsstrukturen, schwächte politische Herrschaftsformationen und ebnete auf diese Weise den europäischen Conquistadores den Weg quer durch den amerikanischen Doppelkontinent. In der konkreten Konfrontation zeigten sich die indigenen Stämme Mittel- und Südamerikas, später auch Nordamerikas, den Europäern nicht lange gewachsen.

Schließlich sei noch auf drei strukturelle Merkmale hingewiesen, die durchaus in das allgemeine Globalisierungsmuster zu integrieren sind: Zum einen die Entwicklung transnationaler Kaufmannsnetzwerken, die über alle Kolonialgrenzen hinweg ihre Geschäfte abwickelten. Zum zweiten der Wettbewerb zwischen den Regionen. Beispielsweise traten die atlantischen Anrainerstaaten in einen langjährigen Handelswettbewerb mit der Levante bezüglich der asiatischen Luxusgüter. Keineswegs nämlich löste der Seetransport um Afrika den traditionsreicheren Gewürzhandel über die Seidenstraße gänzlich ab. Drittens zeigten sich neue Wettbewerbskonstellationen. So setzten sich qualitativ bessere Farbstoffe amerikanischer Herkunft (z. B. Indigo, Cochenille) rasch auf dem europäischen Kontinent durch und verdrängten die dort bis dahin gebräuchlichen Produkte (z. B. Färberwaid, -krapp). Dieses Beispiel belegt, dass auch der Protoglobalisierung in wirtschaftlichen Teilbereichen transformatorisches Potential innewohnte.

IV.4. Grenzen der Protoglobalisierung

Ohne Zweifel weist die Protoglobalisierung zahlreiche Entwicklungen auf, die bis in die modernen Globalisierungsphasen hineinreichen. Einige Argumente sprechen jedoch dafür, dass wichtige Kriterien späterer Zeiten noch nicht erfüllt waren.

So konzentrierte sich der weltumspannende Warentransport weitgehend auf Luxusgüter, deren niedriges Frachtgewicht und hohe Profitmargen ihn zu einem ertragreichen Geschäft werden ließen. Weltmärkte für Massengüter, wie Getreide oder Textilien einfacher Qualität, blieben einstweilen Zukunftsmusik. Selbst bei den Gewürzen deuteten die stets unterschiedlichen Preise zwischen den asiatischen und europäischen Märkten drauf hin, dass von einer globalen Marktintegration in diesem speziellen Sektor keine Rede sein kann.

Weiterhin blieb die Interaktionsfrequenz niedrig. In der ersten Hälfte des 16. Jahrhunderts befuhren im Durchschnitt neun portugiesische Schiffe pro Jahr die Asienroute, in der zweiten Jahrhunderthälfte waren es aufgrund der Schwäche Lissabons sogar nur fünf. Selbst die mächtige VOC schickte Ende des 17. Jahrhunderts im Schnitt lediglich 13 Schiffe pro Jahr auf die lange Reise nach Batavia. So erklärt sich, dass die gesellschaftliche und wirtschaftliche Relevanz jenes weltumspannenden Handels sowohl in Europa als auch in Asien doch lange Zeit gering blieb. Zwar wurden Eliten in Politik und Wirtschaft mit den Einflüssen fremder Regionen konfrontiert, die übergroße Mehrheit der Bevölkerung verharrte indes in einem regional definierten Lebenskosmos.

Die dauerhafte Beherrschung globaler Entfernungen sollte letztlich die transport- und kommunikationstechnischen Möglichkeiten von Handelsgesellschaften in der Vormoderne übersteigen. Eine effiziente unternehmensinterne Kontrolle scheiterte an den gewaltigen Entfernungen; die Reise von der VOC-Zentrale in Amsterdam nach Batavia konnte bis zu neun Monate dauern. Der Niedergang vormoderner global players im ausgehenden 18. Jahrhundert entspricht daher auch einer infrastrukturellen Unzulänglichkeit.

Hinzu kommt, dass die ohnehin erst in Ansätzen vorhandenen wirtschaftswissenschaftlichen Überlegungen noch kein geistiges Rüstzeug für einen weltweiten politischen, wirtschaftlichen und gesellschaftlich-kulturellen Austausch bereithielten. Im Gegenteil: die merkantilistische Grundausrichtung europäischer Außenhandelspolitik sorgte für erhebliche staatliche Eingriffe im internationalen Warenverkehr. Die englische Navigationsakte (1651) war ein Paradebeispiel merkantilistischer Außenhandelspolitik, die der »beggar-thy-neighbour«-Strategie entsprach. Die wirtschaftsliberalen Theoretiker des ausgehenden 18. Jahrhunderts nutzten diese Praxis als Negativfolie, vor der ihre eigenen, am Freihandel orientierten Vorstellungen umso klarer und überzeugender erscheinen sollten.

V. Die erste Globalisierungsphase (1840–1914)

> *»Das Bedürfnis nach einem stets ausgedehnteren Absatz für ihre Produkte jagt die Bourgeoisie über die ganze Erdkugel. Überall muss sie sich einnisten, überall Verbindungen herstellen. [...] An die Stelle der alten, durch Landerzeugnisse befriedigten Bedürfnisse treten neue, welche Produkte der entferntesten Länder und Klimate zu ihrer Befriedigung erheischen. An die Stelle der alten lokalen und nationalen Selbstgenügsamkeit und Abgeschlossenheit tritt ein allseitiger Verkehr, eine allseitige Abhängigkeit der Nationen voneinander. Und wie in der materiellen, so auch in der geistigen Produktion. Die geistigen Erzeugnisse der einzelnen Nationen werden Gemeingut. Die nationale Einseitigkeit und Beschränktheit wird mehr und mehr unmöglich, und aus den vielen nationalen und lokalen Literaturen bildet sich eine Weltliteratur. Die Bourgeoisie reißt durch die rasche Verbesserung aller Produktionsinstrumente, durch die unendlich erleichterte Kommunikationen alle, auch die barbarischsten Nationen in die Zivilisation.«*
>
> *(Karl Marx, Friedrich Engels, Manifest der Kommunistischen Partei. London 1848; Auszug)*

ZITAT

V.1. Die erste Globalisierungsphase im Überblick

Zu einem bemerkenswert frühen Zeitpunkt, noch bevor Eisenbahn, Dampfschiff und Telegraph Eingang in die alltägliche Erfahrungswelt gefunden hatten, beschrieben Karl Marx und Friedrich Engels einen weltweiten Vernetzungsprozess, den wir heute als erste Phase beschleunigter Globalisierung diskutieren. Tatsächlich setzte um die Mitte des 19. Jahrhunderts ein politischer, wirtschaftlicher, gesellschaftlicher und kultureller

Verflechtungsschub globalen Ausmaßes ein, wie er bis dahin noch nicht beobachtet worden war. Eigentlich sollte man erwarten, dass die zur gleichen Zeit durch Nationalstaatsbildungen und übersteigerte Nationalismen errichteten politischen und mentalen Barrieren globalisierungsdämpfende Effekte hervorgerufen hätten. Solche Effekte sind auch nachzuweisen, wurden letztlich aber von gegenläufigen Entwicklungen überlagert. Denn etliche Faktoren trugen zur raschen Erosion vielfältiger Interaktionsbarrieren bei und verliehen der ersten Globalisierungsphase ihre ungeheure Dynamik und eigene Qualität. Zu diesen Faktoren zählen *(Info-Box 7)*:

■ *Innovationen bei Produktion, Transport und Kommunikation:* Technologische und betriebsorganisatorische Neuerungen beschleunigten die Massenproduktion von Industriegütern, für deren Absatz die Unternehmen nachdrücklicher als bisher globale Expansionsstrategien entwickelten. Deren erfolgreiche Verwirklichung beruhte ganz wesentlich auf neuen Transport- und Kommunikationssystemen. Erst sie bewirkten die bereits erwähnte *space-time-compression* solchen Ausmaßes, dass weltweites Interagieren überhaupt hinreichend effizient wurde.

■ *Einführung internationaler Rechts-, Währungs- und Technologiestandards:* Damit die unternehmerischen Tätigkeiten jenseits nationalstaatlicher Grenzen mit vertretbarem Risiko und überschaubaren Kosten verbunden blieben, drängten vor allem multinationale Unternehmen erfolgreich auf die Etablierung länderübergreifender Ordnungselemente, als da wären: gemeinsame technische Standards, internationaler Goldstandard, weltweite Rechtssicherheit (z. B. Markenschutz) u. a. m. Internationale Regime analogen Zuschnitts fehlten in der Vormoderne oder waren nur ansatzweise etabliert, was grenzüberschreitende Geschäfte stets zu kostspieligen Unterfangen mit ungewissem Ausgang hatte werden lassen.

■ *Existenz eines Hegemons:* Die verbindliche Durchsetzung zahlreicher internationaler Vereinbarungen gelang nicht zuletzt deshalb, weil mit Großbritannien erstmals eine maritime und ökonomische Hegemonialmacht auftrat, die solche Entwicklungen maßgeblich vorantrieb. Beispielsweise schwenkten fast alle Staaten seit 1860 nolens volens für eine gewisse Zeit auf Londons Freihandelskurs ein. Klar, »Britannia, rule the waves«; daneben aber drückte sie als lange Zeit führende Industrie-, Handels- und Finanzmacht der ersten Globalisierungsphase politisch und wirtschaftlich ihren Stempel auf.

■ *Auftreten von global players der zweiten Generation:* Nachdem die frühneuzeitlichen Handelsgesellschaften als global players der ersten Generation mehrheitlich gescheitert waren, betrat gegen Ende des 19. Jahrhunderts eine zweite Generation die internationale Bühne. Zu ihnen zählten *multinationale Unternehmen (MNU)*, die zu den wohl einflussreichsten Akteuren der modernen Globalisierung aufstiegen. Mit den *International Non-Governmental Organizations (INGOs)* und *International Governmental Organizations (IGOs)* gesellten sich zwei weitere Akteurskategorien hinzu, die bis dahin eine untergeordnete Rolle gespielt hatten.

■ *(Wirtschafts-)politische Leitidee:* Als wissenschaftlich begründetes Ordnungskonzept übte der Liberalismus weit reichenden Einfluss auf Politik, Wirtschaft und Gesellschaft aus. Sein eingängiges Leitbild vom »Nachtwächterstaat«, der sich in wirtschaftlichen Belangen große Zurückhaltung auferlegte und vor allem den Außenhandel von Zöllen und sonstigen Hemmschuhen befreite, stellte eine unmissverständliche Absage an merkantilistische, aber auch sozialistische Konzepte dar. Tatsächlich setzte der Liberalismus Mitte des 19. Jahrhunderts viele politische Akzente und schuf günstige Rahmenbedingungen für eine fortschreitende Verflechtung der Weltwirtschaft. Freilich regte sich heftiger Widerspruch derjenigen, die ihre politischen und wirtschaftlichen Interessen bedroht sahen. Tatsächlich wurden daraufhin einige der zwischenzeitlich beseitigten Außenhandelshürden später wieder aufgestellt (Schutzzölle), wodurch die ökonomische Globalisierung an Dynamik einbüßte.

All diese tief greifenden Veränderungen sorgten für einen enormen gesellschaftlichen Transformationsdruck, was den Zeitgenossen durchaus bewusst war. Das Kommunistische Manifest legte als ein – wenn auch sehr prominentes – Dokument unter vielen Zeugnis über die im 19. Jahrhundert intensiv geführte Debatte ab.

Es trat aber noch ein weiteres Moment hinzu: die Beschleunigung. Nahezu alle Lebensbereiche wurden einer ungeheuren Veränderungsdynamik unterworfen, Geschwindigkeit galt und gilt als Zeichen der Moderne.[52] Die europäisch-nordamerikanische Staatenwelt stieg bis zur Jahrhundertwende mit großer Dynamik zum wirtschaftlich-technologischen Zentrum der Welt auf, vereinte 2/3 der Weltproduktion, 3/4 des Welthandels und nahezu 100 % des weltweiten Kapitalexports auf sich. China, Indien oder Japan blieben zurück. »The great divergence«[53], eine gewaltige Auseinanderentwicklung der Regionen, zeichnete sich ab. Erst seit dem ausgehen-

---

52 Borscheid, Peter: Das Tempo-Virus. Eine Kulturgeschichte der Beschleunigung. Frankfurt a. M. 2004.
53 Pomeranz, Kenneth: The Great Divergence. Europe, China, and the Making of the Modern World Economy. Princeton/NJ ⁴2002.

Kennzeichen der ersten Globalisierungsphase

7 INFO-BOX

Produktionsrevolution
- Maschinisierung, Rationalisierung, Fabriksystem
- Massenproduktion *(economies of scale)*

Transportrevolution
- Eisenbahn, Dampfschiff

Kommunikationsrevolution
- Telegraph, Telephon, Funk

Entstehung integrierter Weltmärkte
- Preiskonvergenz
- Weltmarkt für Massengüter
- Internationale Arbeitsteilung

Global players
- Multinationale Unternehmen
- Internationale Organisationen
  - Regierungsorganisationen
  - Nicht-Regierungsorganisationen

Internationale Ordnungselemente
- Technische Standardisierung
- Internationaler Goldstandard
- Internationale Rechtsabkommen

Hegemon Großbritannien
- Führende Weltmacht
- Führender Industriestaat
- Welthandels- und -finanzzentrum

Politische Leitideen mit globalem Geltungsanspruch
- Liberalismus/Freihandelslehre
- Kommunismus
- Weltreichslehre

Kulturelle Erfahrungsräume
- Weltmusik
- Weltliteratur
- Wissenschaften (Nobelpreis)

den 20. Jahrhundert scheint sich die ökonomisch-technologische Schere zwischen den asiatischen Mächten einerseits und dem Westen andererseits wieder zu schließen.

Verschiedentlich werden Zweifel angemeldet, ob man bei dem damaligen Verflechtungsprozess überhaupt von Globalisierung im eigentlichen Sinne sprechen könne. Da sich die grenzüberschreitenden Interaktionen vornehmlich auf die entwickelten Regionen Europas, Nordamerikas und – mit Abstrichen – auch Asiens beschränkten, sei treffender von *Triadisierung* zu sprechen. Eine solche Argumentation verkennt indes, dass diese unbestreitbaren räumlichen Verdichtungen den Terminus Globalisierung keineswegs ad absurdum führen. Das entscheidende Kriterium ist vielmehr darin zu sehen, dass die Interaktionsradien potentiell erdumspannende Reichweite besaßen. Bei entsprechenden Anreizen würden auch randständige Weltgegenden einbezogen werden.

Wann genau diese erste Globalisierungsphase im modernen Sinne einsetzte, darüber gehen unter den Historikern die Meinungen auseinander.[54] Ein solcher Befund überrascht angesichts ähnlich gelagerter Fachdebatten (z. B. Industrialisierung) nicht weiter. Der hier vorgeschlagene Zeitraum – die 1840er Jahre – orientiert sich an der einsetzenden Weltmarktintegration bei Massengütern. Denn diese lässt konkrete Rückschlüsse über den jeweils aktuellen Leistungsstand von Transport- und Kommunikationsnetzen zu. Außerdem üben weltweit gehandelte Massenwaren erheblich größeren ökonomischen Transformationsdruck auf die nationalen Gesellschaften aus als Luxusgüter.

V.2. Wirtschaftliche und gesellschaftliche Indikatoren der ersten Globalisierungsphase

Der Globalisierungsschub im 19. Jahrhundert kann anhand zahlreicher politischer, ökonomischer, gesellschaftlicher und kultureller Indikatoren überzeugend belegt werden. Dabei übernahm das Partialsystem Wirtschaft mit dem Zwillingspaar »Industrialisierung«/«ökonomische Globalisierung« die Schrittmacherfunktion.

---

54 Bénichi, Régis: Histoire de la mondialisation. Paris ²2006; O'Rourke/Williamson, Globalization.

V.2.1. Weltmärkte – Weltwirtschaftskrisen – Weltausstellungen

Ökonomische Globalisierung bedeutet vor allem die zunehmende Integration vormals regionaler bzw. nationaler Märkte in einen umfassenden Weltmarkt für Waren, Dienstleistungen, Kapital und Arbeit. Mit Hilfe folgender Parameter kann der Prozess quantitativ differenzierter erfasst werden:

◼ Steigerungsraten des Welthandels im Vergleich zu jenen der Weltgüterproduktion
◼ Preisangleichung *(Preiskonvergenz)* zwischen geographisch weit entfernten Märkten
◼ Wachsende Auslandsinvestitionen
◼ Volkswirtschaftlicher Bedeutungszuwachs multinationaler Unternehmen

Auch wenn die statistische Überlieferung aus jener Zeit keineswegs vollständige, exakte und international unbedingt vergleichbare Daten zur Verfügung stellt, lassen sich bestimmte weltwirtschaftliche Trends doch unzweifelhaft belegen. Zwei weitere Kriterien qualitativer Natur unterstreichen das gewonnene Bild einer beschleunigten Globalisierung im 19. Jahrhundert: Weltwirtschaftskrisen und Weltausstellungen.

Entwicklung von Welthandel und Weltgüterproduktion: Seit den 1840er Jahren übertrafen die jährlichen Wachstumsraten im internationalen Handel jene der Weltgüterproduktion recht deutlich *(Tab. 3).*

Jahre	Wachstumsrate Welthandel (%)	Wachstumsrate Weltproduktion (%)
1820–1840	3–4	2–3
1840–1860	5–6	3–4
1860–1870	4–5	2–3
1870–1900	3–4	2–3
1900–1913	4–5	4–5

Tab. 3 Durchschnittliche jährliche Wachstumsrate von Welthandel und -produktion (1820–1914)

Quellen: Maddison, Angus: Monitoring the World Economy 1820–1992. Paris 1995, S. 239, Tab. I–4; S. 60, Tab. 3–1.

O'Brian, Patrick Karl: Colonies in Globalizing Economy, 1815–1948. In: Gills/Thompson, Globalization, S. 248–291, hier: S. 252.

Der Welthandel nahm also nicht nur nach absoluten Werten zu, was bei den im 19. Jahrhundert rapide steigenden Bevölkerungs- und Güterproduktionszahlen ohnehin zu erwarten gewesen wäre. Vielmehr wurde ein immer größerer Anteil der hergestellten Waren grenzüberschreitend verkauft, so dass die Weltexportquote wie auch die Exportquoten führender Wirtschaftsnationen bis 1913 steigende Tendenzen aufwiesen *(Graphik 5)*. Die daraus resultierende wachsende Abhängigkeit vom Weltmarkt ging mit abnehmender nationaler Handlungsautonomie in wirtschaftspolitischen Belangen einher. Beides kontrastierte die allgemeine politische Stimmungslage, die doch sehr von nationalen Aufwallungen und Aversionen gegen andere Völker geprägt wurde.

Allerdings konzentrierten sich die internationalen Austauschbeziehungen bis 1913 relativ konstant auf die Länder Europas und Nordamerikas. Daher kann allein aus den Exportwerten noch keine eindeutige Globalisierungstendenz abgeleitet werden. Es bedarf weiterer Indikatoren, um die zunehmende Weltmarktintegration überzeugend nachzuweisen.

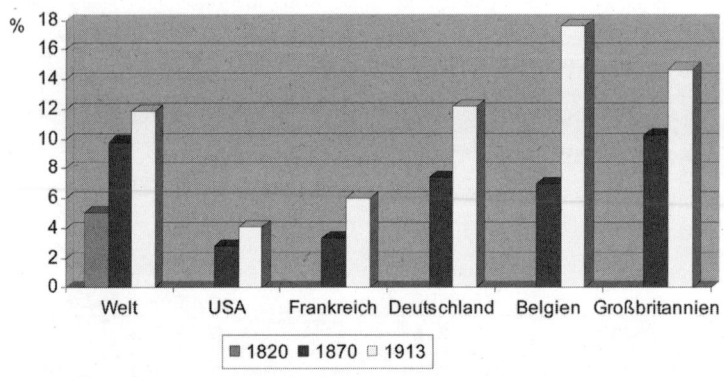

Graphik 5 Exportquoten führender Wirtschaftsnationen (1820–1913)

Quellen: Krugmann, Paul: Growing World Trade. Causes and Consequences. In: Brookings Papers on Economic Activity 1 (1995), S. 327–377, S. 331.

Interkontinentale Preiskonvergenz: Ein aussagekräftiger Indikator für global integrierte Märkte ist die Preisentwicklung in weit entfernten Regionen. Denn je leistungsfähiger die Transport- und Kommunikationsverbindungen sind, umso rascher werden Preisunterschiede in verschiedenen Orten durch entsprechende Informationsübermittlung bekannt und durch nachfolgende Lieferungen ausgeglichen. Tatsächlich haben die Historiker

Kevin O'Rourke und Jeffrey Williamson für das 19. Jahrhundert sowohl bei Luxus- als auch bei Massengütern eine graduelle Angleichung der Marktpreise zumindest innerhalb des atlantischen Wirtschaftsraums plausibel nachgewiesen.[55] Exemplarisch sei dieser Sachverhalt für die Getreidemärkte in Chicago und Liverpool veranschaulicht *(Graphik 6)*. Während um 1850 die Preisunterschiede für Weizen noch über 100 % betragen konnten, verringerten sie sich bis Ende des Jahrhunderts auf rund 15 %.[56] Haupturache dieser Entwicklung waren vor allem die rapide sinkenden Frachtkosten für inneramerikanische Eisenbahntransporte und für Transatlantikfahrten. Beide sorgten dafür, dass hohe Getreidepreise in Europa umfangreiche Lieferungen u. a. aus den USA nach sich zogen. Hinzu kamen seit den 1870er Jahren die verbesserten Kommunikationsmöglichkeiten. Liverpooler und Chicagoer Getreidepreise wurden über die 1866/67 verlegten Seekabel binnen weniger Minuten übermittelt und ermöglichten es den Produzenten bzw. Händlern, entsprechend zeitnah darauf zu reagieren. Zu Beginn des 20. Jahrhunderts schließlich waren sämtliche Waren- und Finanzbörsen der Welt über Telegraphenkabel miteinander verbunden und bildeten ein globales Netzwerk.

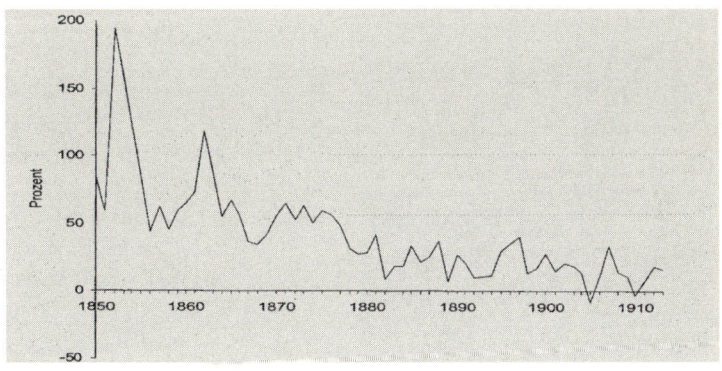

Graphik 6 Weizenpreisentwicklung* Liverpool/Chicago (1850–1913)
Quelle: Torp, Weltwirtschaft, S. 573.

* *Abweichungen in Prozent des Preises von Chicago*

---

55 O'Rourke/Williamson, Globalization.
56 Torp, Weltwirtschaft, S. 573.

Steigende Auslandsinvestitionen: Als dritter Indikator für grenzüberschreitende Wirtschaftsverflechtungen dienen Auslandsinvestitionen. Allerdings stützt sich die historische Analyse hier noch mehr als in den anderen Bereichen auf begründete Schätzwerte, weil die Erfassung grenzüberschreitender Kapitaltransfers außerordentlich schwierig war. Immerhin belegen die verfügbaren Statistiken recht überzeugend einen beeindruckenden Anstieg des geschäftlichen Engagements europäischer Investoren im Ausland. So hatten die Briten vor dem Ersten Weltkrieg rund 35 % ihres Vermögens außerhalb des eigenen Landes, zunehmend auch in außereuropäischen Projekten angelegt. Generell erwarben europäische und nordamerikanische Unternehmen in fernen Ländern Konzessionen zur Ausbeutung von Bodenschätzen, kauften Plantagen, teilweise sogar ganze Betriebe und beteiligten sich an gewaltigen Infrastrukturprojekten wie dem

Abb. 5 Werbeplakat AEG (1888)
Quelle: Deutsches Historisches Museum Berlin

Bau des Suezkanals (1859–1869) oder der Bagdadbahn (1903–1940). Zwischen 1870 und 1913 stiegen die Auslandsinvestitionen von knapp 10 Mrd. US-$ auf ungefähr 47,5 Mrd. US-$.[57]

In aller Regel ging eine solche Zusammenarbeit mit informeller Einflussnahme auf politische Instanzen einher (*informal imperialism*). Beispielsweise stand der Einfluss des deutschen Kaiserreiches auf das Osmanische Reich in engem Zusammenhang mit dem Engagement von Großunternehmen wie Krupp, Siemens oder der Deutschen Bank in Kleinasien. Legendär wurde die Machtposition der 1899 gegründeten United Fruit Company (USA) in einigen Staaten Mittelamerikas. Gestützt auf den Besitz

---

57 Bairoch, Paul: Victoires et Déboires. Histoire économique et sociale du monde du XVI siécle à nos jours. Vol. 2, Paris 1997, S. 317.

riesiger Ländereien, Post- und Eisenbahngesellschaften sowie weiterer Wirtschaftsunternehmen nahm der Konzern oftmals direkten Einfluss auf die politischen Eliten. In seinem preisgekrönten Roman »Hundert Jahre Einsamkeit« schilderte der Literaturnobelpreisträger Marquez in allegorischer Form eindrücklich diese Fremdbestimmung. Schließlich ebneten Auslandsinvestitionen auch den Weg von der indirekten zur direkten Fremdherrschaft. Als in den 1870er Jahren zahlreiche britische Privatanleger ihre Anteile an der Suezkanalgesellschaft sowie Kredite an Ägypten in Gefahr wähnten, sicherte die Regierung ihnen Unterstützung zu. Tatsächlich griff London 1882 militärisch ein und errichtete ein Kontrollregime über den Suezkanal und Ägypten auf unbestimmte Zeit. Zeitgleich intervenierte Frankreich nach dem gleichen Handlungsmuster in Tunis und erklärte es zum Protektorat – der Wettlauf um Afrika hatte begonnen.

Bedeutungszuwachs multinationaler Unternehmen: Das ausgehende 19. Jahrhundert erlebte den Aufstieg einer Akteursgruppe, welche bis heute Geschwindigkeit und Richtung der Globalisierung entscheidend beeinflusst: die multinationalen Unternehmen. Stellvertretend für viele andere seien General Electric (USA) und Siemens (Deutschland) genannt. Gemessen an ihrer Zahl, ihrer durchschnittlichen Unternehmensgröße und ihrem Umsatz durchliefen sie bis zum Ersten Weltkrieg einen beachtlichen Wachstumsschub. Tatsächlich präsentierten sich zahlreiche Unternehmen bewusst als global player, wie die Analyse von Werbemotiven aus jener Zeit belegt *(Abb. 5)*. Oftmals traten sie auf internationalem Parkett in eine Konkurrenzsituation zu den nationalen Regierungen, etwa wenn sie koloniales Engagement durch eigene Aktionen vorwegnahmen und die verantwortlichen Politiker vor vollendete Tatsachen stellten. Weiterhin schlossen sich Unternehmen zu internationalen Kartellen zusammen, die durch Absprachen bei Preis- und Produktionsgestaltung oder auch bei Absatzgebieten großen Markteinfluss erlangten. Mehr als 100 Zusammenschlüsse dieser Art existierten Anfang des 20. Jahrhunderts und dokumentieren das Maß grenzüberschreitender Geschäftsorganisation.

Weltwirtschaftskrisen: Grundsätzlich deutet das zeitgleiche Auftreten von ökonomischen Krisen in verschiedenen Ländern darauf hin, dass die betroffenen Volkswirtschaften in erheblichem Maße miteinander verflochten sind und wechselseitige Beeinflussung vorliegt *(Reziprozität)*. Wie in einem System kommunizierender Röhren verbreiten sich derartige Verwerfungen über den Erdball. Schon 1825 schwappte von London ausgehend eine Finanzkrise auf andere europäische Zentren über und stürzte wenig später selbst die fernen, eben erst unabhängig gewordenen Staaten

Lateinamerikas in eine massive Schuldenkrise. Bezogen auf die sich indus-
trialisierenden Staaten Europas und Nordamerikas löste der Krimkrieg
die erste Weltwirtschaftskrise modernen Typs (1856–1858) aus. Als weitere
Beispiele werden in diesem Zusammenhang der »Gründerkrach« (1873) und
die »große Depression« (1873–1896) angeführt, obwohl die statistischen
Daten gerade für letztere auf einen sehr moderaten Krisenverlauf hinweisen.
Entscheidend für den Globalisierungsaspekt bleibt die Erkenntnis, dass die
Gleichzeitigkeit konjunktureller Verläufe und Krisenerscheinungen in den
einzelnen Volkswirtschaften einen bereits im 19. Jahrhundert beachtlichen
Grad internationaler Wirtschaftsverflechtungen nahe legen. In dem Zusammenhang sei erwähnt, dass man seitens der Wirtschaftswissenschaften diese
Dinge sehr wohl erkannte, explizit unter dem Begriff »Weltwirtschaft« diskutierte und spezielle Forschungseinrichtungen wie das *Institut für Weltwirtschaft* 1911 in Kiel gründete.

Weltausstellungen: Die Reflexion über den an Bedeutung gewinnenden
globalen Handlungs- und Erfahrungsraum spiegelte sich in wohl kaum
einer anderen Veranstaltung so eindrücklich wieder, wie auf den Weltausstellungen des 19. Jahrhunderts. Als Foren nationaler Abgrenzung und
internationalen Wettbewerbs stellen sie einen äußerst interessanten
»Brennpunkt« ambivalenter Globalisierungsgeschichte dar. Der berühmte
Crystal Palace, jenes architektonische Wunderwerk aus Glas und Stahl,
beherbergte mit der *Great Exhibition* im Jahre 1851 die erste Präsentation
ihrer Art in London. Mehr als 80 Länder führten dort ihre industriellen
und technischen Erzeugnisse den rund fünf Millionen Besuchern vor. Paris,
Brüssel, Melbourne, Chicago u. a. lauteten spätere Veranstaltungsorte. Die
Weltausstellungen illustrierten in plakativer Weise das zeitgenössische
Bewusstsein von Unternehmen und Nationen. Sie präsentierten sich der
Weltöffentlichkeit und signalisierten die Bereitschaft, den globalen Wettbewerb anzunehmen – auch wenn es lange Zeit ein Wettbewerb vor allem
zwischen Europäern und Nordamerikanern bleiben sollte. Zugleich nutzten verschiedene gesellschaftliche Kreise sie als günstige Gelegenheit, um
eine transnationale Zusammenarbeit zu begründen. Beispielsweise geht die
1. Sozialistische Internationale auf ein Treffen zurück, welches am Rande
der zweiten Weltausstellung in London 1862 veranstaltet worden war.

V.2.2. Eine Welt in Bewegung: Migration und globale Zivilgesellschaft

Der Übergang von der Vormoderne in die Moderne vollzog sich unter
dynamischen sozialen Begleiterscheinungen. Die Zivilisation des 19. Jahr-

hunderts geriet in beschleunigte Bewegung, sowohl im konkreten räumlichen als auch im übertragenen Sinne. Da wäre zum einen die globale Massenmigration in bis dahin ungekanntem Ausmaß zu nennen, zum anderen Ansätze zivilgesellschaftlichen Engagements, das eine wachsende gesellschaftliche Mobilisierung anzeigte.

Migration: Auch nachdem der Mensch vor rund 10.000 Jahren sesshaft geworden war *(Neolithische Revolution)*, blieben größere Wanderungsbewegungen – Stichwort: Völkerwanderungen – keine Seltenheit. Allerdings erfasste der im 19. Jahrhundert einsetzende weltweite Mobilitätsschub bis 1913 geschätzte 10 % der Weltbevölkerung und stellte damit die früheren Migrationswellen hinsichtlich ihres Umfanges und ihrer Reichweite in den Schatten.[58] Verursacht wurde er durch die rasch wachsenden Bevölkerungszahlen und die damit verbundenen Folgen wie Nahrungsknappheit, Landmangel, Wohnungsengpässe, fehlende Arbeitsmöglichkeiten auf dem Lande u. a. m. Auch politische Repressionen spielten eine Rolle, blickt man beispielsweise auf die deutsche Auswanderungswelle der Jahre 1849/50 in Folge der fehlgeschlagenen Revolution. Da auf der anderen Seite mögliche Zielgebiete attraktive Chancen eröffneten – so zumindest die Hoffnung –, entschlossen sich Millionen von Menschen, zu neuen Ufern aufzubrechen.

Die Hauptwanderungsströme führten einerseits vom Land in die Stadt (Binnenmigration), wo bessere Lebens- und Verdienstmöglichkeiten zum sozialen Aufstieg beitragen sollten. Andererseits wagten aber auch viele den Sprung in ganz ferne Regionen, wo die große Freiheit lockte – und überraschende Goldfunde bisweilen rauschhafte Zustände hervorriefen. Über 60 Mio. Personen verließen zwischen 1821 und 1915 Europa, überwiegend Richtung Nordamerika, aber auch nach Südamerika und Australien. Dabei schwoll die Auswanderungswelle bis zu Beginn des 20. Jahrhunderts deutlich an, als jedes Jahr ungefähr 1,3 Mio. Menschen ihrer Heimat den Rücken kehrten. Ein strukturell analoges Auswanderungsverhalten ist für Asien, insbesondere für China und Indien, nachzuweisen. Geschätzte 40 Mio. Personen brachen im 19. Jahrhundert auf, wobei dort die Hauptzielgebiete eher in benachbarten Regionen und weniger in Amerika verortet waren.

Ansätze zur globalen Zivilgesellschaft: Das »lange 19. Jahrhundert« (David Blackbourn), also die Zeit von der Französischen Revolution (1789) bis zum Ausbruch des Ersten Weltkriegs (1914), gilt zu Recht als Epoche der Nationalstaaten und des überbordenden Nationalismus. Es ist aber zu-

---

58 World Bank: World Development Report 2002. Building Institutions for Markets. New York 2002.

gleich jener Zeitabschnitt, in dem die ersten internationalen Organisationen unabhängig von nationalen Regierungen entstanden *(Graphik 7)*. Damit verbanden sich meist auch die Einrichtung internationaler Büros und die Veranstaltung von länderübergreifenden Kongressen. Für das Jahr 1909 registrierte die *Union of International Associations* 176 Einträge internationaler Organisationen, die meisten Gründungen datierten aus dem späten 19. bzw. frühen 20. Jahrhundert.

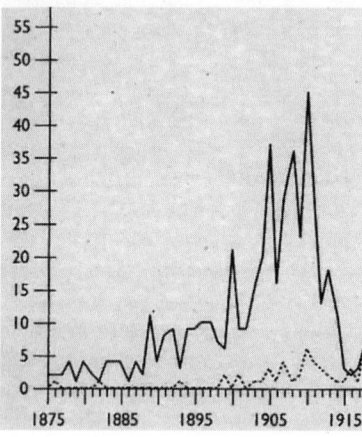

Durchgezogene Linie:
INGOs mit globalem Anspruch

Gestrichelte Linie:
INGOs mit regionalem Anspruch

Graphik 7 Neugründungen International Non-Governmental Organizations
(1875–1915)

Quelle: Yearbook of International Associations. München 1988

Mochten die Anliegen der einzelnen Gruppierungen auch sehr unterschiedlicher Natur sein, so galt doch für nahezu alle, dass sie sich mit Themen von transnationaler Bedeutung befassten. Offenkundig nahmen die Menschen des 19. Jahrhunderts die neuen Handlungsräume und daraus resultierende Handlungsmöglichkeiten sehr genau wahr. Zu den frühesten Organisationen dieser Art wird die *Foreign Anti-Slavery Society* gerechnet. Seit 1823 machte sie die Sklaverei in den Metropolen zahlreicher Länder zum Gegenstand öffentlicher Diskussionen und plädierte hartnäckig für die Abschaffung dieser Jahrtausende alten gesellschaftlichen Institution. Weitere humanitäre Gründungen folgten, allen voran das *Internationale Rote Kreuz* im Jahre 1863. Es ging auf die Initiative des Schweizer Kaufmanns Henri Dunant zurück, der als Augenzeuge die Schlacht von Solferino (1859) miterlebt hatte. Die katastrophale Situation verletzter Soldaten veranlasste Dunant, eine Organisation ins Leben zu rufen, die sich um die gesundheitliche Erst- und Grundversorgung Hilfsbedürftiger ohne Ansehen ihrer Herkunft kümmerte.

Neben humanitären Anliegen koordinierten zahlreiche soziale Gruppen ihre spezifischen Interessen im länderübergreifenden Maßstab. Das *International Council of Women* konstituierte sich 1888, die *International Association for Labour Legislation* vollzog 1901 diesen Schritt. Auch im Sport sind derartige Prozesse zu beobachten. Die Wiederbelebung des olympischen Gedankens 1896 und seine organisatorische Einbettung in das *International Olympic Committee (IOC)* zwei Jahre später sprechen ebenso für ein globales Bewusstsein Sportbegeisterter wie die Gründung der *Fédération Internationale de Football Association (FIFA)* im Jahre 1904 und weiterer Sportverbände.

Selbst die schon seit der präglobalen Epoche weiträumig vernetzten Wissenschaften und Künste durchliefen im 19. Jahrhundert einen beschleunigten Prozess internationaler Organisierung. Vor allem die Naturwissenschaften erlebten einen Globalisierungsschub, der sich in zahlreichen internationalen Fachzeitschriften, Weltkongressen und Forschungszentren mit Gastforschen aus aller Herren Länder niederschlug. Der Aufstieg von Englisch als lingua franca innerhalb der Naturwissenschaften setzte im frühen 20. Jahrhundert ein. Mit dem 1901 erstmals verliehenen Nobelpreis manifestierte sich die im Entstehen begriffene Weltgesellschaft auf höchst prominente Weise – wenn auch in einem relativ kleinen, durchaus elitären Partialsystem.

Die zivilgesellschaftliche Globalisierung zeichnete sich bereits vor dem Ersten Weltkrieg ab; der Begriff »international organization« (James Lorimer) fand 1867 Eingang in die Fachliteratur, und es entspricht einer gewissen Logik, dass 1910 die *Union of International Associations* gegründet wurde, die bis heute eine Sichtung und Dokumentation der internationalen Organisationslandschaft betreibt.[59]

V.3. Gründe für die beschleunigte Erosion von Interaktionsbarrieren

Das Zusammenspiel von ökonomisch motiviertem Streben nach einem globalen »Spielfeld«, vorhandenem technischen »Spielgerät« und angemessenen institutionellen Rahmenbedingungen (»Spielregeln«) versetzten der

---

59 www.uia.org.

Globalisierung Mitte des 19. Jahrhunderts einen gewaltigen Beschleunigungsschub.

Bis zum Ersten Weltkrieg erhöhte sich die industrielle Massenproduktion. Neben leistungsfähigen Maschinen sorgten vor allem neue Erkenntnisse der Arbeits- und Managementlehre für Impulse. Vermutlich gewann Frederick Taylor mit seinen Untersuchungen über die Optimierung von Arbeitsabläufen wenig Sympathien in der Industriearbeiterschaft, liefen seine Vorschläge doch auf ein strengeres Zeitregiment und rascheres Arbeiten hinaus (Taylorism).[60] Ähnliches galt für das von Henry Ford 1913 in der Automobilbranche eingeführte Fließbandsystem, welches die Produktivität erhöhte, den einzelnen Arbeiter aber zu monotoner Tätigkeit verdammte. Technologische und organisatorische Innovationen trieben den industriellen Ausstoß in Schwindel erregende Höhen. Mehr denn je sahen sich Unternehmen gezwungen, weltweit aufnahmefähige Absatzmärkte zu finden. Neben den Absatzinteressen beförderte auch die produktionsbedingt riesige Nachfrage nach Rohstoffen aus fernen Gegenden die weltwirtschaftliche Vernetzung. Auch der Agrarsektor trug zur voranschreitenden Globalisierung wesentliches bei. Riesige neue und ertragreiche Nutzflächen in Nord- und Südamerika, in Australien und Neuseeland erhöhten das Weltangebot an Getreide, Fleisch, Wolle u. a. Bessere verkehrstechnische Anbindung, von der übrigens auch traditionsreiche Gebiete in der Ukraine profitierten, gewährleisteten einen scharfen Wettbewerb.

Natürlich trieben vordergründig nicht-ökonomische Motive die Globalisierung im 19. Jahrhundert ebenfalls voran. Politische Konzepte, die unter dem Signet »Weltreichslehre«[61] ganz unterschiedliche Herrschaftsvisionen thematisierten, dokumentieren, in welchem Ausmaß maßgebliche Eliten den Handlungsraum »Europa« als zu eng empfanden und den »Globus« ins Visier nahmen. Auf der anderen Seite ist es aber müßig, beispielsweise den in den 1880er Jahren einsetzenden »scramble for Africa«, also den europäischen Wettlauf um Kolonien auf besagtem Kontinent, scharf nach geopolitischen, ideologischen (Sozialdarwinismus) oder wirtschaftlichen Interessen zu hinterfragen. Letztlich vermengten sie sich zu einem Konglomerat europäischen Herrschaftsanspruches.

60 Taylor, Frederick W.: The Principles of Scientific Management. New York 1911.
61 Neitzel, Sönke: Weltreich oder Untergang. Die Weltreichslehre im Zeitalter des Imperialismus. Paderborn u. a. 2000.

V.3.1. »In 80 Tagen um die Welt« – Erosion naturräumlicher Barrieren

Die Mobilisierung der Dampfmaschinen zu Lande (Eisenbahn) und zu Wasser (Dampfschiff) eröffnete ganz neue Möglichkeiten, überregionale Märkte für Massengüter zu erschließen. Nun wurden nicht nur Luxusgüter mit geringem Gewicht bzw. Volumen und hohen Preisen auf dem Weltmarkt gehandelt, sondern auch Steinkohle, Eisenerz, Getreide u. a. m., bei denen die Relationen Gewicht bzw. Volumen zur Preisbildung ein ungünstigeres Verhältnis aufwiesen.

Die frühesten Dampfschiffe fuhren bereits im ausgehenden 18. Jahrhundert auf Flüssen, wo sie stromaufwärts ihre besonderen Qualitäten unter Beweis stellten. Es sollte mehrere Jahrzehnte dauern, ehe sie im Interkontinentalverkehr die Segelschiffe verdrängten und in die Rolle eines unverzichtbaren Lastesels der Globalisierung schlüpften. Ihre Vorteile: Unabhängigkeit von den Windverhältnissen, höhere Geschwindigkeit und – allerdings erst wesentlich später – größere Ladekapazitäten. Seit der zweiten Hälfte des 19. Jahrhunderts sorgten die Dampfschiffe dafür, dass die Weltwirtschaft enger zusammenrückte. Eine Atlantiküberquerung mit dem Dampfschiff reduzierte die Reisezeit gegenüber Segelschiffen von 40 auf 10 Tagen (1850). Technische Verbesserungen ermöglichten sogar 3–5 Tage (1880). Nordamerikanische Getreideernten fanden reißenden Absatz in Europa, dessen Industrieprodukte weiter nach Asien geliefert wurden. Sogar leicht verderbliche Waren aus Übersee, wie empfindliche Südfrüchte, Fleisch u. a. m., bereicherten dank spezieller Kühlschiffe seit den 1880er Jahren den Speisezettel europäischer Konsumenten. All das wurde nicht zuletzt deshalb möglich, weil die Kosten für die Ozeanschifffahrt rapide sanken. Der britische Frachtkostenindex weist für Transatlantikfahrten zwischen 1840 und 1910 einen Rückgang um 70 % aus.

Die großen Kanalbauten jener Zeit beschleunigten diesen Trend. Der 1869 fertig gestellte Suezkanal verkürzte die Seeroute von Nordwest-Europa nach Indien um rund ein Drittel. Der »Schlagader des britischen Empire« drohte aufgrund des rasch anschwellenden Schiffsaufkommens schon bald Überlastung. Der Frachtdurchlauf erhöhte sich von 0,5 Mio. Nettoregistertonnen (NRT) im ersten Jahr seines Bestehens auf rund 20 Mio. NRT im Jahre 1913. Damit belief sich die durchschnittliche jährliche Wachstumsrate auf beachtliche 10,3 %. Der 1914 eröffnete Panamakanal stellte eine wichtige Verbindung zwischen der amerikanischen Ost- und Westküste dar, aber auch zwischen dem amerikanischen Osten und Asien.

Zu Lande dominierte ab Mitte des 19. Jahrhunderts die Dampfeisenbahn den Güterverkehr. Ausgehend von der ersten, seit 1831 kommerziell
erfolgreich betriebenen Strecke zwischen der englischen Industriemetro-
pole Manchester und der Hafenstadt Liverpool breitete sich das System
rasch über die ganze Welt aus. Eine unglaubliche öffentliche Euphorie –
kritische Zeitgenossen sprachen von »kollektivem Wahnsinn« – begleitete
diese Entwicklung. Dank der Eisenbahn reduzierten sich die Transportkosten zu Lande bis 1910 um rund 90 %. Die Reisegeschwindigkeiten lagen
mit bis zu 100 km/h deutlich über den bis dahin üblichen 15 km/h der
Pferdekutschen. Sie ermöglichte auch die Anbindung der großen, teilweise
neu erschlossenen Agrarregionen in den USA, in Kanada, Argentinien,
Brasilien, Australien oder Russland.

Noch dramatischer fiel die Beschleunigung im Bereich der überregionalen Informationsübermittlung und Kommunikation aus (Faktor 10.000). Bis
ins 19. Jahrhundert war beides an die für Boten bzw. Waren (Briefe, Pakete)
übliche Reisegeschwindigkeit gebunden – sieht man einmal von so ausge-
fallenen Systemen wie dem optischen Telegraphen ab. Mit der Einführung
des elektrischen Telegraphen zuerst in den USA (um 1840), bald danach
auch in Europa, wurde diese Kopplung von Information an Materie gelöst.
Nach Überwindung etlicher technischer Kinderkrankheiten dauerte die
kontinentale Nachrichtenweitergabe nur noch Minuten. Im Jahre 1866 verlegte die Firma Siemens das erste funktionsfähige Trans-Atlantikkabel, und
binnen weniger Jahre überzog ein ganzes Telegraphennetz wie ein globales Nervensystem den Erdball. Folglich nahm eine Nachrichtenübermittlung um den Globus nicht mehr rund 4 Monate, sondern nur noch wenige
Minuten in Anspruch. Damit war die entscheidende Grundlage für eine
den Bedürfnissen des Kapitalmarktes angemessene Kommunikationsinfrastruktur gegeben. Vom rasch voranschreitenden Netzausbau und den
rapide sinkenden Kosten profitierte ein immer größerer Nutzerkreis. Der
in den 1870er Jahren beginnende Aufbau eines Telefonnetzes erweiterte
das Spektrum überregionaler Kommunikationsformen um das gesprochene Wort und stellte fraglos einen erfreulichen Komfort dar. Aber erst
die 1900 entwickelte Funkübertragung (drahtlose Telegraphie) löste die
Informationsweitergabe von materiellen Netzstrukturen, was der kommu-
nikativen Erschließung globaler Räume ganz neue Möglichkeiten eröffnete.

Gemeinsam läuteten Dampfschiff, -eisenbahn und elektrischer Telegraph das »Zeitalter der Beschleunigung« (Peter Burscheid) ein. Seinen
literarischen Niederschlag fand diese Entwicklung u. a. in dem berühmten

Abenteuerroman »Le tour du monde en quatre-vingts jours« (dt.: »In 80 Tagen um die Welt«, Jules Vernes, 1873). Der französische Autor erzählt die Geschichte einer Wette zweier Engländer über 20.000 Pfund, die sich um die Frage drehte, ob die neuen Verkehrsmittel eine Reise um die Erde innerhalb des im Titel angegebenen, durchaus knapp bemessenen Zeitraumes ermöglichten.

Ein in der aktuellen Diskussion wenig beachteter Globalisierungsfaktor war das Vorhandensein von Speichermedien für Informationen und – ebenso wichtig – die Geschwindigkeit, mit der sie reproduziert werden konnten. Bereits die frühneuzeitlich Erfindung des Buchdrucks mit beweglichen Lettern hatte einen wichtigen Beitrag zur räumlichen und sozialen Ausbreitung von Wissen geleistet. Der Begriff »Weltliteratur«, er brachte im Zuge der Aufklärung einen intellektuellen Universalismus zum Ausdruck, wäre ohne diese Reproduktionstechnik kaum vorstellbar. Ähnliche Tendenzen können in der Musik verfolgt werden. Mit Aufkommen des Speichermediums Schallplatte (Schellack) verbreiteten sich musikalische Muster rund um die Welt, von »Weltmusik« ist seit Anfang des 20. Jahrhunderts die Rede.[62] Die Berliner Schallplattenfirma Odeon beispielsweise listete 1906 unter dieser Rubrik bereits 10.000 Titel.

V.3.2. Standards und Ordnungssysteme jenseits des Nationalstaates

Grenzüberschreitende Interaktionen setzten Standards voraus, welche die Handlungsabläufe bis zu einem gewissen Grad berechenbarer werden ließen. Insbesondere im Partialsystem Wirtschaft, wo Kosten eine wichtige Größe darstellten, waren daher gewaltige Anstrengungen unternommen worden, um durch Standardisierung die allgegenwärtige Vielfalt technischer Normen etc. zu begrenzen und durch internationale Vereinbarungen größere Rechtssicherheit zu gewährleisten.

Ein wesentliches Problem bei der Abwicklung grenzüberschreitender Geschäfte stellten unterschiedliche Währungen dar, weil die Umrechnung mit gewissen Unsicherheiten verbunden war. Grundsätzlich sind zwei Wege denkbar, solche Schwierigkeiten zu mindern: Entweder reduziert man die Anzahl der Währungen oder man verständigt sich auf eine allgemein verbindliche Bezugsgröße. Den ersten Weg beschritten die Staaten des Deutschen Bundes. In mehreren Vereinbarungen verständigten sie sich

---

62 Joyce, John: The Globalization of Music. In: Mazlish, Bruce/Buultjens, Ralph (Hrsg.): Conceptualizing Global History. Boulder/Co., S. 205–224.

auf ein übersichtlicheres Währungsspektrum innerhalb des Bundesge-
bietes. Nach Gründung des Deutschen Kaiserreiches erfolgte 1873 die
reichsweite Einführung der Mark, deren Wert an ein exakt definiertes
Goldgewicht gebunden war. Sie löste acht Landeswährungen mit mehr als
100 Münzsorten ab. Die Mark bildete nicht nur den Schlusspunkt eines
währungstechnischen Vereinheitlichungstrends auf deutschem Boden, sie
läutete zugleich die »Ära des internationalen Goldstandards« ein und
zeigte damit die zweite Möglichkeit auf, wie negative Auswirkungen einer
unübersichtlichen Währungslandschaft auf den internationalen Handel
gemindert werden konnten.

Der Ursprung des durch kein internationales Vertragswerk ins Leben
gerufenen bzw. gesicherten internationalen Goldstandards ist in einer Entscheidung der britischen Regierung von 1821 zu suchen. Damals verpflichtete sie die *Bank of England*, den Umtausch aller im Umlauf befindlichen
Pfundnoten in den entsprechenden Gegenwert an Gold zu gewährleisten,
um so die binnenwirtschaftliche Geldwertstabilität zu sichern. Da Großbritannien nicht nur maritim, sondern vor allem auch wirtschaftlich die Hegemonialmacht des 19. Jahrhunderts war, verband sich mit der Bindung des
Pfunds an das Gold für andere Staaten ein gewisser Druck, diesem Vorbild
zu folgen. Tatsächlich führten die in hohem Maße von London beeinfluss-
ten Verwaltungen Australiens (1852), Irlands (1853) und Kanadas (1853) als
erste den Goldstandard ein. Auch Portugal (1854), welches den größten
Teil seines Außenhandels mit England abwickelte, band den Escudo frühzeitig ans Gold. Aber erst als mit dem deutschen Kaiserreich – begünstigt
durch 5 Mrd. Goldfrancs französischer Kriegskontributionen – im Jahre
1873 die größte Volkswirtschaft auf dem europäischen Kontinent ebenfalls
die Goldmark einführte, nahm der Siegeszug des internationalen Goldstandards seinen Lauf *(Tab. 4)*.

In rascher Folge schlossen sich Dänemark, Schweden und Norwegen
(1873) an. 1874 folgten die Länder der lateinischen Münzunion, Frankreich,
Belgien, die Schweiz und Italien, 1875 die Niederlande. Japan und Russland
konnten sich erst 1897 zu diesem Schritt entschließen. Ein Jahr später band
die indische Regierung ihre Rupie an das britische Pfund und auch die süd-
amerikanischen Staaten folgten bis zu Jahrhundertwende. Nur China und
einige Staaten Mittelamerikas entzogen sich diesem Trend.

Die »Ära des internationalen Goldstandards« (1873–1914) endete abrupt
mit dem Ersten Weltkrieg. Auch wenn das Reglement nur für wenige Jahrzehnte Geltung beanspruchen konnte und seine Einhaltung keineswegs
konsequent beachtet worden war, sorgte es als erstes internationales Wäh-

Jahr	Land	Jahr	Land
1821	Großbritannien	1895	Chile
1854	Portugal	1896	Costa Rica
1862	Uruguay	1897	Russland, Japan
1873	Deutschland, USA, Schweden, Norwegen, Dänemark, Belgien, Frankreich	1899	Indien
1875	Italien, Niederlande	1900	Ecuador
1877	Finnland	1902	Siam
1885	Ägypten	1903	Kolumbien
1890	Rumänien	1904	Panama
1891	Tunis	1905	Mexiko
1892	Österreich-Ungarn		

Tab. 4 Einführung des internationalen Goldstandards
Quelle: eigene Ausarbeitung

rungssystem für relative Transparenz bei der Verrechnung unterschiedlicher Währungen. Zudem führte es zu einer gewissen Angleichung der nationalen Währungssysteme, mit einer zentralen Nationalbank an der Spitze, die als *lender of last resort* die Geldpolitik eines Staates mehr und mehr steuerte. In diesem Sinne ist das Zustandekommen des internationalen Goldstandards ein Indikator voranschreitender Globalisierung, seine Auswirkungen wiederum beschleunigten selbige. Die damals gemachten Erfahrungen dienten als Vorlage für die nach Ende des Zweiten Weltkrieges erarbeiteten Konzeptionen eines Weltwährungssystems.

Mit den 1870er Jahren setzte eine Vielzahl von internationalen Vereinbarungen technische, wissenschaftliche und organisatorische Weltstandards. Die Schwerpunkte lagen in den Bereichen Kommunikation, Transport und Verkehr, Landwirtschaft, Industrie und Handel, Arbeitsschutz und Hygiene. Damit reagierten die Experten auf den ersten Globalisierungsschub und schufen zugleich die Voraussetzungen für seine dynamische Fortentwicklung. Auf der Weltmeterkonferenz von 1875 einigten sich Vertreter von 17 Staaten auf die Einführung des metrischen Systems. Mit der Greenwich Mean Time und der Festlegung des Null-Meridian etablierte man 1884 ein Weltzeitsystem, welches die Synchronisierung globaler Aktivitäten erleichterte. Mehr als 30 regierungsamtliche internationale Organisationen, wie die *Universal Postal Union* (Weltpostverein) 1874/78 und der *Union des Administrations Télégraphiques* (1880), achteten auf günstige Rahmenbedingungen eines weltweiten Kommunikationsprozesses. Übrigens folgte die ins Jahr 1901 zurück reichende Initiative zur Verbreitung einer Kunstsprache *(Esperanto)* ebenfalls dieser Standardisierungslogik; wirklich durchgesetzt hat sie sich jedoch zu keiner Zeit.

Weitere Bemühungen galten der weltweiten Wahrung von Eigentumsrechten an materiellen und immateriellen Gütern. Industrieanlagen im Ausland, aber auch Patente und Marken galt es zu schützen. Den Auftakt gab die 1886 ins Leben gerufene Berner Union. Initiiert vom Börsenverein des deutschen Buchhandels und der französischen Association Littéraire sicherte sie das Urheberrecht/copyright den Verlagen bzw. Autoren.[63] Analoge Regelungen bzw. Organisationsstrukturen wurden für den gewerblichen Rechtsschutz, namentlich den Patent- und Markenschutz (Pariser Konvention, 1883), getroffen. Dabei erwies es sich als Vorteil für die eurozentrische Ausgestaltung der Weltwirtschaftsordnung, dass zahlreiche europäische Rechtselemente nach Asien und Afrika transferiert wurden. Das lange Jahrhunderte isolierte Japan beispielsweise, welches erst 1854 unter dem Druck vor allem der USA seine Grenzen und Märkte öffnete, übernahm in der nachfolgenden Phase radikaler Modernisierung (Meiji-Restauration) die preußische Verfassungsordnung zu weiten Teilen. Aufgrund ihres herausragenden Stellenwertes müssen in diesem Kontext noch die Haager Landkriegsordnungen von 1898 und 1907 benannt werden. Auch wenn die mit ihnen verbundene Absicht, militärische Auseinandersetzungen einem international akzeptierten Reglement zu unterwerfen und entsprechende Verstöße zu sanktionieren, nicht umzusetzen war, symbolisieren sie doch ein angemessenes Problembewusstsein unter den politisch Verantwortlichen, das Perspektiven für eine bessere Zukunft verhieß.

V.3.3. Zwischen Freihandel und Schutzzoll – Welthandelspolitik im Zwiespalt

Am 15.05.1846 erlebte das Parlament in London eine denkwürdige Stunde. Die Aufhebung des corn act und damit der Einfuhrzölle auf Getreide bedeutete weit mehr als ein Zugeständnis an die damals prekäre Ernährungssituation auf der Insel. Tatsächlich verabschiedete sich Großbritan-

---

63 Püschel, Heinz: 100 Jahre Berner Union. Gedanken, Dokumente, Erinnerungen. Leipzig 1986.

nien mit einem geradezu revolutionären Kurswechsel vom traditionellen Protektionismus und bekannte sich fortan zur Freihandelspolitik. Bis zu diesem Zeitpunkt hatten die britischen Regierungen versucht, im Geiste des Merkantilismus die Außenwirtschaft unter eigener Kontrolle zu halten. Fremdländische Importe blieben bis dato zu großen Teilen an den Zollmauern hängen, Kolonialtransporte erfolgten gemäß des navigation act (1651) ausschließlich auf britischen Schiffen, Technologien durften unter keinen Umständen ins Ausland transferiert werden. Jetzt wurde alles anders. London beseitigte in den Folgejahren nahezu sämtliche Außenzölle und setzte damit auch Maßstäbe für die anderen europäischen Staaten. Die Überwindung der zuvor dominierenden merkantilistischen Konzepte und damit die Abkehr von einer Außenhandelspolitik, die den eigenen Vorteil auf Kosten der anderen Staaten *(beggar-my-neighbour strategy)* anstrebte, ebnete den Weg für die Deregulierung des internationalen Waren-, Personen- und Kapitalverkehrs.

Meistbegünstigungsklausel

Die Klausel besagt, dass Handelsvorteile, die einem Partner vertraglich zugesichert werden, auch anderen Vertragspartner zugebilligt werden müssen. Damit wird ein Automatismus etabliert, der die Senkung von Handelsbarrieren befördert, da jeweils die niedrigste Festschreibung auf alle anderen Verträge Anwendung findet.

STICHWORT

Die zunehmende Ablösung bilateraler durch multilaterale Handelsverträge, und vor allem die im *Cobden-Chevalier-Vertrag* (1860) zwischen Großbritannien und Frankreich erstmals vertraglich fixierte Meistbegünstigungsklausel schufen einen institutionell verankerten Automatismus, der sinkende Außenhandelszölle bewirkte. Alle europäischen Handelspartner schlossen sich an. Es fällt auf, dass in den Jahren einsetzender Freihandelspolitik die Wachstumsraten des Welthandels deutlich höher lagen als in den Phasen einer um sich greifenden Schutzzollbewegung.

Allerdings zeichnete sich bereits im 19. Jahrhundert jene grundsätzliche Konfliktlinie zwischen Freihändlern und Schutzzöllnern ab, die mit gewissen Abweichungen bis zum heutigen Tage zu verfolgen ist. Das Beispiel der in den 1870er Jahren einsetzenden »grain invasion« (»Getreideinvasion«) auf dem europäischen Markt mag dies verdeutlichen. Ihr Zustande-

Land	1875	1913
Dänemark	15–20	14
Frankreich	12–15	20
Deutschland	4– 6	13
Italien	8–10	18
Spanien	15–20	41
Großbritannien	0	0

Tab. 5 Importzölle führender Wirtschaftsnationen auf Industriegüter (1875/1913)
Quelle: O'Rourke/Williamson, Globalization, S. 98.

kommen und das politische Krisenmanagement sind zugleich bestens mit dem Modell erodierender Interaktionsbarrieren zu erklären.

Die weithin ausgebauten Eisenbahnnetze und Dampfschiffverbindungen überbrückten in der zweiten Jahrhunderthälfte globale Entfernungen und schwierige Gebietsverhältnisse so effizient, dass sich umfangreiche Getreidelieferungen aus Nord- und Südamerika bzw. der Ukraine nach Mitteleuropa wirtschaftlich rechneten. Betrugen die US-amerikanischen Getreidelieferungen nach Europa im Jahre 1850 umgerechnet 32,8 Mio. Goldmark, so stiegen sie binnen 20 Jahren auf 278,8 Mio. Goldmark (+ 780 %), und 1880 lagen sie bei 926,6 Mio. Goldmark (+ 330 %). Diese »grain invasion«[64] zog einen drastischen Preisverfall in Europa und damit Einkommenseinbußen namentlich der deutschen Landwirte nach sich. Im Falle Preußens waren hiervon die ostelbischen Großagrarier und damit wichtige Teile der politischen bzw. gesellschaftlichen Elite massiv betroffen. Da man schlechterdings die Erosion naturräumlicher Barrieren nicht rückgängig machen konnte, blieb als einzige Option eine Errichtung institutionell-kultureller Barrieren in Form von Außenhandelszöllen. Ihre Forderung, durch Getreideeinfuhrzölle die ausländische Konkurrenz abzuwehren, zielte letztlich darauf ab, den Funktionsverlust naturräumlicher Barrieren durch die Errichtung institutioneller Hürden zu kompensieren – ein noch heute vertrautes Handlungsmuster.

Die europäische Getreidemarktkrise bewirkte auch in anderen Staaten einen Kurswechsel in der Außenhandelspolitik hin zur Einführung von agrarischen Schutzzöllen. Belgien, Italien, Spanien, die Schweiz und zahlreiche Balkanstaaten entschlossen sich zu diesem Schritt. Die deutschen

---

64 O'Rourke/Williamson, Globalization, S. 110.

Agrarimportzölle stiegen bis auf 40 %, in Schweden und Frankreich waren es immerhin 24 % bzw. 28 %. Folglich kletterte die durchschnittliche weltweite Zollrate von 12 % im Jahre 1865 auf 17 % im Jahre 1910. Bis 1913 praktizierten sämtliche Staaten außer Großbritannien, Dänemark und die Niederlande einen gemäßigten Protektionismus. Allerdings bemühten sich britische Produzenten, durch nichttarifäre Hürden ausländische Konkurrenten fern zu halten. Beispielsweise diente die Herkunftsbezeichnung »made in Germany« ursprünglich als abwertende Kennzeichnung. Dass sie rasch größte Wertschätzung erfuhr, war nicht im Sinne der britischen Urheber.

V.4. Bilanz

Die erste Globalisierungsphase weist zahlreiche strukturelle Übereinstimmungen mit der Situation im späten 20. Jahrhundert auf. Das gilt für die Dominanz ökonomischer Interessen, für die Grundzüge des Akteursspektrums und für die Notwendigkeit bestimmter Funktionselemente. Seit dem 19. Jahrhundert kann eine reflexive Auseinandersetzung mit der Globalisierung auf ganz verschiedenen gesellschaftlichen Ebenen nachgewiesen werden. Auch die Grundkonflikte Nationalstaat vs. Globalisierung und Liberalismus/Freihandel vs. Staatsinterventionismus/Protektionismus beherrschen die politische Auseinandersetzung seit rund 200 Jahren.

Hinsichtlich der Folgewirkungen wird deutlich, dass der gesellschaftliche Transformationsdruck in den von der Globalisierung erfassten anstieg. Beispiele hierfür finden sich in großer Zahl. So zerstörte die überlegene britische Textilindustrie in Indien eine blühende Gewerbelandschaft, De-Industrialisierungstendenzen gab es auch in den peripheren Gebieten Europas, beispielsweise auf dem Balkan.

Schließlich noch ein Wort zur Beschleunigung: Wandlungsprozesse wurden nun innerhalb einer Generation erfahrbar, was während der Vormoderne doch eher zu den Ausnahmen zählte. Das bedeutete aber, dass die Kinder nur noch bedingt den Erfahrungsschatz der Eltern für die eigene Lebensplanung nutzen konnten – eine Situation, die uns heute recht vertraut ist.

VI. Zeit der Gegenläufe: Desintegration und Integration (1914–1945)

VI.1. Zeit der Gegenläufe – ein Überblick

Unaufhaltsam war die Welt zusammengerückt. Die sozialen Interaktionsradien erstreckten sich mittlerweile bis in die letzten Winkel der Erde. Netzwerke unterschiedlicher gesellschaftlicher Teilbereiche durchzogen die erschlossenen Räume und wuchsen zu dichten Beziehungsgeflechten heran. Immer umfangreichere Waren-, Informations- und Kapitalströme zirkulierten mit wachsender Geschwindigkeit und bei sinkenden Kosten um den Erdball. Kulturelle Errungenschaften fanden rasche Verbreitung, wobei zahlreiche Gesellschaften Asiens und Afrikas die abendländische Kultur vornehmlich im Zuge europäischer Fremdbestimmung kennen und nur bedingt schätzen lernten. Umgekehrt konfrontierten Kolonialwaren, »exotische Werbung«[65], völkerkundliche Ausstellungen oder Tierschauen in Europa selbst jene Bevölkerungskreise mit Kuriosa aus aller Welt, deren Horizont kaum über das heimatliche Dorf hinausreichte. Kurz: der Globus als Erfahrungsraum der Moderne hielt langsam aber sicher Einzug in das kollektive Bewusstsein. Bis zum Sommer 1914 präsentierte sich die Globalisierung als ein durch nichts aufzuhaltender, naturwüchsiger Prozess. Ihre Schrittmacherregionen waren Europa und zunehmend Nordamerika, technischer Fortschritt erhöhte ihre Schlagzahl, und selbst institutionell-kulturelle Barrieren wie Schutzzölle oder nationale Chauvinismen nahmen dieser Entwicklung kaum etwas von ihrer Dynamik.

Das änderte sich mit dem Ersten Weltkrieg. »Überall in Europa gehen die Lichter aus«, kommentierte der britische Außenminister Lord Grey den Kriegsausbruch im Sommer 1914, und als sie im Herbst 1918 wieder angingen, zeigte sich, dass wesentliche Elemente der Globalisierung

---

65 Wolter, Stefanie: Die Vermarktung des Fremden. Exotismus und die Anfänge des Massenkonsums. Frankfurt a. M./New York 2005.

geschädigt oder gar zerstört waren. Transnationale Geschäftsbeziehungen hatten gelitten, der Welthandel lag darnieder, ein auf dem Goldstandard basierendes internationales Währungssystem existierte nicht mehr, und Großbritannien vermochte in Folge der Kriegslasten seine bisherige Funktion als globales Handels- und Finanzzentrum nur noch ungenügend wahrzunehmen. Internationale Organisationen stellten bestürzt fest, dass ihre Ansätze zur Errichtung einer zivilen Weltgesellschaft in den Stürmen nationaler Aggressionen Schaden genommen hatten. Multinationale Unternehmen verzeichneten enorme Verluste bei Auslandsinvestitionen, die entweder vom jeweiligen Kriegsgegner oder – im Falle der Sowjetunion – von einem kommunistischen Regime beschlagnahmt worden waren. Und schließlich waren bedingt durch den Krieg sowie verschärfte Einwande-

---

Gegenläufe (1914–1945)

Indikatoren einer Deglobalisierung

- Erster Weltkrieg (1914–1918)
  - Zerstörung von technischer Infrastruktur
  - Aufgabe des internationalen Goldstandards
  - Zerstörung sozialer Netzwerke
  - Niedergang des Welthandels
  - Nationaler Chauvinismus
- Weltwirtschaftskrise (1929–1939)
  - Niedergang des Welthandels
  - »beggar-my-neighbour strategy«; Protektionismus
- Zweiter Weltkrieg (1939–1945)
  - Konflikt zwischen Ordnungsmodellen mit globalem Geltungsanspruch
- Hegemoniale Vakanz
  - Aboticg Großbritannlens
  - Isolationismus der USA

Indikatoren einer Globalisierung

- Ansätze einer politischen Weltordnung (Völkerbund)
- Ansätze einer Weltzivilgesellschaft
- Ausbau globaler Verkehrs- und Kommunikationsnetze
- Verbreitung kultureller Muster (z. B. American way of life)
- Aufstieg außereuropäischer Globalisierungszentren

INFO-BOX 8

rungs- und Arbeitsbestimmungen in den USA, Lateinamerika und Australien die globalen Migrationsströme drastisch zurückgegangenen.

Zwar zeichnete sich seit den 1920er Jahren ein erneutes, wenn auch
zögerliches Einschwenken auf den Globalisierungspfad ab. Letztlich aber
blieb es bei Ansätzen, auch weil den Bemühungen um eine tragfähige wirtschaftliche, gesellschaftliche und politische Weltordnung kein durchschlagende Erfolg beschieden war. Im Gegenteil: die 1929 einsetzende Weltwirtschaftskrise weckte erhebliche Zweifel am kapitalistischen Modell,
nationalistisch-autoritäre Regime und ein zweiter Weltkrieg fügten den
globalen Netzwerken in allen gesellschaftlichen Teilbereichen abermals
weit reichende Schäden zu.

Diese unbestreitbaren Sachverhalte haben Historiker dazu bewogen,
die Jahre von 1914 bis 1945 als Phase der Deglobalisierung zu charakterisieren.[66] Allerdings unterschlägt ein solches Etikett jene Tendenzen, die in
bestimmten gesellschaftlichen Bereichen sehr wohl einen Globalisierungs-
fortgang während der Zwischenkriegszeit nahe legen. Beispielsweise betrat
mit dem Völkerbund ein internationaler Akteur die Bühne, der trotz
erheblicher Unzulänglichkeiten neue Gestaltungsmöglichkeiten bezüglich
einer politischen Weltordnung aufzeigte, wie sie das 19. Jahrhundert nicht
gekannt hatte. Auch signalisierte die Gründungswelle internationaler
Nicht-Regierungsorganisationen unmittelbar nach dem Ersten Weltkrieg,
wie sehr der Gedanke einer Weltzivilgesellschaft gerade durch die schreck-
lichen Auswirkungen ungezügelten Nationalismus' an Überzeugungskraft
gewonnen hatte. Ferner ergänzten die neuen Medien Rundfunk und Film,
ohne die der Expansionszug amerikanischer Unterhaltungskultur kaum
vorstellbar gewesen wäre, das Spektrum bereits existierender Kommunika-
tions- und Informationskanäle von globaler Reichweite. Schließlich datieren die Anfänge des weltweiten Luftverkehrs ebenfalls in jenem voreilig als
»Deglobalisierung« charakterisierten Zeitabschnitt.

Es erscheint daher angemessener, die Jahre 1914–1945 als Zeit der
Gegenläufe zu qualifizieren. Parallel zu den unbestreitbaren Entflechtungs-
prozessen vor allem im wirtschaftlichen und politischen Partialsystem
schritt die globale Verflechtung in den technischen Bereichen Transport
und Verkehr, aber auch im Bereich der Kommunikation, Kultur, Zivilgesellschaft und – mit Abstrichen – Politik durchaus voran.

---

66 Borchardt, Knut: Globalisierung in historischer Perspektive. München 2001,
S. 20–21.

VI.2. Weltkriege und Weltwirtschaftskrise – die großen Desintegrationsschübe

Nomen est omen – allein schon begrifflich verweisen Weltkriege und Weltwirtschaftskrisen auf die Existenz globaler Interaktionen und Netzwerke. Sie können daher sehr wohl als ein Gradmesser für den jeweils erreichten Globalisierungsstand interpretiert werden. Zugleich schnitten sie tief in bestehende weltweite Beziehungsgeflechte ein, errichteten mannigfache Interaktionsbarrieren, bremsten die Globalisierung erheblich ab und bewirkten teilweise sogar ihre Rückführung. Aus globalisierungsgeschichtlicher Perspektive offenbarten Weltkriege und -wirtschaftskrise ein ambivalentes Antlitz.

VI.2.1. Die »Urkatastrophe des 20. Jahrhunderts«: der Erste Weltkrieg (1914–1918)

Die beiden zentralen Entwicklungsstränge des »langen 19. Jahrhunderts«, Industrialisierung und Globalisierung, formten das Erscheinungsbild des Ersten Weltkrieges. So dominierten einerseits in industrieller Massenproduktion hergestellte, modernste Waffensysteme (u. a. Maschinengewehr, Kampfflugzeug, Schlachtschiff, U-Boot, Tank) das Schlachtengeschehen. Andererseits beteiligten sich Staaten und Gesellschaften rund um den Globus am »Grande Guerre«. Neben den europäischen Großmächten einschließlich ihrer Kolonialgebiete zählten rund zwanzig weitere Länder Asiens, Australiens, Süd- und Nordamerikas zumindest im völkerrechtlichen Sinne zu den kriegführenden Parteien *(Abb. 6)*. In den Armeen kämpften Soldaten aus aller Welt. Beispielsweise griff das britische Heer auf Inder, Australier und Neuseeländer zurück, die deutschen Kolonialtruppen in Ostafrika zogen einheimische Hilfskräfte, sogenannte Askari, heran, und Frankreich band marokkanische Einheiten in seine Verbände ein.

Auch wenn die Hauptkriegsschauplätze auf dem europäischen Kontinent lagen, handelte es sich doch um einen globalen Konflikt. Gefechte fanden in den deutschen Kolonien Afrikas, Asiens und Ozeaniens statt, zudem dauerten die Kämpfe um die arabischen Gebiete des Osmanischen Reiches bis 1918 an. Und schließlich forderte die deutsche Kriegsmarine die britische Seeherrschaft zumindest anfangs auch in weit entfernten Weltmeeren heraus. Die Koordinierung dieser Einsätze erfolgte wiederum mit Hilfe des wenige Jahre zuvor eingeführten drahtlosen Funksystems, welches die Überwindung naturräumlicher und – im vorliegenden Falle – militärischer Interaktionsbarrieren wesentlich erleichterte.

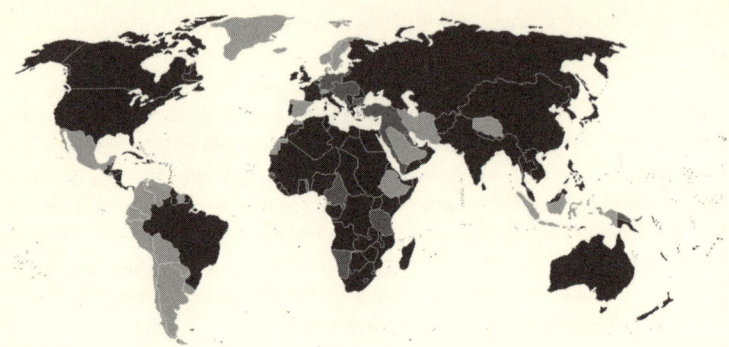

Schwarz: *Alliierte einschließlich ihrer Kolonien*
Dunkelgrau: *Mittelmächte einschließlich ihrer Kolonien*
Hellgrau: *Neutrale Staaten*

Abb. 6 Der Erste Weltkrieg – politische Karte (1914–1918)

Als ausschlaggebend für den Kriegsverlauf aber sollten sich die Zugriffsmöglichkeiten auf die globalen Produktions- und Kapitalressourcen erweisen. Erst dieses Kriterium unterscheidet den Ersten Weltkrieg von früheren interkontinentalen Konflikten (z. B. Siebenjähriger Krieg, 1756–1763) und kennzeichnet seinen globalen Charakter. Hinsichtlich der globalen Ressourcen befand sich die Entente gegenüber den Mittelmächten eindeutig im Vorteil. Gestützt auf das britische Empire und das französische Kolonialreich, die nordamerikanische Volkswirtschaft im Rücken und seit 1917 auch das militärische Potential der USA an der Seite, hinderte sie ihre Gegner durch die Seeblockade weitgehend daran, aus den Kraftquellen anderer Kontinente zu schöpfen. Allein die umfangreichen amerikanischen Kredite an Großbritannien und Frankreich erweiterten nicht nur deren Spielräume bei der Kriegsfinanzierung, sondern bedeuteten einen ökonomischen Anreiz für Washington, im Jahre 1917 auf ihrer Seite in den Krieg gegen die Mittelmächte einzutreten. Schließlich wären ein siegreiches Frankreich und Großbritannien eher in der Lage, die gewährten Kriegskredite zurückzuzahlen. Umgekehrt scheiterte der Versuch des Deutschen Kaiserreiches, mittels einer U-Boot-gestützten Gegenblockade die britische Insel von den globalen Märkten abzuschnüren. Es war in dem Stellungs- und Abnutzungskrieg fast nur noch eine Frage der Zeit, wann der geostrategische Vorteil den Ausschlag für einen alliierten Erfolg geben würde.

Offenkundig legt der Erste Weltkrieg hinsichtlich seines Erscheinungsbildes Zeugnis einer in beachtlichem Maße industrialisierten und globalisierten Zivilisation ab. Seine Folgewirkungen aber sorgten nicht nur für
einen abrupt einsetzenden, sondern vor allem lang anhaltenden, internationalen Desintegrationsprozess. Dieser betraf keineswegs nur – wie zu
erwarten – die Kriegsparteien, sondern erfasste letztlich die gesamte Staatenwelt. Dabei ist auffällig, dass die unmittelbaren Auswirkungen militärischer Eingriffe überwiegend auf die Jahre 1914–1918 beschränkt blieben
und anschließend relativ einfach rückgängig gemacht werden konnten.
Das galt beispielsweise für die Einschnitte in die globalen Kommunikationsnetze. Als eine ihrer ersten Aktionen kappte die Royal Navy bereits
Mitte August 1914 die deutschen Unterseetelegraphenkabel und damit die
drahtgestützten Verbindungen zwischen dem Kaiserreich und den außereuropäischen Staaten. Auch die grenzüberschreitenden Telefon- und Tele-
graphenlinien auf dem europäischen Festland wurden während der ersten
Kriegstage zertrennt. Kombiniert mit der zwischen Schottland und Norwegen errichteten britischen Seeblockade für deutsche Schiffe, ergab sich
daraus eine Interaktionsbarriere für den Waren- und Informationstransfer,
welche die Mittelmächte recht effizient von den globalen Räumen isolierte.
In der Folge rissen deren Geschäfts- und Handelsbeziehungen nach Übersee ab, blieben wichtige Rohstoff- und Lebensmittelimporte von dort aus
und konnten gesellschaftlich-kulturelle Kontakte internationaler Art nicht
länger gepflegt werden.

Aber auch innerhalb der alliierten und außereuropäischen Staatenwelt
brach der grenzüberschreitende Personen-, Waren- und Kapitalverkehr
schätzungsweise um 40 % ein. Hierfür können mehrere Gründe benannt
werden. Während die Krieg führenden Nationen ihren Außenhandel auf
rüstungsnotwendige Güter konzentrierten, litten neutrale Staaten unter
den britischen Blockademaßnahmen und dem intensiv geführten U-Boot-
Krieg. Aufgrund der Risiken im Schiffsverkehr stiegen die Seeversiche-
rungsprämien bis 1916 um rund 1250 % und verteuerten damit die interkontinentalen Transportkosten.

Alle diese Eingriffe ließen sich nach Kriegsende relativ leicht korrigieren
und können daher nicht für die mehrere Jahrzehnte dauernde Schwäche-
phase der Globalisierung verantwortlich gemacht werden. Vielmehr ging
diese auf das Konto struktureller Änderungen im weltwirtschaftlichen und
-politischen Raumgefüge sowie im (wirtschafts-)politischen Denken und
Handeln jener Jahre:

■ *Hegemoniale Vakanz:* Schon Ende des 19. Jahrhunderts hatte sich Groß-britanniens Vorsprung als führende Welthandels- und -finanzmacht gegen-über konkurrierenden Nationen erkennbar verringert. Die Kriegsbelastun-gen beschleunigten diesen Trend und führten dazu, dass London nach 1918 nicht länger die hegemoniale Position behaupten konnte. Allein die Vereinigten Staaten wären zu jener Zeit ökonomisch in der Lage gewesen, eine solche Rolle zu übernehmen. Da sich Washington aber aus politischen Gründen dagegen entschied, machte sich ausgerechnet in den wichtigen Bereichen Welthandels- und -währungssystem eine gewisse Orientierungs-losigkeit breit. Unter diesen Bedingungen war eine stabile politische und ökonomische Nachkriegsordnung nur schwerlich zu erreichen.

■ *Verlust des multilateralen Weltwährungssystems:* Während das Europa von 1914 insgesamt 14 Währungen mit festgelegten Goldparitäten kannte, zählte es nach sechs Jahren und zahlreichen Staatsgründungen insgesamt 27 Papierwährungen ohne Golddeckung. Steigende Transaktionskosten, Inflationsgefahr und Wechselkursrisiken belasteten folglich den ökono-mischen Wiederaufbau und die Wiederbelebung des internationalen Han-dels. Die Ursachen für die Aufgabe des Goldstandards sind in der Kriegs-finanzierung zu suchen. Bereits im ersten Kriegsjahr entbanden alle Regierungen ihre Nationalbanken von der Pflicht, das im Umlauf befindli-che Papiergeld in Gold einzulösen. Zudem beglichen sie die gewaltigen Rüstungsausgaben u. a. durch den Druck zusätzlicher Banknoten. Da aber die nationalen Goldreserven nicht im gleichen Umfange ergänzt werden konnten, musste die Golddeckung des Papiergeldes aufgehoben werden. Dadurch geriet nicht nur die binnenwirtschaftliche Geldwertstabilität in Gefahr, sondern zugleich gab man die im internationalen Zahlungsverkehr akzeptierte Verrechnungsbasis auf. Zwar strebten die Währungsexperten während der 1920er Jahre eine Rückkehr zum internationalen Goldstan-dard an, und einige Länder wie Großbritannien führten ihn tatsächlich wieder ein; zerrüttete Staatsfinanzen, ungleich verteilte Goldreserven und konjunkturelle Einbrüche verhinderten indes eine dauerhafte Restauration des Weltwährungssystems auf Goldbasis.

■ *Abkehr von der wirtschaftsliberalen Leitidee:* Auf die enormen volkswirt-schaftlichen Herausforderungen des Ersten Weltkrieges reagierten die jeweiligen Regierungen mit der Einrichtung eines umfangreichen staatli-chen Lenkungsapparates, der vor allem die reibungslose Rüstungsproduk-tion und eine hinreichende Versorgung der Bevölkerung gewährleisten sollte. Eine solche Interventionspolitik war der Ausnahmesituation wäh-rend der Jahre 1914–1918 zwar angemessen, bedeutete dennoch die radikale Abkehr von der liberalen Vision des »Nachtwächterstaates«. Nach dem Kriege zeigte sich, dass die Regierungen nur halbherzig einen marktwirtschaftlichen und freihändlerischen Kurs einschlugen und in Krisenzeiten rasch wieder den Interventionismus und Protektionismus jener Jahre aufgriffen.

■ *Fehlen bedeutender Staaten bei der Errichtung globaler Ordnungssysteme:* Aufgrund der ideologisch motivierten Isolation der sozialistischen Sowjetunion, der politisch begründeten Ausgrenzung des Deutschen Reiches und dem von den USA praktizierten Isolationismus blieben drei wichtige Akteure bei internationalen Organisationen, Konferenzen bzw. Vereinbarungen zumindest zeitweilig außen vor. Darunter litten zahlreiche Initiativen zur Errichtung globaler Ordnungssysteme in den Bereichen Politik (Völkerbund) und Wirtschaft (Weltwirtschaftskonferenzen).

■ *Nationalstaatliche Neuordnung Ost- und Mitteleuropas:* Die nationalstaatliche Neuordnung in Ostmittel- und Mitteleuropa bedeutete eine ernsthafte Behinderung für die Rückkehr auf den Globalisierungspfad. Zwar schlossen sich die Bildung von Nationalstaaten und Globalisierung keineswegs gegenseitig aus, wie ein Blick ins 19. Jahrhundert lehrt. Aber die aus den Trümmern des Zarenreiches, Österreich-Ungarns, des Deutschen Kaiserreiches und des Osmanischen Reiches hervorgegangenen Länder kennzeichnete ein so ausgeprägtes Nationalbewusstsein, dass politische und wirtschaftliche Konzepte, die auf stärkere internationale Kooperation oder gar Integration abhoben, dort nur wenig Erfolgsaussichten hatten. So errichteten sie hohe Zollmauern, betrieben eine auf Autarkie ausgerichtete Industriepolitik und kappten teilweise sogar bestehende Verkehrsverbindungen. Aus diesem Grunde wirkten die 20.000 km nationalstaatlicher Außengrenzen in Europa (1920) gegenüber den 6.000 km vor dem ersten Weltkrieg als umfassende Integrationsbarrieren.

■ *Ablehnung von Internationalismus und Weltgesellschaft:* Die seit der Jahrhundertwende zu beobachtenden zarten Ansätze einer Weltgesellschaft hielten den nationalen Aufwallungen des Krieges kaum stand. Symptomatisch hierfür: 93 international renommierte deutsche Wissenschaftler, Künstler und Schriftsteller unterschiedlicher Fachrichtungen stießen ihre Kollegen im westlichen Ausland mit dem berühmt-berüchtigten »Aufruf an die Kulturwelt« vom Oktober 1914 vor den Kopf. Darin betonten sie die Kriegsschuld Russlands und Frankreichs und stellten sich ohne Wenn und Aber hinter die expansionistische Kriegszielpolitik Berlins. Dass ausgerechnet jene traditionellerweise international ausgerichtete Gemeinschaft von Künstlern und Wissenschaftlern deutscher Provenienz derart tumb die nationalistische Klaviatur bediente, diskreditierte sie bei ihren Kollegen im französischen und angelsächsischen Raum nachhaltig. Analoge Entwicklungen durchlebten andere gesellschaftliche Gruppierungen und Organisationen. Die universal ausgerichtete römisch-katholische Kirche musste zusehen, wie französische und deutsche Katholiken einander mit nationaler Verachtung überzogen. Die internationale Arbeiterbewegung vermochte ebenfalls nicht der nationalen Eigendynamik zu widerstehen, Frauenverbände, Sportorganisationen und andere grenzüberschreitende gesellschaftliche Einrichtungen blickten einigermaßen desillusioniert auf ihre gescheiterten Bemühen um Völkerverständigung.

Nach dem Friedensschluss spaltete der Gegensatz zwischen nationalistischer und transnationaler Geisteshaltung wohl alle Zwischenkriegsgesellschaften. Letztlich trieb das nationalsozialistische Regime diesen Konflikt mit der perfiden Feindbildtrias von der »roten, goldenen und schwarzen Internationalen«[67] auf die Spitze.

■ *Eindämmung globaler Migrationsströme:* Die bereits während des Krieges ergriffenen Maßnahmen zur Minderung der Einwanderung in den USA, Lateinamerika und Australien wurden auch während der 1920er und 1930er Jahre beibehalten. Infolgedessen ging die Immigrationsrate in den Vereinigten Staaten von 11,6 Personen pro tausend Einwohner (1910) auf 0,4 (1940) zurück.[68]

Die Folgen des Ersten Weltkrieges veränderten die politische und wirtschaftliche Globalstruktur; die Schwäche Europas beförderte den Aufstieg anderer Regionen. Die USA entwickelten sich zum dominierenden Wirtschaftszentrum, Japan etablierte sich als asiatische Regionalmacht, Indien wurde zu einem der größten Baumwollexporteure und Lateinamerika behauptete sich künftig auch als Anbieter von Industriewaren auf dem Weltmarkt. Die vormals eurozentrische Weltwirtschaft wies fortan mehrere ökonomische Zentren auf, was grundsätzlich Perspektiven für einen florierenden interregionalen Handel bot.

---

67 Gemeint waren der Kommunismus (rot), die internationale Finanzwelt (gold) und die Katholische Kirche (schwarz). Hinter den ersten beiden glaubten die Nationalsozialisten entsprechend ihrer kruden Ideologie Juden am Werk.

68 Chiswick, B. R./Hatton, T. J. : International Migration and the Integration of Labour Markets. In: Bordo, M. D./Taylor, A. M./Williamson, J. G. (Hrsg.): Globalization in Historical Perspective. Chicago 2003.

VI.2.2 Weltwirtschaftskrise 1929–1939 – Das Ende von Liberalismus und Freihandel?

Trotz schwieriger Rahmenbedingungen schien die ökonomische und politische Globalisierung in den 1920er Jahren langsam wieder Tritt zu fassen. Der Völkerbund bemühte sich um weltpolitische Akzente und die weltwirtschaftlichen Konjunkturdaten wiesen steigende Tendenz auf. Im Jahre 1925 erreichte die Industrieproduktion Europas wieder das Niveau von 1913, und vier Jahre später schlossen Welthandel und -exportquote zu den Werten jener »guten alten Zeit« vor dem Ersten Weltkrieg auf. Allerdings nur kurz, denn schon im Herbst 1929 läutete der New Yorker Börsencrash einen neuerlichen ökonomischen und politischen Desintegrationsprozess ein. Im globalisierungsgeschichtlichen Kontext interessieren weniger die kontrovers diskutierten Ursachen, als vielmehr die Folgen der Weltwirtschaftskrise und die raumstrukturellen Veränderungen.

Seit längerem hatten bestimmte Indikatoren auf eine weltwirtschaftliche Fehlentwicklung hingedeutet. Sie wuchs sich durch den Kursverfall an der Wallstreet zur Existenzkrise des kapitalistischen Systems aus und verbreitete sich in Windeseile rund um den Globus. Denn als die z. T. kreditfinanzierte Spekulationsblase platzte, mussten die US-amerikanischen Gläubiger ihre ausländischen Kredite kurz- bzw. mittelfristiger Laufzeit in großem Umfange zurückfordern, was etliche Schuldner vor große Probleme stellte. Das mit Reparationszahlungen belastete Deutsche Reich beispielsweise hatte die amerikanischen Gelder überwiegend langfristig investiert und sah sich nur unzureichend in der Lage, rasch auf die Rückzahlungsforderungen zu reagieren. Der auch in anderen Ländern anzutreffende Kapitalmangel verschärfte die ohnehin bestehende konjunkturelle Abschwungphase. Binnen zweier Jahre sank die Weltindustrieproduktion um ca. 30 %, der Welthandel stürzte auf 33 % des Standes von 1928 ab und die internationalen Kapitalströme versiegten fast völlig (- 90 %). Letzteres war u. a. eine Auswirkung der Bankenkrise vom Sommer 1931, als mit dem Zusammenbruch renommierter Geldhäuser in Europa und Nordamerika das Weltfinanzsystem vor der Zerreißprobe stand *(Graphik 8)*.

Die lang dauernde Weltwirtschaftskrise untergrub die Überzeugungskraft des liberalen Ordnungsmodells, insbesondere auch jene der Freihandelslehre. Spätestens seit der Bankenkrise (1931) gelangten mehr und mehr Politiker zu der Einsicht, dass keine für den Kapitalismus so typische zyklische Wirtschaftskrise vorlag, nach deren Tiefpunkt die Aufschwungphase mit fast gesetzesmäßiger Sicherheit folgen würde. Vielmehr trat eine kon-

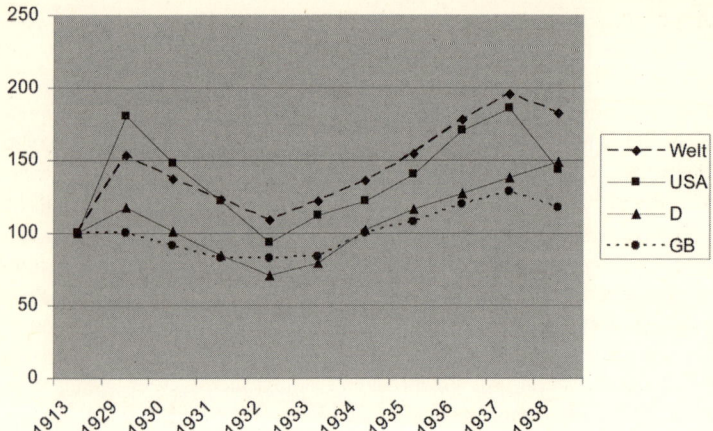

Graphik 8 Jahresindex der Industrieproduktion (1913–1938; 1913 = 100)
Quelle: Völkerbund (Hrsg.): World Economy Survey. Genf 1945, S. 134.

junkturelle Abwärtsspirale zu Tage, deren Ende nicht abzusehen war und die sich den bekannten liberalen Erklärungsansätzen entzog.

Offenkundig bedurfte es neuer wirtschaftstheoretischer und -politischer Konzepte. Die grundsätzlichen Zweifel an der kapitalistischen Marktwirtschaft gewannen um so mehr an Plausibilität, als mit der sozialistischen Zentralverwaltungswirtschaft in der Sowjetunion ein Ordnungsmodell existierte, das sich dem äußeren Anschein nach als krisenresistent erwies. Damit schien das Marxsche Postulat von der krisenfreien, weil geplanten sozialistischen Wirtschaftsentwicklung bestätigt. Die entsetzlichen Kosten, welche die Menschen für jenes stalinistische Experiment ertragen mussten, blieben der Außenwelt damals weitgehend verborgen.

Zwar bot der Sozialismus für die westlichen Regierungen keine wirklich akzeptable Alternative, dennoch wandten sie sich zunehmend vom liberalen Freihandelskonzept ab. Einer der führenden Wirtschaftstheoretiker des 20. Jahrhunderts, John Maynard Keynes (1883–1946), forderte in jenen Jahren nationale Selbstgenügsamkeit als zwingendes Gebot und kritisierte die allzu intensiven weltwirtschaftlichen Verflechtungen.[69] Auch der neu gewählte US-Präsident Franklin D. Roosevelt äußerte sich in seiner Regie-

---

69 Keynes, John Maynard: National Self-Sufficiency. In: The New Statesman and Nation, 8. u. 15.7.1933.

rungserklärung 1933 dahingehend. Allgemein machte sich ein weltwirtschaftlicher Defaitismus breit und Protektionismus fand während der 1930er Jahre Eingang in die Wirtschaftspolitik der führenden Nationen. Zu seinen Kernelementen zählten:

■ *Anhebung von Zollbarrieren:* Dieses vielfach erprobte Instrument sollte die heimische Wirtschaft vor unliebsamer ausländischer Konkurrenz schützen. Allerdings war es hinlänglich bekannt, dass eine solche Maßnahme entsprechende Reaktionen anderer Staaten (sog. »Retorsionszölle«) nach sich ziehen würde. Trotzdem verabschiedeten die USA den Smoot-Hawley Tariff Act im Jahre 1930, welcher die Verdopplung der durchschnittlichen Importzölle von 25 % auf 50 % zur Folge hatte. Damit gab Washington den Startschuss für eine allgemeine Zollerhöhungsrunde *(Tab. 6)*. Selbst London, bislang Gralshüter der Freihandelslehre, beschloss gemeinsam mit anderen Commonwealthstaaten 1932 Einfuhrzölle. Ergänzt wurden diese tarifären Schranken durch andere Hemmnisse, wie Importbeschränkungen, inländische Preissubventionen etc. Entsprechend der protektionistischen Logik fand die Meistbegünstigungsklausel immer seltener Eingang in internationale Handelsverträge. Waren bis zur Weltwirtschaftskrise nahezu alle Vereinbarungen damit ausgestattet, fehlte sie in knapp 60 % der zwischen 1931 und 1939 abgeschlossenen Handelsverträge. Ein Zollsenkungsautomatismus, wie ihn die Meistbegünstigung darstellte, passte einfach nicht in die Zeit.

Land	Allgemeine Zölle (%)		Agrarzölle (%)	
	1927	1931	1927	1931
Deutschland	20	41	27	83
Frankreich	23	38	19	53
Italien	28	48	25	66
Belgien	11	17	12	24
Schweiz	17	27	22	39
Schweden	20	27	22	39

Tab. 6 Importzölle europäischer Staaten (1927/31)
Quelle: Hogg, Robin L.: Structural Rigidities and Policy Inertia in Inter-War Belgium. Brüssel 1986, S. 11.

■ *Abkehr vom Goldstandard:* Die Wiedereinführung des Goldstandards nach dem Ersten Weltkrieg hatte in der Regel zu einer Überbewertung der entsprechenden Währung im internationalen Verkehr geführt. So erlitten die britischen Exportunternehmen, nachdem ihre Regierung 1925 das Pfund wieder an das Gold gebunden hatte, massive Absatzeinbußen auf dem Weltmarkt, weil ihre Produkte zu teuer wurden. Erst unter dem Eindruck der krisenhaften Entwicklung korrigierte London diese Entscheidung und hob im Herbst 1931 die Goldbindung für das Pfund auf. Allerdings verpufften die mit der Abwertung verbundenen Hoffnungen auf steigende Exporte und damit zusätzliche Arbeitsplätze im Inland, weil Länder wie Kanada, die USA, die skandinavischen Staaten, die Niederlande, Belgien und auch Frankreich nachzogen. Es setzte in den 1930er Jahren ein internationaler Abwertungswettlauf der Währungen ein, an dem sich 25 Länder beteiligten.

■ *Regionalisierungstendenzen:* Nicht zuletzt wegen der Wechselkursschwankungen bemühten sich führende Industriestaaten um die Etablierung von Währungsblöcken, innerhalb deren Grenzen eine Leitwährung als Orientierungsgröße diente. Mit dem »Sterling Block« (Großbritannien und das British Commonwealth of Nations), der »Dollar-Zone« (USA, Lateinamerika) sowie dem »Goldblock« (Frankreich, Belgien, Italien, Schweiz) verbanden sich zugleich politische Einflusssphären. Auf diese Weise, so das Kalkül, sollten größere Handlungseinheiten unter einer Führungsmacht Positionsvorteile im globalen Wettbewerb verschaffen.

■ *Bilateralisierung des Außenhandels:* Ein weiteres Element bestand in der Neuausrichtung der internationalen Handelsverträge. Während in der ersten Globalisierungswelle mehr und mehr multilaterale Abkommen geschlossen worden waren, ging nun der Trend hin zu bilateralen Handelsverträgen, teilweise sogar auf der Basis von Tausch- bzw. Kompensationsgeschäften. Die nationalsozialistische Regierung praktizierte dieses System im »Neuen Plan« (1934) besonders konsequent und gewann durch zweiseitige Verträge mit etlichen Balkanstaaten, bei denen Deutschland stets als überlegener Partner auftrat, einen beachtlichen außenpolitischen Einfluss auf diese Region.

■ *Autarkie:* Schließlich hofften etliche Regierungen, ihre jeweilige Volkswirtschaft von den Turbulenzen der Weltökonomie bis zu einem gewissen Grade abzukoppeln, indem sie Importe durch einheimische Produktion zu ersetzen suchte. Berühmt wurde das Autarkiekonzept durch das NS-Regime; allerdings handelte es sich um ein seinerzeit weit verbreitetes Modell.

Die Erhöhung institutioneller Barrieren erschwerte grenzüberschreitende Interaktionen und beförderte die politisch-wirtschaftliche Desintegration, was letztlich zum Nachteil aller gereichen sollte. Zu Recht erkannte die britische Wochenzeitung *The Economist*, dass in Zeiten globaler ökonomischer Vernetzung die Politik nicht in Nationalismen verharren dürfte, sondern ihrerseits internationale Kooperation und vielleicht sogar Integration anstreben müsste.

> *»Die vordringlichste Schwierigkeit unserer Generation [...] ist es, dass unsere Leistungen auf der ökonomischen Ebene unseren Fortschritt auf der politischen Ebene in einem solchen Maße überholt haben, dass unsere Ökonomie, aber auch unsere Politik ständig und weit auseinander fallen. Auf der ökonomischen Ebene ist die Welt inzwischen zu einer einzigen, alles umfassenden Einheit des Handelns geworden. Auf der politischen Ebene ist sie nicht nur immer noch in sechzig oder siebzig souveräne Nationalstaaten aufgeteilt, sondern die nationalen Einheiten sind stetig kleiner und zahlreicher geworden und das Nationalbewusstsein ist auch angewachsen. Die Spannungen zwischen diesen beiden antithetischen Tendenzen hat eine Serie von Erschütterungen und Verwerfungen und Zerstörungen im gesellschaftlichen Leben der Menschheit erzeugt [...]«.*
>
> *(The Economist, 10/1930. Zit. nach Kennedy, Paul: Aufstieg und Fall der großen Mächte. Ökonomischer Wandel und militärischer Konflikt 1500–2000. Frankfurt a. M. 1993, S. 417)*

ZITAT

VI.2.3. Der Zweite Weltkrieg (1939–1945) und die Wiederbelebung globaler Ordnungsentwürfe

Wie der Erste trug auch der Zweite Weltkrieg hinsichtlich der eingebundenen Akteure, Kriegsschauplätze und Bedeutung des weltweiten Ressourcenzugriffs alle Kennzeichen eines globalisierten Konfliktes. Militärstrategisch erwies sich die überragende Fähigkeit der Vereinigten Staaten zu großräumigen Luftoperationen als mitentscheidend für den Kriegsausgang. Im Gegensatz zu ihren Gegnern vermochte die US-Air Force naturräumliche Barrieren zu überwinden und das feindliche Hinterland mit einem vernichtenden Bombenkrieg zu überziehen. Hinsichtlich der Herstellungs- und Betriebsorganisation beschleunigten die politischen Forderungen nach größtmöglicher Rüstungsproduktion vor allem im Deutschen Reich die Entwicklung hin zu technischer Standardisierung und Rationalisierung. In langfristiger Perspektive kamen diese Veränderungen auch noch während des konjunkturellen Aufschwungs in den 1950er Jahren (»Wirtschaftswunder«) zum Tragen.

Ein globalisierungshistorisch interessantes Charakteristikum dieses Krieges stellt das Aufeinanderprallen dreier gesellschaftlich-politischer Ordnungsmodelle mit globalem Geltungsanspruch dar: Auf der einen Seite faschistische Regime i. w. S., von denen die Aggression ausging, auf der anderen Seite das durch die Weltwirtschaftskrise diskreditierte liberale Modell »Demokratie/Marktwirtschaft« und als dritter Pol die sozialistische Diktatur in der Sowjetunion. Letztlich gingen die liberalen Demokratien und das kommunistische Diktaturmodell siegreich aus der Konfrontation hervor und begründeten relativ rasch einen neuen Antagonismus, den »Kalten Krieg«.

Wenn also der Erste Weltkrieg den Abschluss einer ersten Globalisierungsphase modernen Zuschnitts verkörperte und zugleich eine Phase der Gegenläufigkeit einläutete, so verhielt es sich beim Zweiten Weltkrieg gerade umgekehrt. Er beendete die schwierige Zeit von 1914–1945, und die zweite Globalisierungsphase wurzelte ganz maßgeblich in den konzeptionellen Schlüssen, die man aus den Vorjahren gezogen hatte. Stärker als im Laufe des Ersten Weltkrieges bildete sich der politische Wille zur Errichtung von globalen Ordnungen in den Bereichen Politik und Wirtschaft heraus. An einer Kooperation der Nationalstaaten im Rahmen einer internationalen Organisation führte kein Weg mehr vorbei. Des Weiteren hatte man verinnerlicht, dass Ausschluss und Degradierung wichtiger Staaten wie Deutschland auf Dauer keinen konstruktiven Weg darstellten, um den Frieden zu wahren.

VI.3. Trotz alledem: die Globalisierung schreitet voran

Wohl an kaum einem anderen Zeitabschnitt als dem hier zu behandelnden lässt sich die selektive Wirkungsweise von Interaktionsbarrieren in der Globalisierung besser nachweisen. Denn während beispielsweise Zollschranken oder das fehlende multilaterale Weltwährungssystem einen hemmenden Effekt auf die ökonomische Globalisierung ausübten, gab es im politischen und gesellschaftlichen Bereich durchaus Integrationsansätze, wie die folgenden Ausführungen belegen.

VI.3.1. Der Völkerbund (1919–1946)

Der auf Initiative des amerikanischen Präsidenten Woodrow Wilson (14-Punkte-Plan) ins Leben gerufene Völkerbund stellte einen konzeptionell neuartigen Versuch dar, das internationale Krisenmanagement auf ein kooperatives Fundament zu stellen. Vorgeschichte und Verlauf des Ersten Weltkrieges hatten erhebliche Zweifel an einer künftigen Weltordnung geweckt, deren oberste Ebene die Nationalstaaten sein sollten. Vielmehr erschien eine inter-, möglicherweise sogar supranationale Einrichtung notwendig, welche die Wahrung des Weltfriedens und die Beförderung des Welthandels zum zentralen Ziel erheben müsste.

Mit seiner offiziellen Gründung Anfang 1920 fanden sich 32 Staaten zu einer gemeinsamen Organisation zusammen, wie sie bis dahin nicht existiert hatte. Jedes Land verfügte auf der einmal im Jahr zusammentretenden Völkerbundversammlung über eine Stimme und das Vetorecht. Im Völkerbundrat entschieden fünf ständige und zwölf nichtständige Mitglieder. Die Geschäftsführung oblag einem Generalsekretariat *(Abb. 7)*.

Von Anfang an behinderten strukturelle Defizite, nationale Egoismen und situationsbedingte Konstellationen die Arbeit der »League of Nations«. Ihr Hauptproblem lag wohl im nicht zu kompensierenden Fehlen der ökonomischen und militärischen Hegemonialmacht USA. Immerhin arbeitete sie am Internationalen Gerichtshof in Den Haag und in der Internationalen Arbeitsorganisation mit, die beide dem Völkerbund beigeordnet waren. Auch andere wichtige Staaten wie die Sowjetunion und das Deutsche Reich blieben längere Zeit außen vor bzw. kehrten aus eigenem Willen der Organisation den Rücken zu. Der Austritt Costa Ricas (1925) und Brasiliens (1926) bedeutete zudem eine Schwächung Lateinamerikas in der Völkerbundsversammlung und damit auch eine Unterhöhlung des Prinzips der kontinentalen Repräsentanz. Weiterhin erwies sich das Einstimmigkeitsprinzip in der Völkerbundversammlung bei nahezu sämtlichen Beschlüssen als äußerst hinderlich, blockierte es doch bedeutsame und damit meist auch strittige Resolutionen. Daher präsentierte sich der Völkerbund in zahlreichen internationalen Krisen als wenig entschluss- und durchsetzungsfähig. Sein Ansehen litt beispielsweise beim Versagen im japanisch-chinesischen Konflikt um die Mandschurei 1931, und ebenso, als vier Jahre später der italienische Angriff auf Abessinien nicht verurteilt wurde. Der Austritt Japans, Deutschlands, Spaniens, Italiens sowie einer ganzen Reihe süd- und mittelamerikanischer Staaten zwischen 1933 und 1939 machte deutlich, dass dieser Organisation letztlich keine große Zukunft mehr beschieden war.

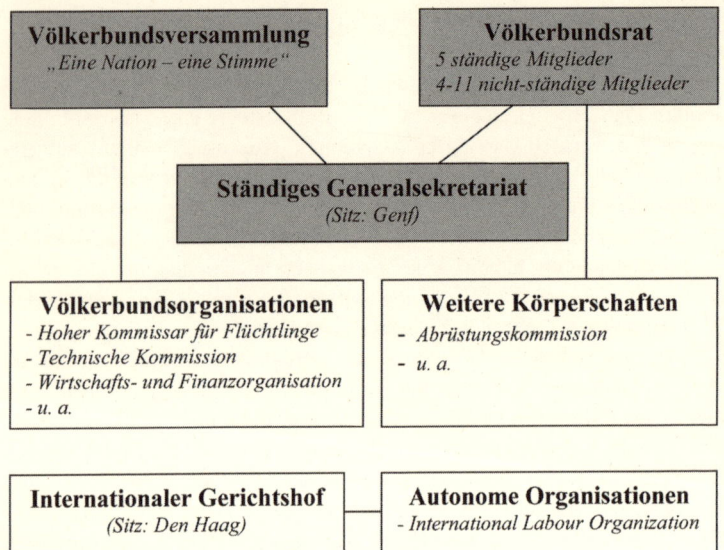

Abb. 7 Völkerbund (1919–1946; Organigramm)

Quelle: eigene Bearbeitung

Trotzdem seine Erfolgsbilanz eher mager ausfiel, dürfen einige gelungene Maßnahmen des Völkerbundes nicht unterschlagen werden. Die Verwaltung Danzigs, die Saarlandregelung und andere territoriale Ordnungen nach 1919 sorgten für eine gewisse Ruhe in Europa. Das Flüchtlingskommissariat erwarb sich große Verdienste in dieser wichtigen humanitären Frage. Auch der Briand-Kellogg-Pakt von 1928, der die Ächtung von Kriegen zum Inhalt hatte, stellte eine friedensfördernde Maßnahme dar. Gleichwohl seine konkrete Bindewirkung gering blieb, kann an dem Sachverhalt, dass 15 Staaten ihn unterzeichneten und 56 Staaten später beitraten, nicht so ohne weiteres vorübergegangen werden. Schlussendlich sei auf zahlreiche Weltkonferenzen verwiesen, die im Umfeld des Völkerbundes stattfanden. Große Verdienste erwarb sich der Völkerbund bei der Pflege und Förderung weltgesellschaftlicher Strukturen. So bezog er zahlreiche Nichtregierungsorganisationen in seine Facharbeit mit ein; sie hatten in den Ausschüssen Rederecht und durften Beratungsvorschläge einbringen. In langfristiger Perspektive lag ein Wert des Völkerbundes darin, dass er das Bewusstsein für die Notwendigkeit einer Weltorganisation schärfte, zugleich Defizite aufzeigte, die künftig zu vermeiden wären, und so den Weg für eine erfolgreichere UNO ebnete.

VI.3.2. Internationale Konferenzen

Während der 1920er Jahre gab es mehrfach Initiativen, länderübergreifende Fragen der Sicherheits- und Weltwirtschaftspolitik auf internationalen Konferenzen zu klären.

Im ökonomischen Bereich ging es vornehmlich darum, neben der aktuellen Reparationsfrage vor allem die Vorkriegsbausteine der Weltwirtschaftsordnung wieder zusammenzufügen. So formulierten die Abschlusskommuniqués der Weltwirtschaftskonferenzen von Genua (1922) und Genf (1927) als wichtige Zielsetzung die Rückkehr zu den Prinzipien des Freihandels, die Vereinheitlichung von Zollformalitäten und die Wiedereinführung des internationalen Goldstandards. Im Jahr 1928 verständigte man sich auf die Einbeziehung der Meistbegünstigungsklausel in internationale Handelsabkommen, was tatsächlich in 30 von 42 Fällen jenes Jahres auch geschah. Rückschläge stellten sich vor allem während der krisenhaften 1930er Jahre ein. Beispielsweise lehnte die Weltwirtschaftskonferenz von 1933 in London eine Rückkehr zum internationalen Goldstandard ab. Stattdessen setzten die meisten Regierungen auf die Bildung regionaler Währungs- und Wirtschaftsblöcke.

Einen durchaus respektablen Erfolg jener international so schwierigen Zeit stellten die Ergebnisse der Washingtoner Abrüstungskonferenz 1921/22 dar. Die führenden Mächte USA, Großbritannien, Frankreich und Japan einigten sich auf ein System globaler Rüstungskontrollen. Im Marinebereich verständigten sie sich sogar auf feste Relationen zueinander und schrieben auf diese Weise eine Rangliste fest. Letztlich aber scheiterte der Ansatz an den von Deutschland als Diskriminierung empfundenen Inhalten und an Frankreichs Sicherheitsbedürfnis.

Die Beteiligung an diesen Konferenzen war sehr groß und umfasste Vertreter sämtlicher Kontinente. In Genf (1922) waren Vertreter von 50 Staaten anwesend, darunter aus den USA, der Sowjetunion, Mexiko, der Türkei und Ägypten, die nicht dem Völkerbund angehörten. Zusätzlich waren etliche internationale Organisationen geladen. Doch die Bereitschaft zu internationaler Kooperation schwand in dem Maße, in dem die nationalen Wirtschaftsprobleme wuchsen und die Freihandelsrezepte nicht länger überzeugten.

VI.3.3. Desillusionierung und neuer Enthusiasmus: Die INGOs

So enttäuscht die INGOs über die Erfahrung des nationalen Rausches in den eigenen Reihen vor allem im Jahre 1914 waren, so beflügelt machten sie sich 1919 daran, aus dieser Katastrophe zu lernen. Während bestehende Organisationen alte Beziehungen wieder belebten, konstituierten sich zahlreiche neue Gruppen. Dabei darf die Rolle des Völkerbundes als Kristallisationskern nicht unterschätzt werden. Zudem fällt auf, dass die außereuropäischen Staaten (i. e. L. Lateinamerika), wesentlich zahlreicher vertreten waren und sich engagierter in die Arbeit einbrachten. Der Eurozentrismus erodierte auch in diesem Bereich.

Zu Beginn der 1920er Jahre befassten sich die meisten der neu gegründeten Organisationen mit Fragen von Wirtschaft und sozialer Gerechtigkeit, so auch die *International Federation of Trade Unions* (Internationale Gewerkschaftsbewegung, 1919). Ferner konstituierten sich bedeutsame kulturelle Vereinigungen, etwa die in der Literatur überaus einflussreiche Formation *Poets – Essayists – Novellists* (PEN). Im Sport blühten die zwischenzeitlich ausgesetzten Olympischen Spiele erneut auf. Bei der erstmals 1930 in Uruguay ausgetragenen Fußballweltmeisterschaft kann man zwar darüber streiten, ob sie angesichts des dünnen Teilnehmerfeldes den Namen zu Recht trug. Dennoch begründete sie eine Tradition, die bis zum heutigen Tag zu einem der Globalisierungsevents schlechthin heranwuchs. Und bereits 1934 in Italien bzw. 1938 in Frankreich nahm die Veranstaltung globalen Charakter an.

Die relativ isolationistisch eingestellten Vereinigten Staaten beteiligten sich an einem Ausbau des internationalen Studenten- und Wissenschaftleraustauschs. Zahlreiche Akteure der späteren Dekolonisationsbewegung hatten ihre akademische Ausbildung an einer renommierten US-amerikanischen Hochschule absolviert.

In Vorwegnahme der bipolaren Weltordnung nach 1947 sei darauf hingewiesen, dass sich nach 1918/19 eine Art sozialistische Parallelgesellschaft globalen Zuschnitt etablierte. Kristallisationspunkt dieser Entwicklung war die 1919 ins Leben gerufene Komintern mit zahlreichen Unterorganisationen.

VI.3.4. Kultur

Unter den zahlreichen kulturellen Strömungen, die sich während der 1920er Jahre in ganz unterschiedlichen Regionen dieser Erde großer Beliebtheit erfreuten, zählte der »American way of life« ganz sicher zu den bedeutendsten. Künstlerische Exportschlager wie der Jazz, Swing oder Charleston, die Anfänge einer Filmkultur mit Protagonisten wie Charlie Chaplin, Revuen u. a. mit Josephine Baker stießen in den Metropolen Europas, Lateinamerikas, Australiens und Asiens auf größtes Interesse. Die künstlerisch-kulturellen Kontakte zeigten bereits Ansätze eines global city-Netzwerkes.

Die weltweite Attraktivität des »American way of life« war schon beeindruckend. Jung, unverbraucht, dynamisch, erfolgreich, demokratisch – die positiven Konnotationen, mit denen Amerika in jenen Jahren belegt wurde und die den größtmöglichen Kontrast zum zerrissenen, von Selbstzweifeln geplagten Europa bildeten, nahmen kein Ende. Nur so erklärt sich, dass die kulturelle Globalisierung zu einem beachtlichen Teil eine Amerikanisierung war. Übrigens zeichnete sich schon damals die Verquickung von Kultur und Wirtschaft ab, etwa wenn der amerikanische Weg auch Konsummuster oder Produktionsstrategien (Fordism) einschließt. Auch die Gegenbewegungen – europäischer Kulturdünkel gegen den amerikanischen Parvenü – entsprechen dem Grundmuster »Globalisierung im Widerspruch«.

VI.3.5. Ausbau globaler Kommunikations-, Informations- und Verkehrsnetze

Relativ unbehelligt von den politisch-ökonomischen Verhältnissen schritt die technologische Entwicklung in den Bereichen Kommunikation und Transport zügig voran.

Kommunikation Einen gewaltigen Aufschwung erlebte das Telefonwesen, das gegenüber der Telegraphie große Vorteile aufwies. Das gesprochene Wort erlaubte eine ganz andere Art von Kommunikation, und mit dem Netzausbau blieben diese Möglichkeiten nicht nur auf ausgewählte Kreise der Diplomatie, der Verwaltung, des Militärs und der Wirtschaft begrenzt, sondern erschloss sich nach und nach für immer weitere Bevölkerungskreise. Die nationalen Netze Europas verknüpfte man mittels Verstärkereinrichtungen. Selbst interkontinentale Fernsprechverbindungen wurde bereits ins Auge gefasst, blieben einstweilen aber noch unrealisierbar.

Information Das im Ersten Weltkrieg bewährte Funksystem wurde für den Aufbau des Radionetzes, später auch der Fernsehanstalten genutzt. Im Jahre 1923 nahm die erste Rundfunkanstalt in Deutschland ihren Betrieb auf. Damit war eine wichtige Erweiterung der bisherigen Informationsquellen gegeben. Das Radio brachte die Welt ins Haus! Im Vergleich zu den bis dahin dominierenden Printmedien war das elektromagnetische Trägersystem prinzipiell grenzüberschreitend, was eine Nationalisierung der Informationsgrundlage für die Zukunft zwar nicht unmöglich machte, aber doch erheblich schwieriger gestaltete. Zwar versuchten die Nationalsozialisten mit dem »Volksempfänger«, welcher im Originalzustand nur gleichgeschaltete deutschsprachige Sender empfangen konnte, die deutsche Bevölkerung vor unerwünschten, weil unzensierten Informationen abzuschotten. Allerdings war diese Einschränkung mit wenigen technischen Handgriffen leicht auszuhebeln. Überdies gab es ja auch die leistungsfähigeren Radiogeräte, so dass der Empfang von »Feindsendern« letztlich nicht zu unterbinden war.

Das Fernsehen steckte zwar noch in den Kinderschuhen, offenbarte den Experten aber bereits einige Möglichkeiten. Im Jahre 1935 erprobten deutsche Ingenieure den Fernsehbetrieb in Pilotnetzen im Großraum Berlin. Dagegen erlebte der Film, gleichwohl schon vor 1914 vorhanden, in den 1920er Jahren seinen Aufstieg zu einem beliebten Unterhaltungsmedium. Mit ihm wurde es möglich, kulturelle Muster in gänzlich neuer Qualität weltweit zu vermitteln. In Form der Wochenschau trugen die Lichtspielhäuser auch zur eindrücklicheren Informationsübermittlung bei.

Verkehr Am 21.5.1927 feierte eine frenetische Menge in Paris die Ankunft eines kleinen, unscheinbaren Flugzeuges namens »Spirit of St. Louis«. Heraus stieg mit Charles Lindbergh der erste Pilot, der den Atlantik im Non-Stop-Alleinflug von West nach Ost überquerte. Mit seiner ungeheuren Energieleistung hatte Lindberg das Zusammenrücken beider Kontinente der Weltöffentlichkeit deutlich vor Augen geführt. Tatsächlich richteten amerikanische und europäische Fluggesellschaften seit den 1930er Jahren einen immer dichter und schneller werdenden Frachtdienst zwischen beiden Kontinenten ein, welcher der Schifffahrt zunehmend Konkurrenz machte.

VI.4. Bilanz

Globalisierungsgeschichtlich stellten die Jahre 1914 bis 1945 eine Zeit des Übergangs dar. Europa verlor seine dominierende Position an die USA, andere Länder und Regionen wie Japan, Australien, Südamerika und die Sowjetunion vermochten Boden gut zu machen. Folgerichtig verlagerten sich die Welthandelsströme mehr und mehr weg von Kontinentaleuropa und hin zu den maritim definierten Gebieten atlantischer Raum und ost-asiatisches Archipel. Großbritannien hatte als überragendes Welthandels- und -finanzzentrum abgedankt, sein legitimer Nachfolger, die USA, trat nur zögernd in diese Fußstapfen.

Der Liberalismus als Ordnungsmodell mit den zentralen Bausteinen Demokratie, Marktwirtschaft und Freihandel verlor im Zuge des Ersten Weltkrieges und vor allem der Weltwirtschaftskrise massiv an Überzeugungskraft. Konkurrenzmodelle wie der Sozialismus oder Faschismus/Nationalsozialismus stiegen auf. Allerdings behaupteten sich die westlichen Demokratien angesichts der existenziellen Herausforderungen durch den deutschen Nationalsozialismus und italienischen Faschismus. Die maßgeblich von den USA ausgehenden Nachkriegskonzeptionen setzten nunmehr auf die Errichtung globaler Ordnungssysteme in den Bereichen Politik, Wirtschaft und Gesellschaft.

Schon nach dem Ersten Weltkrieg hatte es derartige Ansätze gegeben. Völkerbund und Paneuropaunion stellten die beiden prominentesten, gleichwohl wenig erfolgreichen Institutionen dieser Art dar. Die Herausforderung der Weltwirtschaftskrise verleitete die meisten Regierungen dazu, in Rückbesinnung auf nationale Grenzen den Protektionismus als politisches Konzept zu reaktivieren. Zur Erweiterung der Ressourcenbasis fanden sich auch in diesem Kontext Regionalisierungsstrategien, beispielsweise im Zusammenhang mit den verschiedenen Währungsblöcken oder auch im Zuge der Umgestaltung/Modernisierung kolonialer Herrschaftsstrukturen.

Schließlich dokumentierte der Globalisierungsverlauf während jener Phase die spezifisch-selektive Wirksamkeit von Interaktionsbarrieren, die relative Autonomie einzelner gesellschaftlicher Bereiche, sowie die Möglichkeit der Globalisierungssteuerung bis hin zur Umkehr, soweit sie mittels institutioneller Barrieren erreicht werden kann. Die Erosion naturräumlicher bzw. kultureller Barrieren erwies sich indes als irreversibel.

VII. »Geteiltes Spielfeld« – die zweite Globalisierungsphase (1945–1989/90)

VII.1. Die zweite Globalisierungsphase im Überblick

> *»In the future days, which we seek to make secure, we look forward to a world founded upon four essential human freedoms. The first is freedom of speech and expression – everywhere in the world. The second is freedom of every person to worship God in his own way – everywhere in the world. The third is freedom from want – which, translated into world terms, means economic understandings which will secure to every nation a healthy peacetime life for its inhabitants – everywhere in the world. The fourth is freedom from fear – which, translated into world terms, means a worldwide reduction of armaments to such a point and in such a thorough fashion that no nation will be in a position to commit an act of physical aggression against any neighbor – anywhere in the world. That is no vision of a distant millennium. It is a definite basis for a kind of world attainable in our own time and generation. [...] The world order which we seek is the cooperation of free countries, working together in a friendly, civilized society.«*
>
> *(Franklin D. Roosevelt, 6.1.1941, Auszug aus einer Rede vor dem US-Kongress)*

ZITAT

Noch bevor die USA offiziell in den Krieg eintraten, stellte Präsident Roosevelt der Öffentlichkeit sein liberales Leitbild von der »Einen Welt« vor, in der Meinungs- und Religionsfreiheit, Wohlstand, soziale Gerechtigkeit und Frieden das Leben aller Menschen bestimmen sollten. Es diente als wichtige Orientierungsgröße, um den politisch-ökonomischen Ordnungsrahmen für eine neue Globalisierungsphase abzustecken. Denn Roosevelts Vision signalisierte der Weltöffentlichkeit unmissverständlich, dass der mächtigste Staat nicht länger im Isolationismus früherer Jahre zu verharren gedachte, sondern aktiv die Etablierung einer tragfähigen Weltordnung einschließlich der dazu gehörenden Organisationen anstrebte. Damit zeichnete sich ein Ende der hegemonialen Vakanz ab; die USA waren nunmehr bereit, das Erbe Großbritanniens aus dem 19. Jahrhundert anzutreten. Zudem ermutigte die Botschaft des amerikanischen Präsidenten zahlreiche Regierungen, den in der Zwischenkriegszeit eingeschlagenen nationalistisch-protektionistischen Kurs zu verlassen und auf den Pfad internationaler Zusammenarbeit einzuschwenken. Dieser politische Richtungswechsel bildete eine wichtige Voraussetzung für die zweite Globalisierungsphase, die Ende der 1940er Jahre ihren Anfang nahm und mit dem Untergang des sowjetischen Imperiums um 1990 in eine dritte Phase mündete. Zugleich verdeutlicht er, dass der zweiten Globalisierungsphase in höherem Maße als der ersten zielgerichtetes politisches Handeln zugrunde lag. Aus diesem Sachverhalt leitet sich das in der aktuellen Debatte verschiedentlich vorgebrachte Argument ab, demzufolge Globalisierung ein steuerbarer Prozess sei.

Hinsichtlich der Interaktionsmuster, des Akteursspektrums und der antreibenden Kräfte bestand zwischen der ersten und zweiten Globalisierungsphase weitgehende strukturelle Übereinstimmung *(Tab. 7)*: Beide Male erwiesen sich ökonomische Interessen als Schrittmacher des Verflechtungsprozesses, übte ein ökonomischer Hegemon ordnenden Einfluss auf die Weltwirtschaft aus, übertrafen die Steigerungsraten von Welthandel und Auslandsinvestitionen jene der Weltgüterproduktion, konzentrierten sich die Welthandelsströme auf die entwickelten Regionen Europa, Nordamerika und – mit Einschränkungen für das 19. Jahrhundert – Japan. Beide Globalisierungsphasen nutzten dieselbe globale Transport- und Kommunikationsinfrastruktur, wobei Ausbau und Weiterentwicklungen (Telefonnetze, Supertanker, Elektrifizierung der Eisenbahn u. a. m.) ihre Effizienz und Leistungsfähigkeit im 20. Jahrhundert deutlich steigerten. Mit dem wachsenden Güteraustausch verbreiteten sich bestimmte Konsummuster rund um den Globus, Modewellen und Trends der kommerzialisierten Massenkultur schwappten über alle Kontinente. Unter den maßgeblichen Globalisierungsakteuren fanden sich im 19. wie im 20. Jahrhundert nationale Regierungen, multinationale Unternehmen und internationale Regie-

	Erste Globalisierungsphase (1840–1914)	Zweite Globalisierungsphase (1947–1990)
Hauptantriebskraft	Ökonomische Interessen	Ökonomische Interessen
Politisch-wirtschaftl. Hegemon	Großbritannien/Empire	USA
Weltwährungssystem	Internationaler Goldstandard	Leitwährung US-Dollar (Bretton-Woods-System)
Welthandelsstruktur	Schwerpunkt: Primärgüter Sekundär: Industriegüter	Schwerpunkt: Intraindustrieller Handel Sekundär: Primärgüter
Akteure	Nationale Regierungen – IGOs INGOs MNU	Nationale Regierungen Regionale Akteure IGOs INGOs MNU
Transport/Verkehr/ Kommunikation	Dampfeisenbahn Dampfschiff Automobil – Telegraph Telefon Funk – – – –	Eisenbahn (elektrifiziert) Motorschiff Automobil Propeller-/Düsenflugzeug Telegraph Telefon Funk Telefax Satellit Computernetz Radio Fernsehen
Wirtschaftliche Indikatoren	Wachstumsrate Welthandel/-produktion Wachstumsrate FDI	Wachstumsrate Welthandel/-produktion Wachstumsrate FDI
Interaktionsbarrieren (IB)	Naturräumliche IB Völkerrechtliche IB Kulturelle IB –	Naturräumliche IB Völkerrechtliche IB Kulturelle IB Politisch-ideologische IB
Raumstruktur	Zentren: Europa, Nordamerika	Zentren: Europa, Nordamerika, Japan

Tab. 7 Vergleich zwischen erster und zweiter Globalisierungsphase

rungs- bzw. Nicht-Regierungsorganisationen. Insbesondere die drei letztgenannten Akteurskategorien gewannen hinsichtlich ihrer Anzahl und Wirkungsmacht sowie der Bandbreite ihrer Tätigkeitsfelder enorm an Bedeutung.

All diese strukturellen Analogien dürfen aber nicht zu der Annahme verleiten, bei der zweiten Globalisierungsphase habe es sich nur um eine noch schneller und intensiver ablaufende Neuauflage der ersten gehandelt. Vielmehr weist sie substanzielle Besonderheiten auf, die ihr eigene Qualitäten verleihen. Wie bereits angedeutet, spielte der Gestaltungswille zur Errichtung einer politischen und ökonomischen Weltordnung, zur gezielten Absenkung von Handelshemmnissen, zur bewussten Intensivierung gesellschaftlicher Beziehungen, kurz: zur aktiven Förderung inter- und transnationaler Kooperationen auf allen Gebieten eine viel größere Rolle. Infolge dessen erodierten unterschiedliche Interaktionsbarrieren kulturell-institutioneller Art in beschleunigtem Maße. Die ohnehin nur noch beschränkt wirksamen naturräumlichen Hürden büßten durch gänzlich neue Technologien (z. B. Langstreckenflugzeuge, Kommunikationssatelliten) weiter von ihrer ursprünglichen Funktionalitäten ein.

Die wichtigen Organisationen der neuen Weltordnung, *Vereinte Nationen*, *Weltbankgruppe* und *Internationaler Währungsfonds* ergänzten das Akteursspektrum; zu ihnen finden sich im 19. Jahrhundert keine Pendants. Selbiges gilt für jene inter- bzw. supranationalen Regionalakteure, die nicht nur, aber auch in Reaktion auf den zunehmenden globalen Wettbewerbsdruck ins Leben gerufen worden sind. Prominente Vertreterin dieser Akteurskategorie ist die heutige *Europäische Union (EU)*, deren Vorläuferorganisation als *Europäische Gemeinschaft für Kohle und Stahl (EGKS)* im Jahre 1952 die weltpolitische Bühne betrat. Der westeuropäische Integrationsprozess setzte Maßstäbe und diente zahlreichen weiteren Regionalinitiativen als Vorbild.

Schon im 19. Jahrhundert wusste man um den vernetzten Handlungsraum Erde. Nach 1945 entwickelte sich diese Wahrneh-

Abb. 8 Die Erde, Aufnahme von Apollo 17, Dezember 1972

Kennzeichen der zweiten Globalisierungsphase

INFO-BOX 9

Steigerung der Produktivität
- Automatisierung, Computerisierung
- Massenproduktion *(economies of scale)*

Transportinnovationen
- Elektrische Eisenbahn, Motorschiff
- Kraftfahrzeuge
- Propeller-/Düsenflugzeuge
- Raketen/Space Shuttle
- Verbundsysteme (Öl, Gas, Strom)

Kommunikations-, Informationsrevolution
- Telephon, -fax
- Fernsehen
- Satellitenübertragung
- Computernetzwerke

Ausbau der Weltmarktintegration
- Preiskonvergenz
- Weltmärkte für Massengüter
- Internationale Arbeitsteilung
- Intra-Industrieller Handel
- Leitwährung US-Dollar
- Liberalisierung der Finanzmärkte

Global players
- Multinationale Unternehmen
- Internationale Organisationen
  - Regierungsorganisationen
  - Nicht-Regierungsorganisationen

Institutionelles Arrangement der Weltordnung
- UNO
- IWF, Weltbank
- GATT

Bipolare Weltordnung
- Politisch-militärische Hegemonialmächte USA/UdSSR
- Ökonomische Hegemonialmacht USA

> **Politische Leitideen mit globalem Geltungsanspruch**
> - Liberalismus/Freihandelslehre
> - Kommunismus
>
> **Gesellschaft**
> - Zivilgesellschaft
> - Globale Proteste während der 1960er Jahre
>
> **Kultur**
> - Globale Unterhaltungskultur: Rock'n Roll, Beat, Rock u. a. m.
> - Modewellen: Jeans, Minirock u. a. m.

mung unter dem Eindruck globaler Bedrohungen – Atomkrieg, Umwelt-zerstörung, Ressourcenmangel – zu der Erkenntnis weiter, dass die Menschheit letztlich in einem Boot säße und dort nolens volens zur Schicksalsgemeinschaft vereint wäre.[70] Populäre Photos wie jenes vom »Blauen Planeten«, welches die Besatzung des US-Raumschiffs Apollo 17 auf ihrem Weg zum Mond aufgenommen hatte *(Abb. 8)*, übersetzten dieses Empfinden in eine verständliche, emotionalisierende Bildsprache; sie öffneten die Augen für die Überschaubarkeit und Verletzlichkeit des Systems Erde.

Schlussendlich sei auf einen sehr gewichtigen, die Raumstruktur prägenden Unterschied zwischen den Globalisierungsschüben des 19. und 20. Jahrhunderts hingewiesen: die Konfrontation der beiden Ordnungsmodelle Liberalismus und Kommunismus. Bei Roosevelts Vision der »Einen Welt« handelte es sich um eine liberale, d. h. Demokratie und Marktwirtschaft nach westlichen Maßstäben voraussetzende Weltordnung. Insofern entsprach es der ideologischen und machtpolitischen Logik, dass die sozialistischen Staaten unter Führung Moskaus vielen, vor allem wirtschaftlich ausgerichteten Weltorganisationen fern blieben. Mehr noch: Zwischen beiden Blöcken entstanden Interaktionsbarrieren unterschiedlicher Natur, deren Auswirkungen nach Auffassung mancher Autoren zur »halbierten Globalisierung«[71] führten. Sie argumentieren, dass die typischen Globalisie-

---

70 Dennis L. Meadows et al.: Die Grenzen des Wachstums. Bericht des Club of Rome zur Lage der Menschheit. Stuttgart 1972; Barney, Gerald O.: The Global 2000 Report to the President of the U.S.A. Entering the 21st Century. A Report. New York 1980; Unsere gemeinsame Zukunft. Der Brundlandt-Bericht der Weltkommission für Umwelt und Entwicklung. Hamm 1987.
71 Osterhammel/Petersson, Globalisierung, S. 86.

rungstendenzen vornehmlich innerhalb der westlichen Welt nachzuweisen sind. Analoge Prozesse innerhalb der sozialistischen Staatengemeinschaft sind zwar durchaus denkbar, aber derzeit ist ihre Existenz noch nicht durch belastbare historische Forschungsergebnisse bestätigt.

So selbsterklärend und überzeugend der Terminus »halbierte Globalisierung« im räumlichen Sinne auch erscheint, so missverständlich wird er mit Blick auf andere, von dieser Lesart abweichende Begriffsinhalte. Claus Leggewie beispielsweise benennt mit »halbierter Globalisierung« den Sachverhalt, dass in jüngster Zeit der weltweite Güter- und Kapitaltransfer befördert, die globale Migration aber massiv behindert würde.[72] Damit hebt Leggewies Begrifflichkeit auf die qualitative Beschaffenheit der Globalisierung ab, wohingegen Osterhammel/Petersson vor allem ihre geographische Reichweite im Blick haben. Beide Ansätze lassen sich zwanglos in das Modell selektiv wirkender Interaktionsbarrieren integrieren *(Kap. II)*. Die ideologisch bedingte Demarkationslinie fungiert als gesamtgesellschaftlicher globaler »Raumteiler«, während die von Leggewie angeführten Beispiele für selektiv wirkende Barrieren stehen, die nur gesellschaftliche Teilbereiche erfassen. Je nach Ausrichtung können sie gegenläufige Globalisierungstrends beschleunigen oder bremsen, ein Phänomen, das bereits die Zwischenkriegszeit gekennzeichnet hatte *(Kap. VI)*. Auch wenn semantisch beide Varianten der »halbierten Globalisierung« nachvollziehbar erscheinen, stiftet eine solche Mehrdeutigkeit eher Verwirrung.

Genau genommen kennzeichnet die Jahre 1945–1990 weniger eine »halbierte Globalisierung« als vielmehr eine relativ konsequente Zweiteilung des »Globalisierungsspielfeldes«. Sie begründet das globalisierungshistorische Alleinstellungsmerkmal jener Jahrzehnte, sowohl hinsichtlich ihrer ideologischen Verursachung als auch mit Blick auf die sehr weitreichenden und vielschichtigen Folgewirkungen.

VII.2. Bipolare Weltordnung und Kalter Krieg (1948–1989/90)

Nach ihrem Sieg über die gemeinsamen Gegner Deutschland, Japan und Italien kühlte sich das weltpolitische Klima rasch ab. Der politisch-ideologische Gegensatz zwischen den westlichen Demokratien einerseits und der Sowjetunion einschließlich der von ihr abhängigen Staaten Osteuropas andererseits war nicht länger zu kaschieren. Das frostige Verhältnis prägte

---

72 Leggewie, Claus: Die Globalisierung und ihre Gegner. München 2003, S. 20.

die Globalisierung während der kommenden vier Jahrzehnte, zeigte seinerseits aber mannigfache Merkmale einer hochgradig verflochtenen Welt, was anhand einiger Aspekte ausgeführt werden soll.

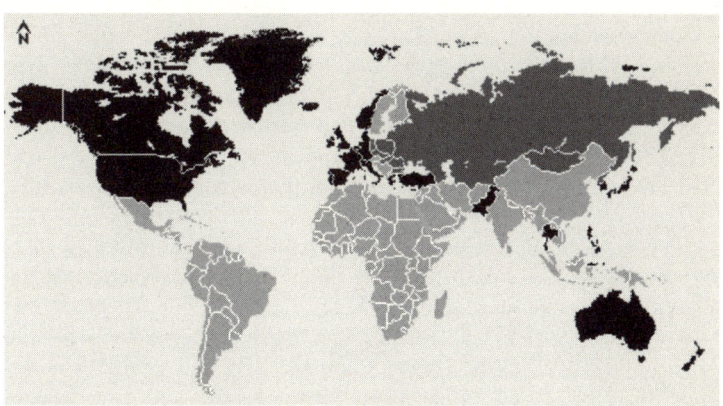

Schwarz: *westliche Staatenwelt unter US-Hegemonie*
Dunkelgrau: *sozialistische Staaten unter sowjetischer Hegemonie*
Hellgrau: *Blockfreie Staaten*

Abb. 9 Militärbündnisse im »Kalten Krieg« (um 1955)

Quer durch Europa, wo die beiden Machtblöcke unmittelbar aneinander grenzten, senkte sich auf Geheiß Stalins der »Eiserne Vorhang« – eine Kombination materieller und immaterieller Interaktionsbarrieren *(Abb. 9)*. Vor allem während der 1950er Jahre beschränkten sich die wirtschaftlichen, politischen, gesellschaftlichen und kulturellen Kontakte zwischen West- und Osteuropa auf ein Minimum. Dagegen erhöhte sich der Integrationsgrad innerhalb beider Blöcke. Während die Sowjetunion über den Rat für Gegenseitige Wirtschaftshilfe (1949) und den Warschauer Pakt (1955) den Zusammenhalt der sozialistischen »Bruderstaaten« zu stärken suchte, boten die USA mittels der *Organization for European Economic Cooperation* (OEEC, 1948) und der NATO (1949) ihren Verbündeten Kooperationsformen. Insbesondere die OEEC setzte durch die Realisierung des Marshall-Planes Maßstäbe internationaler Zusammenarbeit. Aus ihr ging 1961 die *Organization for Economic Cooperation and Development* (OECD) hervor.

    Zwar erodierten im Zuge der seit den frühen 1960er Jahren einsetzenden Entspannungspolitik die Ost-West-Barrieren, was sich am steigenden Warenaustausch, an zunehmenden kulturellen Beziehungen und am lebhafteren Geschäfts- bzw. Ferienreiseverkehr ablesen lässt. Allerdings blieben die Hürden nach wie vor hoch, so dass über vierzig Jahre hinweg ein gesamteuropäischer Desintegrationsprozess den Kontinent nachhaltig spaltete. Im geteilten Deutschland waren und sind die Folgen dieser Entwicklung besonders gravierend zu spüren. Während in der Politik-, Wirtschafts- und Rechtsordnung zumindest formal die bundesdeutschen Vorlagen rasch auf das vereinte Deutschland Anwendung fanden, zeigen tief verankerte soziale Verhaltensmuster und mentale Prägungen ein erhebliches Maß an Beständigkeit; die Unterschiede wirken in der west- und ostdeutschen Gesellschaft bis heute nach (Erziehung, Erwerbsverhalten etc.).

Im Gegensatz zur Situation in Europa schlug der Kalte Krieg in Asien, Afrika und Lateinamerika mehrfach in heiße, sprich: bewaffnete Konflikte um. Zu den bekanntesten zählen der Korea- (1950–1953) und der Vietnamkrieg (1954/65–1975). Daneben spielten sich zahlreiche weitere regionale Auseinandersetzungen ab, in denen kommunistische und nicht-kommunistische Verbände, gleichermaßen stellvertretend für die Supermächte (»Stellvertreterkriege«), gegeneinander kämpften. Häufig vermengten sich, wie im Falle Angolas (1961–1989/2002) und Mozambiques (1962–1992), koloniale Unabhängigkeitskriege mit der Ost-West-Konfrontation. Auch der Nah-Ost-Konflikt nahm durch die Parteinahme der USA für Israel und der Sowjetunion für die arabischen Staaten zeitweilig den Charakter eines Kalten-Kriegs-Schauplatzes an. Relativ spät datiert die sowjetische Intervention in Afghanistan (1979/80–1988), wo das kommunistische Regime stabilisiert werden sollte. Ihre Widersacher, islamische Mudschahidin, wurden von den USA mit modernen Waffen ausgerüstet.

Besonders prägnant kommt der globale Charakter des Kalten Krieges in der Doppelkrise Berlin/Kuba (1958–1962) zum Ausdruck; sie wird gemeinhin als Höhepunkt der Ost-West-Konfrontation eingeschätzt.

Der Kalte Krieg erstreckte sich nicht nur über den gesamten Erdball, sondern er bezog erstmals auch außerirdische Bereiche ein. Eine kleine, Funksignale aussendende Metallkugel, die am 4.10.1957 in mehreren hundert Kilometern um die Erde kreiste, löste in den westlichen Metropolen den berühmten *Sputnik-Schock* aus. Verstört registrierten die Regierungen in Washington, Paris und London, dass es der Sowjetunion als erstem Land gelungen war, einen Satelliten (besagten »Sputnik«) in die Erdumlaufbahn zu schicken. Offenkundig verfügte die UdSSR bei der Raumfahrttechnologie über einen prestigeträchtigen Vorsprung, und es war zu befürchten, dass sie auch auf anderen rüstungsrelevanten Gebieten ihre Gegner »einholen und überholen« (W. Ulbricht) könnte. Die technologisch-wirtschaftliche Dominanz der USA, damit die überlegene Funktionalität von Marktwirtschaft und Demokratie, schien in Frage gestellt. Was aber aus Washingtoner Sicht noch schwerer ins Gewicht fiel: Augenscheinlich vermochte die Sowjetunion leistungsfähige Trägersysteme (Raketen) interkontinentaler Reichweite einzusetzen und damit auch den nordamerikanischen Halbkontinent zu gefährden. Eine solche Bedrohungslage war für die Vereinigten Staaten ungewohnt, hatten sie doch in beiden Weltkriegen keinerlei Angriffe auf das eigene Gebiet hinnehmen müssen. Weder das Deutsche Reich noch Japan hatten seinerzeit vermocht, im Rahmen militärischer Operationen die naturräumlichen Barrieren (Entfernung, Ozeane) zu überwinden.

Der Sputnik-Schock löste das »space race« der beiden Supermächte aus, welches 1969 mit der Landung des ersten Menschen auf dem Mond seinen öffentlichkeitswirksamen Höhepunkt erreichte. Durch die Erschließung des Weltraums rückte ein »Krieg der Sterne« näher, insbesondere als die USA in den 1980er Jahren ihr weltraumgestütztes Raketenabwehrsystem (*Strategic Defense Initiative, SDI*) zu entwickeln beabsichtigten. SDI, Spionagesatelliten, der Ausbau gigantischer Atomwaffenarsenale bis hin zum x-fachen Overkill und die Entwicklung weltweit einsetzbarer Trägersysteme (Interkontinentalraketen, Langstreckenbomber, raketenbestückte Atom-U-Boote) weckten allseits die Furcht vor einer nuklearen Vernichtung der gesamten Menschheit. Hieraus schöpfte nicht zuletzt die seit den 1950er Jahren global auftretende und argumentierende Friedens- und Abrüstungsbewegung ihre Kraft.

Der Kalte Krieg präsentierte sich auch als ein weltweiter Nachrichten- und Bilderkrieg, wie am Beispiel von Kampfhandlungen in Vietnam besonders eindrücklich nachzuweisen ist. Erstmals gelangten Informationen über Massaker (z. B. My Lai, 1968) oder die fürchterlichen Photos verletzter vietnamesischer Kindern via Television direkt in die Wohnstuben und untergruben die moralische Autorität der Vereinigten Staaten. Manche Historiker sind der Ansicht, dass der Vietnamkrieg vor allem wegen der Bildberichterstattung für die USA verloren ging. Diese hätte die Weltöffentlichkeit so sehr gegen die westliche Hegemonialmacht aufgebracht, dass weder außen- noch innenpolitisch eine Fortführung des Krieges vermittelbar gewesen wäre.

VII.3.   Indikatoren der zweiten Globalisierungsphase

VII.3.1. Wirtschaftliche Verflechtungsindikatoren

Wie bereits im 19. Jahrhundert lag auch zwischen 1950 und 1990 der Anstieg des Weltexports (+ 1250 %) deutlich über jenem der Weltproduktion (+ 600 %; *Graphik 9*). Diese überproportionale Zunahme des Welthandels bestätigt die Auffassung einer intensivierten ökonomischen Verflechtung auf internationaler Ebene. Vor allem die Industrieländer steigerten ihre Exportquoten deutlich.

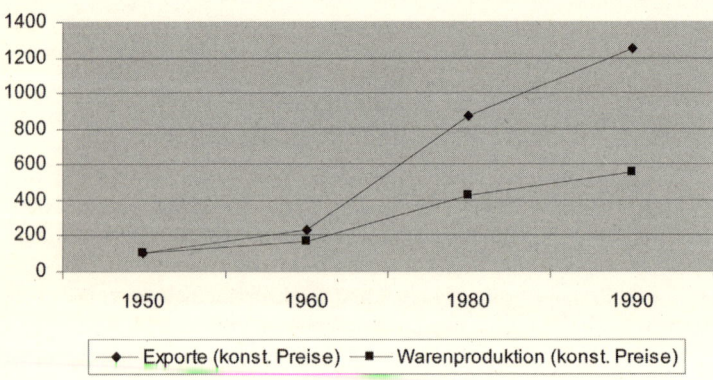

Graphik 9 Weltexporte und -produktion (1950–1990; Index 1950 = 100)
Quelle: World Trade Organisation, World Statistics 2005.

Das steht im Einklang mit dem Befund, dass im Unterschied zur ersten Globalisierungsphase nunmehr der intra-industrielle Warenaustausch dominierte, d. h. die entwickelten Volkswirtschaften tauschten wechselseitig hochwertige, z. T. gleichartige Industriegüter *(Graphik 10)*. Hingegen umfasste der Handel mit weniger entwickelten Staaten vornehmlich Primärgüter wie Rohstoffe, landwirtschaftliche Produkte oder Industriewaren geringer Verarbeitungsstufe (Textilien) und entsprach damit dem Güterspektrum des 19. Jahrhunderts.

Ein neues Element stellte in diesem Kontext der Erdölexport arabischer, afrikanischer und lateinamerikanischer Staaten dar. Im Gegensatz zur ersten Globalisierungsphase, als der in etlichen europäischen Staaten vorhandene Primärenergieträger Steinkohle die industrielle und trans-

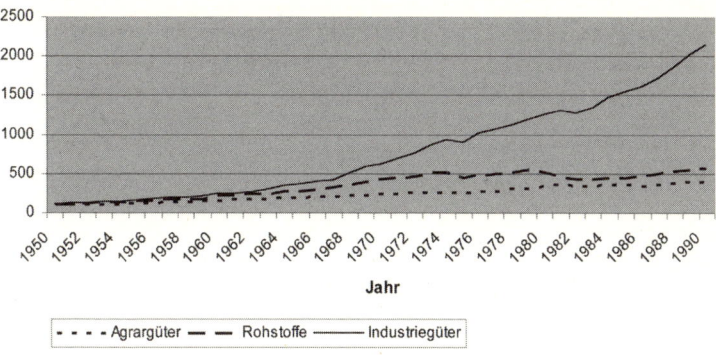

Graphik 10 Entwicklung des Welthandels nach Warengruppe (1950–1990;
Index: 1950 = 100)

Quelle: www.wto.org/english/res_e/statis_e/its2006_e/charts_e/chart_ii02.xls; eigene Bearbeitung

porttechnische Energieversorgung sicherstellte, erlebten die entwickelten
Volkswirtschaften nach dem Zweiten Weltkrieg eine zunehmende Abhängigkeit von Öllieferungen aus politisch brisanten Herkunftsländern oder
-regionen. Daraus leiten sich globalpolitische Handlungsstrukturen und
Verwerfungen bis zum heutigen Tage ab.

Ein besonders aussagekräftiger Indikator für den Globalisierungsstand
sind *Foreign Direct Investments* (FDI), weil sie Auskunft über den grenzüberschreitenden Organisationsgrad von Unternehmen geben. Ein Blick auf die
Graphik verdeutlicht, dass während der neoliberalen Ära in Großbritannien (*Thatcherism*) und den USA (*Reagonomics*) dieser Schlüsselindikator
besonders große Zuwachsraten verzeichnete *(Graphik 11)*. Sicherlich lässt
sich daraus keine monokausale Erklärung ableiten; beispielsweise fällt der
Anstieg vor dem Hintergrund der weltkonjunkturellen Schwächeperiode
während der 1970er Jahre (u. a. Ölkrisen) naturgemäß besonders eindrücklich aus. Auch haben die »Petro-Dollar«, d. h. aus dem Ölexport gezogenen
Profite, seinerzeit den internationalen Finanzmarkt überschwemmt. Aber
es spricht doch einiges dafür, dass den ordnungspolitischen Rahmenbedingungen ein merklicher Einfluss auf das internationale Investitionsverhalten
zuzuschreiben ist.

Verschiedentlich wurden bei spektakulären Auslandsinvestitionen nationalpolitische und -kulturelle Empfindlichkeiten geweckt. Einerseits rührten
sie von der Furcht vor einem Ausverkauf der eigenen Volkswirtschaft, was

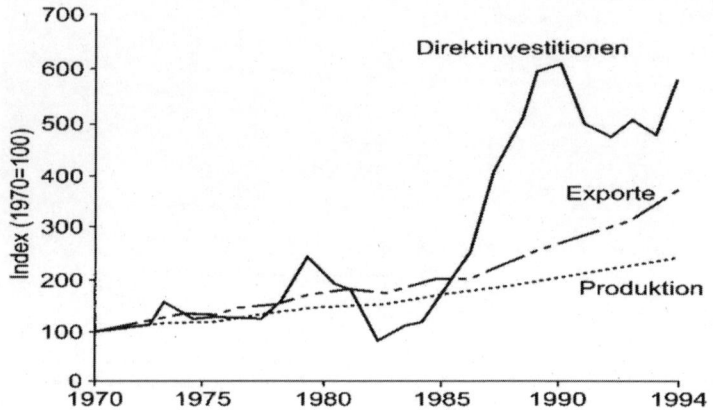

Graphik 11 Weltproduktion, -exporten und ausländischen Direktinvestitionen (1970–1994; Index: 1970 = 100)

Quelle: Schamp, E. W.: Globalisierung von Produktionsnetzen und Standortsystemen. In: Geographische Zeitschrift, 84 (1996), S. 205–219, hier: S. 207.

beispielsweise beim Einstieg des japanischen Elektroriesen SONY in die amerikanische Filmbranche durch den Erwerb von Columbia Pictures/ Hollywood im Jahre 1989 zu beobachten war. Andererseits störte man sich an fremden, oftmals amerikanischen Kultureinflüssen. So fielen die französischen Reaktionen auf die Eröffnung des Vergnügungsparks Euro-Disney bei Paris im Jahre 1992 teilweise ausgesprochen harsch aus. Beide Beispiele offenbaren den engen, nicht zu lösenden Zusammenhang ökonomischer und gesellschaftlich-kultureller Globalisierung.

Sowohl die Welthandelsströme als auch die regionalen Schwerpunkte von Auslandsinvestments konzentrierten sich in steigendem Maße auf die entwickelten Volkswirtschaften der Triade. Das Beispiel der bundesdeutschen Auslandsinvestitionen zeigt, dass gerade die ökonomisch schwächeren Regionen Afrikas und Südasiens weiter an Boden verloren, wohingegen die Europäische Gemeinschaft wegen steigender Mitgliedszahlen, aber auch aufgrund von Integrationseffekten den Schwerpunkt der Engagements bildete *(Graphik 12)*.

Logischerweise entwickelte sich der Weltgütertransport analog zum Welthandel mit sehr beeindruckenden Wachstumsraten. Zwei Aspekte sind dabei aus globalisierungshistorischer Perspektive hervorzuheben: Zum einen die grenzüberschreitende Organisation des Überseeverkehrs, die sich

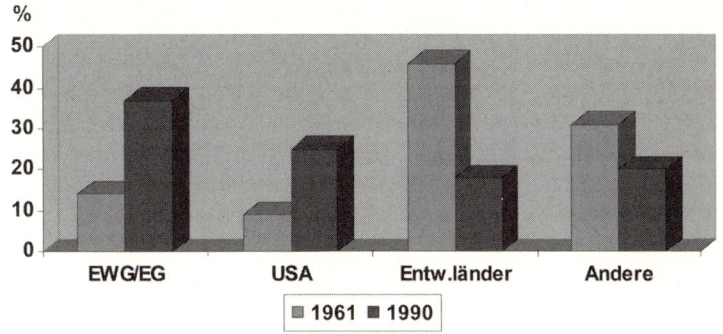

Graphik 12 Geographische Verteilung bundesdeutscher Auslandsinvestitionen (1961/91, in %)

Quelle: Berend, Ivan T: An Economic History of Twentieth-Century Europe. Economic Regimes from Laissez-Faire to Globalization. Cambridge 2006, S. 270

in der Herausbildung sogenannter »Billigflaggenländer« niederschlug. Nationen wie Panama oder Liberia boten weltweit operierenden Reedereien günstige Steuersätze, niedrige Arbeits- und Sozialleistungsstandards und geringe sicherheitstechnische Auflagen an, damit diese sich in den jeweiligen Ländern registrieren ließen. Hier können am konkreten Beispiel die mannigfachen und bedenklichen Auswirkungen des *race to the bottom* studiert werden: Unternehmens- und Arbeitsplatzverlagerungen von europäischen Hochlohnländern in jene Staaten, katastrophale technische Zustände, mangelhaft ausgebildetes Personal aus aller Herren Länder etc. Nicht von ungefähr waren im Jahre 2002 in die meisten Havarien Schiffe verwickelt, die unter einer Billigflagge fuhren.

Zum anderen stiegen die mit dem Weltverkehrsaufkommen verbundenen Belastungen des globalen Ökosystems. Schleichende Meeresverschmutzung, Flugzeugabgase in unmittelbarer Nähe der empfindlichen Ozonschicht, Stick- und Schwefeloxidbelastungen durch steigenden Kraftfahrzeugverkehr werden seit den 1980er Jahren wahrgenommen und international problematisiert.

Ein letzter wirtschaftlicher Globalisierungsindikator: Das seit dem 19. Jahrhundert zu beobachtende Phänomen von Weltwirtschaftskrisen lässt sich sehr eindrücklich anhand der beiden Ölkrisen von 1973 und 1978 studieren. Die teilweise politisch motivierte Anhebung der Weltrohölpreise durch das OPEC-Kartell um bis zu 400 % im Herbst 1973 brachte nahezu alle Industriestaaten in erhebliche Bedrängnis. Deren Wirtschaftswachstum ging gegen null (»Nullwachstum«), gleichzeitig blieb die Inflationsrate relativ hoch, was mit dem Neologismus »Stagflation« (**Stag**nation bei gleichzeitiger In**flation**) bezeichnet wurde. Da die Sockelarbeitslosigkeit ebenfalls wachsende Tendenzen aufwies, bemühten sich die meisten westlichen Regierungen im Sinne des Keynesianism, durch staatliche Investitionsprogramme die Konjunktur zu beleben und den Menschen wieder zu Arbeit und Brot zu verhelfen. Allerdings stellte sich kein nachhaltiger Erfolg ein, wohl aber eine dauerhafte Staatsverschuldung, die vielen Ländern bis heute zu schaffen macht.

Im Gegensatz zu anderen wirtschaftlichen Globalisierungsindikatoren mit wohlstandsfördernden Folgen beschränkten sich die problematischen Auswirkungen der Ölkrisen nicht auf die Triade; sie hatten wahrhaft erdumspannenden Charakter. Meist unterschlägt die öffentliche Diskussion, dass jene Entwicklungsländer, die über kein Erdöl verfügten, weitaus stärker in eine wirtschaftliche Schräglage gerieten als die westlichen Industrienationen. Die verheerende Situation Afrikas während der 1980er Jahre (Hungerkatastrophe in Äthiopien etc.) findet u. a. in dieser Ursache eine Erklärung.

VII.3.2. Internationale Kooperationen auf Regierungsebene

Auf dem Gebiet der internationalen Politik dokumentieren numerische Indikatoren wie die Anzahl von IGOs und multi- bzw. bilateralen Verträgen völkerrechtlicher Natur das wachsende Maß grenzüberschreitender Verflechtungen. Diesem Trend liegen drei Ursachen zugrunde:

■ Der schlichte Umstand zahlreicher staatlicher Neugründungen im Zuge der Dekolonisation. Zu den 81 souveränen Staaten im Jahre 1950 gesellten sich binnen zweier Dekaden weitere 54.

■ Der erklärte Willen nationaler Regierungen zur verstärkten internationalen Kooperation.

■ Das neue Auftreten bzw. die erstmalige Wahrnehmung grenzüberschreitender Problemstellungen (u. a. Umweltschutz, Klimaforschung, Entwicklungspolitik, Friedenssicherung), deren Lösung ein angemessenes, sprich: international abgestimmtes Handeln erfordert.

Aus der Fülle derartiger Initiativen soll hier nur auf zwei verwiesen werden, denen im Zusammenhang mit der Globalisierung besondere Bedeutung zukommt. Im Jahre 1975 trafen sich erstmals die Staats- und Regierungschefs der sieben wichtigsten Industrienationen (USA, Frankreich, Großbritannien, Deutschland, Italien, Japan, Kanada), um aktuelle Fragen

der Weltwirtschaft zu diskutieren. Sie waren damit einer Einladung des
französischen Präsidenten Valéry Giscard D'Estaing und des deutschen
Bundeskanzlers Helmut Schmidt gefolgt, die sich unter dem Eindruck der
ersten Ölkrise, des Zusammenbruchs des Weltwährungssystems von Bretton Woods und der globalen Stagnationskrise zu einer solchen multilateralen Initiative außerhalb bestehender Institutionen entschlossen hatten. Die
seither jedes Jahr abgehaltenen G7-Treffen (*Great 7*) wurden von der Überzeugung getragen, dass die hochgradig verflochtene Weltwirtschaft nicht
länger mit nationalstaatlicher Politik gestaltet werden könnte. Vielmehr sei
ein international koordiniertes Vorgehen erforderlich, um konjunkturelle
Krisen mit möglicherweise katastrophalen gesellschaftlichen und politischen Auswirkungen, wie man sie aus den 1930er Jahren kannte, zu vermeiden.

Ein zweiter bedeutsamer Impuls für die multilaterale Kooperation
datiert auf das Jahr 1973. Damals trafen sich in der finnischen Hauptstadt
Helsinki Vertreter sämtlicher europäischer Staaten mit Ausnahme Alba-
niens zur ersten *Konferenz für Sicherheit und Zusammenarbeit in Europa
(KSZE)*. Ebenfalls anwesend waren Delegierte aus den USA und aus
Kanada. Die Ergebnisse jener Runde, die sich mit Unterbrechungen über
zwei Jahre hinzog, sowie einiger Nachfolgekonferenzen begründeten ein
gesamteuropäisches Bekenntnis zu den Menschenrechten. Oppositionsbe-
wegungen in den sozialistischen Staaten bot die berühmte KSZE-Schluss-
akte von 1975 eine wichtige Argumentationshilfe für ihre politischen Anliegen. Auch wenn der konkrete Beitrag des KSZE-Prozesses für die innere
Machterosion der sozialistischen Regime und damit für die spätere Aufhebung der ideologischen Demarkationslinie nicht präzise gefasst werden
kann, bleibt seine große Bedeutung doch weitgehend unbestritten.

VII.3.3. Die Welt als gesellschaftlicher Erfahrungs- und Handlungsraum

Globalisierung erfasste nach 1945 in bislang ungekanntem Maße die gesamte
Gesellschaft. Als verlässlicher Indikator kann einmal mehr die zahlenmäßige
Entwicklung der INGOs herangezogen werden *(Graphik 13)*. Sie stieg vor
allem in den 1970er Jahren stark an, als »grenzenlose« Themen wie Abrüstung, Umweltschutz, Entwicklungshilfe und Menschenrechte große Aufmerksamkeit der Weltöffentlichkeit beanspruchen konnten.

Nicht von ungefähr fallen die Gründungsdaten einiger der heutigen »big
player«, welche die transnationale Zivilgesellschaft mitgestalten, in jene
Zeit. Im kanadischen Vancouver etwa trafen sich 1971 erstmals die Mütter

und Väter von *Greenpeace*. Die Umweltorganisation setzte hinsichtlich der organisatorischen Professionalität (z. B. Aktionsformen, PR-Arbeit, Sponsoring) Maßstäbe, bot aber mit wachsendem Erfolg zugleich eine größer werdende Angriffsfläche für durchaus berechtigte Kritik. Bereits 1961 hatte sich mit *amnesty international* eine Gruppe konstituiert, welche die UN-Menschenrechtscharta zur Grundlage ihrer Arbeit machte und Verstöße in allen Ländern dieser Welt anprangert. *Welthungerhilfe* (1962) und *Ärzte ohne Grenzen* (1971) wären zwei weitere bedeutsame Akteure, die vor allem humanitäre Hilfe in Krisenregionen leisten – die Liste solcher Organisationen ließe sich noch lange fortsetzen.

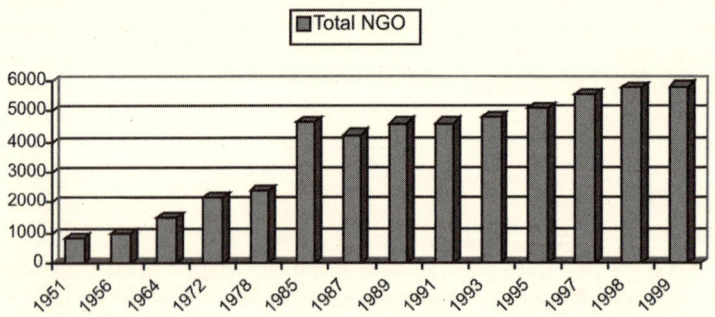

Graphik 13 Anzahl Non-Governmental Organizations (1951–1999)
Quelle: www.uia.org/statistics/organizations/ytb299.php

Etwas aus dem Rahmen fällt das *Weltwirtschaftsforum (World Economic Forum WEF)*, dessen Wurzeln bis ins Jahr 1969 zurückreichen. Die unternehmensnahe Stiftung veranstaltet unter anderem alljährlich eine Tagung im noblen Schweizer Urlaubsort Davos, auf der Manager, Wissenschaftler und Politiker, aber auch Künstler und Literaten über anstehende Probleme globaler Reichweite diskutieren. Wegen seiner neoliberalen Inhalte, personellen Zusammensetzung und seines äußeren Erscheinungsbildes hat sich an diesem Forum seit den späten 1990er Jahren heftige Kritik entzündet.

Einen interessanten Sonderfall stellen internationale Protestbewegungen dar. Berühmt wurden die Jugendrevolten der 1960er Jahre, die nicht nur in den USA und den meisten westeuropäischen Ländern auftraten, sondern auch in Japan, Mexiko und zahlreichen weiteren Staaten. Neben globalen Protestthemen (Vietnam-Krieg, Kapitalismus-, Imperialismuskritik) gab es auch viele nationalspezifische Konfliktpunkte. In der Bundesrepublik etwa trieb die als ungenügend empfundene Auseinandersetzung mit dem Nationalsozialismus oder auch die Sorge vor dem autoritären Staat (Notstandsgesetze) zahlreiche Menschen auf die Straße. Die Synchronizität der Ereignisse und die internationalen Netzwerke werden von der Forschung unter globalisierungstheoretischen Aspekten studiert.[73] In dem Zusammenhang weisen verschiedene Autoren auf die Rolle der Jugend als Globalisierungsavantgarde hin.[74] Tatsächlich spielt diese Alterskohorte eine besonders dynamische Rolle beim Zustandekommen globaler Kulturströmungen oder Protestbewegungen.

Nicht nur politische Motive im engeren Sinne beschleunigten die gesellschaftliche Globalisierung. Auch individuellen Interessen wurde mehr und mehr im globalen Maßstab nachgegangen – vornehmlich natürlich in den wohlhabenden Regionen. Dies gilt beispielsweise für die Entwicklung des internationalen Tourismus *(Tab. 8)*, der sich seit 1950 zu einem Massenphänomen gewandelt hat und gewisser finanzieller Voraussetzungen bedurfte. Folgerichtig lagen und liegen die regionalen Tourismuszentren in Europa und Nordamerika; die größte Steigerungsrate verzeichnete allerdings die asiatisch-pazifische Region. Auch dem Sport kam mit internationalen Großereignissen eine wachsende Aufmerksamkeit der Weltöffentlichkeit zu. Die Olympischen Spiele wie auch die Fußballweltmeisterschaften, um nur die zwei bekanntesten Weltereignisse zu benennen, erfuhren eine sprung-

	1950	1960	1970	1980	1990
Gesamt	25,3	69,3	165,8	278,2	441,0
Europa	16,8	50,4	113,0	177,5	265,3
Asien und Pazifik	0,2	0,9	6,2	23,6	57,7
Nord-, Mittel- und Südamerika	7,5	16,7	42,3	62,3	92,8
Naher Osten	0,2	0,6	1,0	7,5	10,0
Afrika	0,5	0,8	2,4	7,3	15,2

Tab. 8 Einreisende Personen (in Mio.)
Quelle: World Tourism Organization. Tourism Market Trends. New York 2005

---

73 Gilcher-Holtey, Ingrid: Die 1968er Bewegung. Deutschland – Westeuropa – USA. München ³2005.
74 Roth, Roland: Globalisierungsprozesse und Jugendkulturen. In: Aus Politik und Zeitgeschichte B 5/2002, S. 20–27.

hafte Ausweitung sowohl hinsichtlich der Teilnehmerzahl und -herkunft als auch hinsichtlich der globalen Zuschauergemeinde.

VII.3.4. Auf dem Wege zur homogenen Globalkultur?

Besonders eindrücklich präsentiert sich die Globalisierung in der kulturellen Entwicklung. Die Weltsprache Englisch hielt u. a. über Schule und Bildung, Wissenschaft, Technik und Populärkultur verstärkt Einzug in viele Landessprachen. Der ausufernde Gebrauch von Anglizismen führte verschiedentlich zu nationalen Gegenreaktionen, bis hin zum *Loi Toubon*, welches die französische Nationalversammlung 1994 zum Schutz der französischen Sprache verabschiedete. Exemplarisch lässt sich hieran die Vitalisierung nationaler oder regionaler Identitäten als Gegenreaktion auf die Globalisierung erkennen.

In der Populärmusik trat das bereits aus der Weimarer Zeit bekannte Phänomen der globalen Stilwellen vermehrt auf. Der in den USA kreierte Rock'n Roll (1950er), die britisch beeinflusste Beat-Musik (1960er) oder der Rock (1970er) schwappten über die westliche Welt. Mit Verzögerung und geringerem Verbreitungsgrad gelangten diese Wellen sogar hinter den »Eisernen Vorhang«, was ein bezeichnendes Licht auf die Effizienz von Abschottungsmaßnahmen in modernen Zeiten wirft.

Hollywoods Dominanz in der Filmproduktion war augenscheinlich; gleichwohl wahrten europäische Filmschaffende in Frankreich, Italien oder auch Deutschland mit Erfolg gewisse stilistische und kommerzielle Freiräume. Es darf auch nicht vergessen werden, dass Indien in den 1970er Jahren die größte Filmindustrie der Welt aufbaute, deren Produkte auf dem regionalen Markt in Asien sehr präsent sind. Mithin belegt die globale Filmlandschaft ein balanciertes, gleichwohl dynamisches Gleichgewicht, innerhalb dessen Hollywood ohne Zweifel ein Sonderstatus hinsichtlich seiner globalen Ausstrahlung zukommt.

Auffällig sind die strukturellen Muster wirtschaftlicher und (unterhaltungs-)kultureller Globalisierung, soweit sie Verbreitungsgrad, -wege und -zentren betreffen. Das ist ein Beleg für die nicht aufzulösende Verquickung von Wirtschaft und Kultur. Insbesondere die kommerzialisierte Populärkultur folgt der auf Marktexpansion angelegten ökonomischen Logik, was nicht wirklich verblüfft.

VII.4. Antriebskräfte, Voraussetzungen und Rahmenbedingungen

> **Mooresches Gesetz**
>
> *Benannt nach Gordon Moore, Mitbegründer der Firma Intel. Das Mooresche Gesetz (besser: Faustformel) von 1965, postuliert die Verdopplung der Komplexität integrierter Schaltkreise alle 12 Monate. Damit ist der technologische Kern der »digitalen Revolution« benannt.*
>
> STICHWORT

Der eingangs dieses Kapitels angedeutete politische Kurswechsel in Richtung internationale Kooperation und Ausgleich strahlte auf ganz verschiedene gesellschaftliche Bereiche aus. In unvollständiger Aufzählung kann auf die intensivierte Fremdsprachenausbildung an Schulen, erweiterte Schüler-, Studenten- und Forscheraustauschprogramme oder neu eingerichtete internationale Jugendwerke verwiesen werden. Auch die während der Zwischenkriegszeit erstmals verwirklichte Idee von Städtepartnerschaften griffen Kommunalpolitiker nach 1945 auf und knüpften ein sich verdichtendes kontinentales, später globales Gemeindenetzwerk.

Diese und viele weitere Ansätze dynamisierten die Globalisierung, wobei sie erst in Kombination mit drei weiteren Faktoren jene Beschleunigung erzielten, welche das Phänomen »Globalisierung« Ende der 1980er Jahre in den Fokus öffentlichen Interesses rückte:

- Ökonomische Interessen und daraus abgeleitete Handlungslogik
- Infrastrukturelle Voraussetzungen bei Verkehr/Transport und Kommunikation
- Ordnungspolitische Rahmenbedingungen im Weltmaßstab
- Nationale Liberalisierungsmaßnahmen während der 1980er Jahre

VII.4.1. Ökonomische Interessen und daraus abgeleitete Handlungslogik

Für Agrarproduzenten wie Industrieunternehmen bedeuteten Massenproduktion und -absatz meist nicht nur höhere Gewinne, sondern auch einen Wettbewerbsvorteil gegenüber Konkurrenten. Der schon im 19. Jahrhundert zu beobachtende evolutionäre Wettlauf zur Steigerung der Produktivität und des Produktionsausstoßes verschärfte sich nach 1945 aufgrund zahlreicher technischer und organisatorischer Innovationen *(Graphik 14)*.

Toyotismus   STICHWORT

*Produktionsprinzip bei Toyota, das auf einen ständigen
Optimierungsprozess abzielt. Kombiniert mit einer
Produktion, die eng an die Nachfrage gekoppelt ist
(Kundentakt), und einem schlanken Management (lean
management) gilt es als eines der Erfolgsgeheimnisse
der Firma.*

Der Übergang von Steinkohle zu Erdöl als wichtigstem Primärenergieträger, gewaltige Rationalisierungsanstrengungen durch den vermehrten Einsatz von Maschinen und Robotern in der Produktion, vor allem aber die mikroelektronische Revolution in Form von Steuerelementen und Computern schufen riesige Produktionskapazitäten. Gerade die Fortschritte in der Mikroelektronik, wo die Prognose des *Mooreschen Gesetzes* bislang einigermaßen Bestand hat, trugen zu dieser Entwicklung entscheidend bei. In den 1980er Jahren sorgten betriebswirtschaftliche Impulse aus Japan, die unter den Stichworten »Toyotism«, »lean production« und »just-in-time-production« gefasst werden können, für weitere Fortschritte. Die regionalen Schwerpunkte Nordamerika, Europa und Ostasien spiegeln sich auch in der technischen Entwicklung; so fällt auf, dass es kaum arabische Patente gibt.[75]

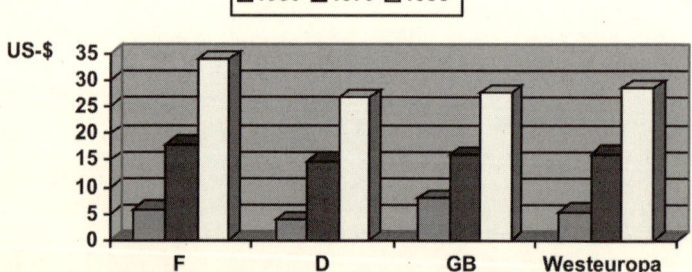

GDP/Std. in US-$ (Preise 1990)
F: Frankreich; D: Deutschland; GB: Großbritannien; Westeuropa: 12-Länder-Durchschnitt

Graphik 14 Arbeitsproduktivität in Europa (1950–1998)
Quelle: Maddison, World Economy, S. 351.

---

75 Hegasy, Sonja: Zum Verhältnis von Wissenschaft, Technologie und Globalisierung in der arabischen Welt. In: APuZ B 18/2002

Die hoch produktiven Unternehmen waren und sind gezwungenermaßen ständig bestrebt, neue soziale und geographische Märkte zu erschließen. Der davon ausgehende Globalisierungsimpuls beschränkt sich keineswegs auf die Wirtschaft, sondern bezieht nahezu alle gesellschaftlichen Bereiche ein, was exemplarisch angedeutet werden soll: Rekrutierung einer international geschulten Nachwuchselite, internationale Ausrichtung nationaler Bildungssysteme (Fremdsprachen, Austauschprogramme), interkulturelle Kenntnisse, Ausbreitung von Konsummustern, technischen Standards usw.

VII.4.3. Fortschritte bei Transport, Verkehr und Kommunikation

Der Ausbau und die Verbesserung bestehender Verkehrs- und Kommunikationsinfrastrukturen sowie die Einführung neuer Systeme trugen maßgeblich zur Intensivierung, d. h. Ausweitung und Beschleunigung, weltweiter Interaktionen bei. Technologische Sukzessionen (z. B. Dampf-, Diesel-, Elektrolokomotive; Dampf-, Motorschiff; Propeller-, Düsenflugzeug) transportierten mehr Waren und Personen bei höheren Geschwindigkeiten und zu geringeren Preisen. Bisherige Raum- und Preishürden büßten somit einiges von ihrer Funktionalität ein *(Graphik 15)*.

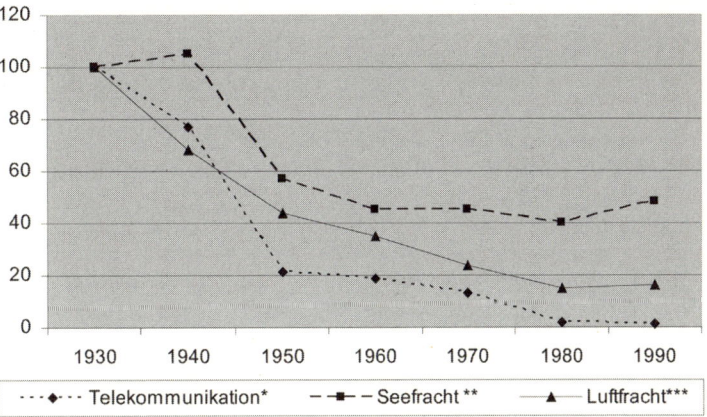

*   Kosten eines dreiminütigen Telefonats von New York nach London
**   durchschnittliche Seetransportkosten pro short ton (= 907,17 kg)
*** pro Passagier und Meile

Graphik 15 Transport- und Kommunikationskosten (1930–1990;
          Index: 1930 = 100)

Quelle: Busse, Matthias: HWWA Discussion Paper No. 116. Hamburg 19, S 14.

Der globale Erdöltransport, eine Schlüsselgröße für die Weltwirtschaft nach 1945, gewann durch den Einsatz von »Supertankern« seit Ende der 1960er Jahre an Rentabilität. Mehr als 500.000 tdw fassen die gewaltigsten dieser Schiffe und weisen damit eine mehr als 40fache Ladekapazität gegenüber den frühen Tankern auf. Im Luftverkehr setzte sich der bereits während des Krieges erprobte Düsenantrieb durch. Seit 1949 stellten die Gesellschaften Düsenmaschinen in Dienst, die doppelt so schnell wie Propellerflugzeuge flogen. Auch die Reichweite und Beförderungskapazitäten erfuhren einen steten Anstieg – bis zum heutigen Tage.

Einen wichtigen Beitrag zur Effizienzsteigerung des Transportwesens leisteten Innovationen, die an der Schnittstelle der einzelnen Systeme ansetzten. Beispielsweise senkte der 1956 erstmals eingeführte Container mittelfristig die Transportkosten um bis zu 30 %. Durch die standardisierten Metallkisten wurde es möglich, Stückgut in kürzester Zeit von Schiffen auf Lastkraftwagen oder Eisenbahnwaggons zu verladen und umgekehrt. Auch die bereits aus dem 19. Jahrhundert bekannten Versorgungsnetze wurden ausgebaut und verbesserten die Effizienz des weltweiten Transportsystems. Öl- und Gaspipelines durchzogen mehr und mehr die großen Kontinente, mündeten teilweise direkt in Hafenanlagen, wo sie besagte Supertanker oder Gasspezialschiffe füllten. Schließlich sei noch auf elektrische Verbundsysteme verwiesen. Sie haben mittlerweile ein grenzüberschreitendes Ausbauniveau erlangt, integrieren kontinentale Volkswirtschaften und bilden eine wichtige Grundlage für die internationale Energieversorgung.

Im Bereich der Kommunikation erschloss die Satellitenübertragung im wörtlichen wie übertragenen Sinne ganz neue Dimensionen und läutete das *space age* ein.[76] Ihre Entwicklung war untrennbar mit der Raketentechnik verbunden. Lange Zeit militärischen Zwecken vorbehalten, stand sie seit Mitte der 1970er Jahre auch zivilen Nutzern zur Verfügung, um Nachrichtensatelliten in den Orbit zu bringen. Seit den 1960er Jahren war es möglich, transkontinentale Informationen via Satellit zu empfangen. Die »Bodenzivilisation« wurde durch die »Satellitenzivilisation« ergänzt.

Die zweite Hälfte des 20. Jahrhunderts ist geprägt durch die Massenverbreitung des netzgebundenen Telefons einerseits und durch die mediale Revolution des Fernsehens andererseits. Die bereits seit Mitte des 20. Jahr-

---

76 McDougall, Walter: Technocracy and Statecraft in the Space Age. In: American Historical Review, 87 (1982) 4, S. 1010–1040.

hunderts auf elektronischer Basis praktizierte Datenverarbeitung erfuhr mit der Einführung des Personal Computer (PC) 1981 eine Individualisierung. Seine Erweiterung zum Kommunikationsmittel Ende der 1980er Jahre bot den liberalisierten Finanzmärkten eine adäquate Struktur zur raschen und kostengünstigen Verschiebung elektronisch codierten Kapitals.[77]

VII.4.3. Ordnungspolitischer Rahmen im Weltmaßstab

Vergegenwärtigt man sich die internationale Situation in den beiden Jahrzehnten nach dem Ersten Weltkrieg, so war es keine Selbstverständlichkeit, dass die westliche Welt seit Ende der 1940er Jahre erneut und dauerhaft auf den Globalisierungspfad einschwenkte. Entscheidend für diese Entwicklung war die Bereitschaft, vor allem im Bereich der Weltpolitik die Lehren der Vergangenheit zu beherzigen und einige strukturelle Fehlentwicklungen zu vermeiden. Konkret schlug sich das in folgenden Punkten nieder:

■ *Überwindung der hegemonialen Vakanz:* Eine Voraussetzung für die zweite Globalisierungsphase war die ökonomische Hegemonialposition der USA, die als einzige Nation gestärkt aus dem Zweiten Weltkrieg hervorging. Zwischen 1939 und 1945 war der Lebensstandard um 15 % gestiegen und das Bruttosozialprodukt hatte sich verdoppelt. Allein die USA verfügten mit rund 80 % der weltweiten Goldreserven über ausreichende Substanz, um den Dollar daran zu binden und damit seine Etablierung als internationale Leitwährung überhaupt erst zu ermöglichen. Ausgestattet mit dem Bewusstsein, künftig die Weltgeschicke mit bestimmen zu wollen, initiierte Washington die Gründung wichtiger Weltorganisationen und dominierte sie für viele Jahre.

■ *Errichtung hinreichend effektiver Weltorganisationen:* Die bedeutenden Akteure der weltpolitischen Ordnung (OECD, UNO, IWF und IBRD) wären ohne Initiative Washingtons wohl kaum zustande gekommen und hätten ohne seine Beteiligung womöglich ein ähnliches Schicksal wie der Völkerbund erlebt. Sie waren für den Fortgang der Globalisierung insbesondere seit dem neoliberalen Kurswechsel während der 1980er Jahren von größter Bedeutung.

---

77 Aschinger, Gerhard: Die Entstehung von Finanz- und Währungskrisen unter dem Aspekt der Globalisierung. In: Globalisierung und Soziale Marktwirtschaft (= Ulmensien Bd. 13), hrsgg. v. Rektorat der Universität Ulm. Ulm 1999, S. 81–96.

■ *Integration Westdeutschlands, Italiens und Japans:* Die rasche Eingliederung der drei vormaligen Kriegsgegner und gewichtigen Volkswirtschaften in die westliche Staatengemeinschaft trug maßgeblich dazu bei, dass sich auf der Basis einer dynamischen Wirtschaftsentwicklung die politischen und gesellschaftlichen Verhältnisse in den einzelnen Ländern stabilisierten. Umgekehrt profitierte auch die westliche Staatengemeinschaft von deren erfolgreicher Integration.

United Nations Organization (UNO)

Die erste Globalisierungsphase kannte wohl bilaterale und auch multilaterale internationale Vereinbarungen und Organisationen. Eine politische Weltorganisation aber existierte nicht; sie wurde erst mit dem Völkerbund 1919 geschaffen. Sein wenig ermutigendes Schicksal, so könnte man meinen, hätte das Modell zum Scheitern verurteilt. Tatsächlich analysierten die Initiatoren der UNO sehr genau die Gründe seiner Fehlentwicklung, um bei einem neuen Anlauf zur Etablierung einer politischen Weltorganisation genau diese Fehler zu vermeiden. Offiziell ist die UNO auch keine Nachfolgeorganisation des Völkerbundes, sondern eine Neugründung. Auf diese Weise wollte man sich der unglücklich erscheinenden Tradition entziehen.

Die United Nations Organization wurde am 26.06.1945 in San Francisco ins Leben gerufen. Zu ihren Gründungsmitgliedern zählten 51 Staaten, die sämtliche Kontinente vertraten. Nach und nach erweiterte sich der Kreis, so dass die UNO heute 192 Mitgliedsstaaten umfasst *(Abb. 10)*.

Als wichtigstes Ziel wurde die Wahrung des Weltfriedens festgeschrieben. Alle Beziehungen zwischen den Völkern beruhten auf dem Grundsatz von Gleichberechtigung und Selbstbestimmungsrecht. Sämtliche Mitgliedstaaten verpflichteten sich, auf Kriege als Mittel der Politik zu verzichten. In Situationen, in denen die internationale Sicherheit bedroht wäre, sollte die UNO wirksame Kollektivmaßnahmen, beispielsweise in Form von »Blauhelmeinsätzen«, treffen. Ein weiteres bedeutsames Ziel war die Förderung der internationalen Zusammenarbeit in nahezu sämtlichen Politik- und Gesellschaftsbereichen. Zu diesem Zwecke gründete die UNO zahlreiche Unter- bzw. Sonderorganisationen. Dazu zählten u. a. die durch den UN-Wirtschafts- und Sozialrat koordinierten Welternährungsorganisation (FAO), Weltarbeitsorganisation (ILO), Welterziehungsorganisation (UNESCO) und die Weltgesundheitsorganisation (WHO). Besondere öffentliche Aufmerksamkeit erfahren auch das UN-Kinderhilfswerk (UNICEF) und die internationale Atomenergiebehörde (IAEO).

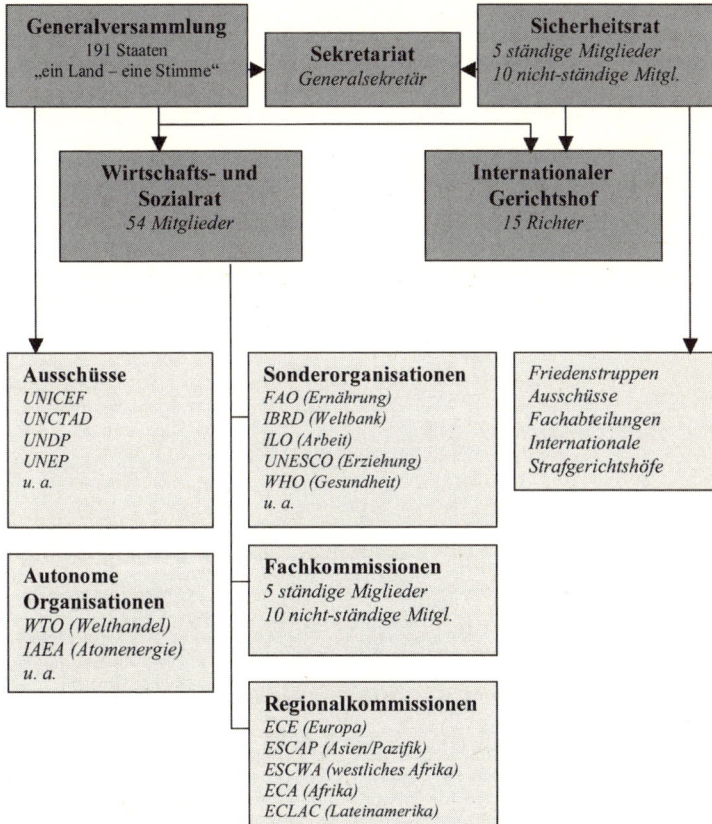

Abb. 10 United Nations Organization; Organigramm (1946-heute)

Das Institutionensystem von Brotton Woods

Das Institutionensystem von Bretton Woods *(Abb. 11)*, benannt nach einem kleinen Badeort im US-Bundesstaat New Hampshire an der amerikanischen Ostküste, umfasst im wesentlichen den *International Monetary Fond*s (Internationaler Währungsfonds, IWF) und die *International Bank for Reconstruction and Development* (IBRD, Weltbank). Beide Organisationen sind über Kooperationsverträge mit der UNO verbunden und damit deren Zielen – Wahrung des Weltfriedens, Förderung des Wohlstands, Ausgleich sozialer Ungerechtigkeiten – verpflichtet.

Delegierte aus mehr als 40 Ländern hatten im Juli 1944 auf der *United Nations Monetary and Financial Conference* in Bretton Woods über eine künftige Weltwirtschaftsordnung und die dazugehörenden Organisationen beraten. Sie strebten ein multilaterales Vertragswerk an, welches folgende Punkte beinhalten sollte:

- Schaffung fester Wechselkurse
- konvertierbare Währungen
- Goldeinlösepflicht für die Leitwährung
- außenwirtschaftliche Gleichgewichte
- internationale Handelsausweitung bei Bereitstellung entsprechender Liquiditäten

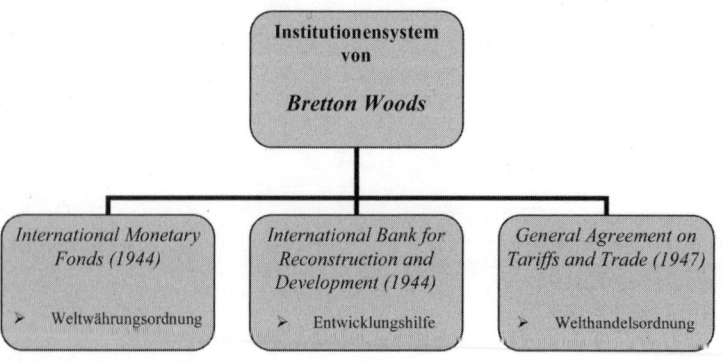

Abb. 11 Institutionensystem von Bretton Woods, Organigramm (1945–1994)
Quelle: eigene Bearbeitung

Auf diese Weise sollten die Abwertungsspiralen der nationalen Währungen in der Zwischenkriegszeit mit ihren katastrophalen Auswirkungen verhindert werden.

Schließlich unterzeichneten und ratifizierten 45 Staaten den Vertrag. Die USA sicherten ihren Einfluss auf den IWF und die Weltbank, da die Stimmrechtsanteile durch die Beitragshöhe des jeweiligen Landes bestimmt wurden. Aufgrund seiner volkswirtschaftlichen Leistungsfähigkeit verfügten die USA über die größten Stimmanteile (derzeit rund 17 %) und stellten den Weltbankdirektor. Der Vorwurf, hierbei handele es sich um Instrumente US-amerikanischer Politik gründet vor allem auf diese strukturelle Eigenheit, zumal IWF und Weltbank ihre Kreditvergabe an politische Bedingungen knüpften und dies immer noch tun.

Internationaler Währungsfonds (IWF): Bereits im Tripartite Agreement von 1936 hatten sich Frankreich, Großbritannien und die USA über ein Ende des sinnlosen Abwertungswettlaufes der Währungen verständigt. Dieser Ansatz zur internationalen Kooperation stand Pate beim Beschluss von Bretton Woods, einen Internationalen Währungsfonds ins Leben zu rufen. Seine offizielle Gründung datiert auf den Dezember 1945. Zu den Gründungsmitgliedern zählten 45 Staaten. Der IWF verfolgte als Hauptziel die möglichst effiziente Gestaltung des internationalen Währungsverkehrs, wozu in erster Linie die Konvertibilität der einzelnen Währungen bei stabilen Wechselkursen erforderlich war. Zu diesem Zwecke band die US-Notenbank den Dollar an das Gold, wobei 35 US-Dollar dem Wert einer Unze (~ 31 gr.) Feingold entsprach, und bestätigte die Goldeinlösepflicht der Banknoten. Alle anderen Währungen sollten in einer festen Relation zur Leitwährung gekoppelt werden. Wechselkursschwankungen von mehr als +/– 1 % musste der IWF genehmigen.

Mit dieser modifizierten Variante eines internationalen Goldstandards erreichte man hinreichende Währungsstabilität, ohne dass sämtliche Staaten große Mengen Gold deponieren mussten. Da die USA als einziges Land der Welt über genügend Reserven dieses Edelmetalls verfügten, war also ein gangbarer Weg beschritten worden. Tatsächlich funktionierte dieses System für einige Zeit. Ende der 1950er Jahren waren die wichtigsten Währungen frei konvertierbar, was den internationalen Zahlungsverkehr in hohem Maße erleichterte.

Der Zusammenbruch des Weltwährungssystems von Bretton-Woods (1971/73): Allerdings setzte das System mit dem Dollar als Leitwährung voraus, dass insbesondere die USA über eine ausgeglichene Zahlungsbilanz verfügten. Aufgrund verschiedener Entwicklungen, wozu auch die immensen Ausgaben zur Finanzierung des Vietnamkrieges zählen, vermochte die US-Regierung nur noch mit größter Mühe eine hinreichende Golddeckung des Dollars aufrecht zu erhalten. Präsident Nixon setzte 1971 zunächst die Goldparität für den Dollar neu fest, musste ihn aber wenige Monate später völlig freigeben. Damit war klar, dass auch das System fester internationaler Wechselkurse nicht mehr zu halten war; 1973 wurde es aufgegeben und fortan bestimmte sich der Wert einer Währung nach den Marktgesetzen von Angebot und Nachfrage. Verbunden mit der Liberalisierungswelle nationaler Kapitalmärkte in den 1980er Jahren ergaben sich neue Handlungsspielräume für globale Währungstransaktionen spekulativen Charakters. Die logischerweise einsetzenden Währungsschwankungen beeinträchtigten stärker als zuvor über Änderungen der *terms of trade (tot)* den

Welthandel, was insbesondere exportorientierte Volkswirtschaften wie jene der Bundesrepublik oder Japan betraf.

Die *International Bank for Reconstruction and Development (IBRD, Weltbank)* sollte anfangs vor allem den Wiederaufbau der am Boden liegenden Volkswirtschaften Europas koordinieren und unterstützen. Nachdem diese Aufgabe seit 1948 vom *European Recovery Program* (ERP, Marshall-Plan-Hilfe) übernommen worden war, rückte die Kreditvergabe an Entwicklungsländer und die Unterstützung deren wirtschaftlicher Modernisierung in den Vordergrund. Hierbei stehen ihr mit der *International Development Association* (IDA) und der *International Finance Corporation* (IFC) zwei weitere Organisationen zur Seite, mit denen sie die »Weltbank-Gruppe« bildet. Kritik zog sich die Weltbankgruppe u. a. durch Förderung von Großprojekten (»Politik der großen Kelle«[78]) in Entwicklungsländern zu. Sie entsprachen häufig eher dem Prestigebedürfnis regionaler Potentaten und weniger den sachlichen Erfordernissen. Zurück blieben nicht selten Kreditbürden, welche das betreffende Land nicht aus eigener Kraft abtragen konnte.

General Agreement on Tariffs and Trade (GATT): Das im Jahre 1947 von 23 Staaten unterzeichnete GATT war als provisorische Absicherung der bisherigen Zollsenkungen gedacht, zu welchen die USA ihre Partnerstaaten als Bedingung für den Schuldenerlass gedrängt hatte. Im darauf folgenden Jahr sollte es von der *International Trade Organization* (ITO) abgelöst werden. Allerdings verweigerten ausgerechnet die USA der ihr zugrunde liegenden Welthandels-Charta die Zustimmung, weshalb das GATT einstweilen erhalten blieb – bis 1995, als es in die neu gegründete *World Trade Organization* (WTO) überführt wurde. Die letzte GATT-Runde (»Uruguay-Runde«) unterzeichneten immerhin 117 Staaten *(Graphik 16)*.

Hauptziel des GATT war die Errichtung eines weltweiten Freihandelsregimes. Angestrebt wurde die Senkung von Handelszöllen, der Abbau mengenmäßiger Ex- und Importbeschränkungen oder auch die Sicherstellung der Meistbegünstigungsklausel. Tatsächlich gelang es in acht z. T. mehrjährigen, multilateralen Verhandlungsrunden, die durchschnittlichen Zölle auf Industriegüter von 40 % im Jahre 1950 auf rund 4 % im Jahre 1990 zu senken. Diese Regelung betraf jedoch nur die Mitgliedsländer, mehrheitlich industrialisierte Staaten des Westens. Die sozialistischen Länder blieben ebenso außen vor wie zahlreiche Entwicklungsstaaten.

---

78 Röpke, Wilhelm: Die innere Bedrohung der westlichen Kultur. In: Aus Politik und Zeitgeschichte, 13 (1963) B 23, S. 13–17.

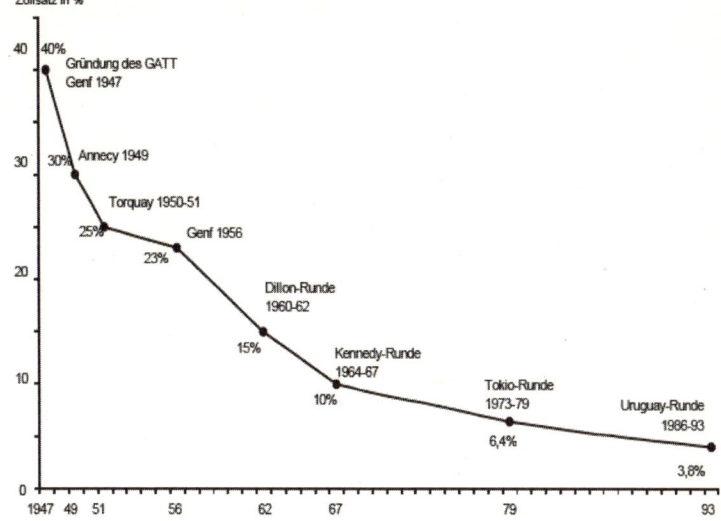

Graphik 16 Zollsenkungen im Rahmen des GATT (1947–1993)

Quelle: Senti, Richard: WTO – System und Funktionsweise der Welthandelsordnung. Zürich 2000, S. 220.

Der Erfolg, gemessen an den Wachstumsraten von Industrieproduktion und Außenhandel, bestätigte die Freihandelsverfechter, auch wenn das europäische und japanische Wirtschaftswunder der 1950er und 1960er Jahre nicht monokausal darauf reduziert werden kann. Mit dem Einsetzen der kritischeren Periode in den 1970er Jahren traten aber deutliche Interessenkonflikte zu Tage, unter denen auch das GATT litt. Angesichts eines überaus aggressiven Auftretens japanischer Produzenten auf dem Weltmarkt ergriffen die USA und auch die Europäische Gemeinschaft Schutzmaßnahmen für ihre heimischen Märkte. Da offene Zollhürden untersagt waren, führten die Regierungen nicht-tarifäre Handelshemmnisse ein.

VII.4.4. Nationale Liberalisierung während der 1980er Jahre

Die Ära bürgerlich-konservativer Regierungen in führenden Wirtschaftsnationen läutete eine Phase weit reichender ökonomischer Liberalisierungsschritte ein. Privatisierung und Deregulierung lauteten die Schlüsselbegriffe, um jene Trendwende auf den Punkt zu bringen.

Privatisierung bedeutete zum einen, dass wichtige Geschäftsfelder wie Rundfunk, Fernsehen, Telekommunikation oder Post für private Anbieter geöffnet wurden, zum anderen, dass im Gegenzug die in diesen Bereichen tätigen Staatsmonopolisten in eine private Rechtsform (meist Aktiengesellschaft) überführt wurden. Es entsprach der inneren Logik, dass mit der Privatisierung auch das Regelwerk für die Teilmärkte gelockert wurde. Die Regierungen Reagan (USA), Thatcher (Großbritannien) und Kohl (Bundesrepublik Deutschland) stärkten mit ihren Deregulierungsmaßnahmen (Rückzug des Staates aus der Wirtschaft, Steuersenkungen u. a. m.) vor allem die Anbieterseite.

Die Kombination von Privatisierung und Deregulierung auf nationaler Ebene setzte jene dynamischen Kräfte frei, die für den Globalisierungsschub des ausgehenden 20. Jahrhunderts sorgten. Erst jetzt konnten Dienstleistungen (Medien, Kommunikation und Logistik) zu den Schlüsselbranchen der Globalisierung aufsteigen. Zudem setzten die führenden Nationen mit ihrer Politik Maßstäbe, denen sich andere, weltwirtschaftlich eingebundene Staaten auf Dauer nicht entziehen konnten.

VII.5. Regionalisierung als Antwort auf die Globalisierung

Es fällt auf, dass die zweite Globalisierungsphase von der Bildung zahlreicher regionaler Handlungseinheiten geprägt ist, in denen mehrere Staaten in unterschiedlichen institutionellen Rahmen miteinander kooperieren. Die Zielstellungen können dabei sehr unterschiedlicher Art sein. So setzten sich Militärbündnisse wie die 1949 gegründete NATO, der 1955 ins Leben gerufene Warschauer Pakt oder die SEATO (1954–1977) eine Stärkung der internationalen Sicherheits- und Verteidigungslage zum Ziel. Besonders häufig sind Zusammenschlüsse aufgrund wirtschaftlicher Motivation anzutreffen, was für den starken ökonomischen Akzent in der Globalisierung spricht.

Sämtlichen Regionalisierungsinitiativen lag die Einsicht zugrunde, dass die einzelnen Nationalstaaten den Herausforderungen eines globalen Wettbewerbs nicht gewachsen sind. Am Beispiel der westeuropäischen Integration ist dies eindrücklich nachzuweisen. Die ursprünglichen Anreize zur Gründung einer Europäischen Gemeinschaft für Kohle und Stahl waren vielfältiger Natur. Einerseits wollte man die nationalstaatliche Zersplitterung Europas überwinden und auf diese Weise auch Konfliktpotential abbauen. Andererseits ging es insbesondere Frankreich um eine Einbindung und Kontrolle Westdeutschlands und um den Zugriff auf das Ruhrgebiet. Schließlich wollten die Gründungsväter Europas ein kontinentales Gegengewicht zum sozialistischen Block schaffen.

Bereits in den 1950er Jahren erzielte die Überlegung, dass man sich im globalen Wettbewerb auf technologischer und ökonomischer Ebene gegenüber den USA und Japan positionieren müsse, immer stärkere Resonanz. Die Europäische Atomgemeinschaft (EURATOM) sollte auf einem besonders aufwändigen, kostenintensiven Gebiet, von dem man sich wichtige Impulse für die langfristige Entwicklung versprach, solche Synergieeffekte bewirken. Auch die Europäische Wirtschaftsgemeinschaft folgte dem Gedanken wachsender supranationaler Zusammenarbeit, ein Weg, dem sich in mehreren Erweiterungsrunden noch andere Staaten anschlossen. Zugleich verbindet sich mit der Konstruktion die Problematik, welche Kompetenzen die nationalen Regierungen bereit sind, nach Brüssel abzugeben.

Analoge Entwicklungen sind im ostasiatischen Raum nachzuweisen, wo die Association of Southeast Asian Nations (ASEAN) auf politischem, wirtschaftlichem und kulturellem Gebiet wirkt. Die Mitgliedsstaaten Thailand, Indonesien, Singapur, Malaysia und die Philippinen bezweckten auch, ein Gegengewicht gegen die kommunistischen Herausforderungen in jener Region und vor allem gegen China zu schaffen.

Auch die sozialistischen Staaten bemühten sich, mit dem Rat für gegenseitige Wirtschaftshilfe (1949–1991) die Zusammenarbeit effektiver zu gestalten. Im Gegensatz zur EWG/EG blieb es allerdings bei intergouvernementalen Kooperationen und Koordinierungen; supranationale Entscheidungsgremien wurden nicht geschaffen. Diese wären mit der sowjetischen Hegemonialposition auch nur schwer in Einklang zu bringen gewesen.

VII.6. Bilanz

Der Hauptakzente der zweiten Globalisierungsphase liegt auf der politisch beabsichtigten Errichtung einer Weltordnung unter liberalen Vorgaben. In Kombination mit dem raschen technologischen Fortschritt zeichnete sich in den 1980er Jahren eine neue globale Vernetzungsdynamik ab. Zahlreiche zivilgesellschaftliche Gruppen organisierten sich auf internationaler Ebene und dokumentierten damit, dass der Reflexionsgrad über die weltweite Verflechtung gegenüber der ersten Phase doch sehr viel höher war. Globalisierung wurde zum öffentlichen Thema – wenn auch noch nicht unter diesem Etikett.

Aus diesem Blickwinkel auf den säkularen Trend »Globalisierung« gerät der Ost-West-Konflikt fast zu einem randständigen Phänomen – was selbstverständlich den historischen Eigenwert dieses Vorganges nicht schmälert.

VIII. Dritte Globalisierungsphase (seit 1990)

VIII.1. Die dritte Globalisierungsphase im Überblick

»Der Wirbelsturm, der die asiatischen Geldmärkte verwüstet, bedroht die ganze Welt. Die Globalisierung des Anlagekapitals schafft universelle Unsicherheit. Sie verhöhnt nationale Grenzen und schwächt die Macht der Staaten, die Demokratie, den Wohlstand und das Glück ihrer Völker zu sichern.« (Ignacio Ramonet in *Le Monde Diplomatique*, 12/1997, S. 1; dt. Übersetzung).

Anfang der 1990er Jahre trat die Globalisierung in ihre dritte, bis heute andauernde Phase ein.

Abb. 12 Titelseite Le Monde 12/97

Hinsichtlich der räumlichen und gesellschaftlichen Reichweite, vor allem aber hinsichtlich des vorgelegten Tempos, mit dem weltweite Verflechtungen seither vorangeschritten sind, übertrifft sie sämtliche Erfahrungswerte. Zuschreibungen wie »Turbokapitalismus«[79], »Kasinoökono-

---

79 Altvater, Elmar/Fehrmann, Eberhard (Hrsg.): Turbo-Kapitalismus. Gesellschaft im Übergang des 21. Jahrhunderts. Hamburg 1997; Luttwak, Edward: Turbo-Kapitalismus. Gewinner und Verlierer der Globalisierung. Hamburg/Wien 1999.

mie«[80] oder »Raubtierkapitalismus«[81] fassen den verbreiteten Eindruck einer primär ökonomisch getriebenen, entfesselten und zivilisatorische Regeln außer Kraft setzenden Globalisierung in Worte. Während die eine Seite der Medaille ausgebeutete Lohnarbeiter und zerstörte Agrarstrukturen in weniger entwickelten Ländern zeigt, kündet die andere von einem gewaltigen, auch hierzulande spürbaren sozio-ökonomischen Transformationsdruck. Auf der Strecke bleibt – zumindest nach Ansicht kritischer Beobachter – der Mensch. Überfordert vom Ausmaß und von der Geschwindigkeit technologischen, ökonomischen und gesellschaftlichen Wandels, verliert sein individueller wie kollektiver Erfahrungsschatz rasch an Wert. Konkret: Ratschläge der Altvorderen (z. B. zu Erwerbsstrategien) erweisen sich immer häufiger, weil in anderen Verhältnissen gereift, als wenig zweckmäßig. Nicht zuletzt die schwindende Überzeugungskraft »bewährter« Orientierungshilfen schürt eine diffuse Verunsicherung breiter Gesellschaftsschichten.

Gemeinhin gilt der liberalisierte Weltfinanzmarkt als wichtigster Schrittmacher des aktuellen Globalisierungsschubes. Skrupellose Spekulanten (Hedgefonds, »Geierfonds«, »Heuschrecken«), so das pointierte Stereotyp, würden die neuen institutionellen (liberalisierte Kapitalmärkte) und technischen Freiheiten (Internet) ausnutzen, um auf der Jagd nach Rendite notfalls ganze Volkswirtschaften in den Abgrund zu reißen. Dieses postuliert zumindest ein verbreitetes Interpretament der Ostasienkrise (1997/98).[82] In seinem berühmten Leitartikel vom Dezember 1997 *(Abb. 12)* prangerte Ignacio Ramonet, Chefredakteur der linksliberalen französischen Wochenzeitung »Le Monde«, den »Wirbelsturm« spekulativer Kapitalanlagen scharf an und verfasste damit – wohl beabsichtigt – eine Art Gründungsmanifest für das globalisierungskritische Netzwerk *Attac*.

Nicht alle Sozialwissenschaftler sehen die Entwicklung so negativ. Gekleidet in den einprägsamen Aphorismus »The rising tide lifts all boats« (J. F. Kennedy), postulieren überzeugte Vertreter liberaler Ordnungsmodelle, dass die Globalisierung Wohlstandseffekte erzeuge, die allen Men-

---

80 Barnet, Richard/Cavanagh, John: Elektronisches Geld und die Kasinoökonomie. In: Mander, Jerry/Goldsmith, Edward (Hrsg.): Schwarzbuch Globalisierung. Eine fatale Entwicklung mit vielen Verlierern und wenigen Gewinnern. München 2004, S. 92–108. Ursprünglich geht der Begriff zurück auf Strange, Susan: Casino Capitalism. Oxford 1986.

81 Schmidt, Helmut: Globalisierung. Politische, ökonomische und kulturelle Herausforderungen. München 2006, S. 30.

82 Stiglitz, Joseph: Die Schatten der Globalisierung. München 2002.

schen zugute kämen.[83] Alternativszenarien, zumal wenn sie staatliche Eingriffe vorsähen, würden unweigerlich zu mehr Bürokratie und ökonomischen Effizienzeinbußen führen, damit der ganzen Menschheit zum Nachteil gereichen. In gewissem Sinne gleiche die Situation jener Europas zu Beginn der Industrialisierung im 19. Jahrhundert. Auch damals hätte ein gesamtgesellschaftlicher Transformationsdruck für erhebliche soziale Spannungen gesorgt, der erst durch den industriellen Fortschritt habe abgebaut werden können. Zu Recht betonen diese Autoren die inhaltlich-strukturelle Analogien zwischen der damaligen Industrialisierungs- und heutigen Globalisierungsdebatte.

So widersprüchlich die Analysen und die daraus abgeleiteten politischen Forderungen auch sein mögen, der empirische Befund eines fulminanten Globalisierungsschubes in den 1990er Jahren, welcher dem gesamten Prozess neue Qualität verlieh, kann nicht von der Hand gewiesen werden. Woher rührte ein solcher Impuls? Da ökonomische Antriebskräfte seit dem 19. Jahrhundert für die Expansion von Interaktionsradien und den weltweiten Auf- und Ausbau sozialer Netzwerke verantwortlich gemacht werden können, und sich daran im ausgehenden 20. Jahrhundert wenig geändert hat, müssen weitere Faktoren in Betracht gezogen werden. Die entscheidende Ursache für die neuere Globalisierungsbeschleunigung liegt in der einigermaßen zeitgleichen Erosion dreier Interaktionsbarrieren begründet:

■ *Erosion der politisch-ideologischen Interaktionsbarriere Sozialismus/Kapitalismus:* Die Implosion der sozialistischen Regime um 1990 riss die ideologische Demarkationslinie zwischen Ost und West ein; mit einem Male war ein riesiges Gebiet und bedeutendes volkswirtschaftliches Potential den kapitalistischen Globalisierungskräften zugänglich. Darüber hinaus hat selbst in formal weiterhin sozialistischen Staaten, wie den Volksrepubliken China und Vietnam, die Globalisierung mittlerweile Einzug gehalten, weil dort marktwirtschaftliche Reformen in die Wege geleitet worden sind.

■ *Erosion weltwirtschaftlicher Interaktionsbarrieren:* Die seit 1947 erfolgte Ausgestaltung der Weltwirtschaftsordnung gemäß liberaler Vorgaben konnte nach dem Zusammenbruch des Konkurrenzmodells »real existierender Sozialismus« noch konsequenter vorangetrieben werden. Während der *Washington Consensus* (1990) Finanzhilfen der Weltbank und des IWF

---

83 Stellvertretend für andere Balser, Markus/Bauchmüller, Michael: Die 10 Irrtümer der Globalisierungsgegner – wie man Ideologie mit Fakten widerlegt. Frankfurt a. M. 2003.

für notleidende Staaten an politische Bedingungen liberalen Inhalts knüpfte, löste die neue Welthandelsorganisation (*World Trade Organization*, WTO, 1995) das bis dahin geltende GATT ab und schuf eine stabilere und verbindlichere Rechtsbasis. Zugleich wurden grenzüberschreitende Dienstleistungen bzw. internationale geistige Eigentumsrechte in das multilaterale Vertragswerk mit einbezogen. Vor allem die Weltfinanzmärkte haben von diesen – aus ihrer Sicht – günstigeren Rahmenbedingungen profitiert, ebenso jene Unternehmen, die im hohen Maße ausländische Direktinvestitionen tätigen.

Washington Consensus (1990)

Der Washington Consensus (WC) geht auf eine Konferenz von IWF/Weltbank und Vertretern lateinamerikanischer Staaten im Jahre 1990 zurück. Er beinhaltet ein wirtschaftspolitisches Maßnahmenpaket (u.a. Subventionsabbau, Privatisierung, Handelsliberalisierung, Öffnung heimischer Märkte für ausländische Investoren), welches die Schwäche der lateinamerikanischen Volkswirtschaften überwinden helfen sollte. Kritik u.a.: Geringe Berücksichtigung sozialer Belange, Bevormundung nationaler Regierungen durch Bindung der Kreditvergabe von IWF/Weltbank an WC-Bestimmungen.

STICHWORT

■ *Erosion von Informations- und Kommunikationsbarrieren:* Die Weiterentwicklung der ursprünglich militärischen und wissenschaftlichen Zwecken vorbehaltenen Netzwerktechnologie sowie ihre Öffnung für die gesamte Gesellschaft veränderte das individuelle wie kollektive Kommunikationsverhalten grundlegend. Der nachfolgende Schritt, die sukzessive Ergänzung der Fest- durch Funknetze, bewirkte einen revolutionären Mobilitäts- und Delokalisierungsschub. Im Prinzip ist heutzutage für jedermann ein globaler Informationsaustausch zwischen zwei beliebigen Orten möglich – bei tendenziell sinkenden Kosten!

So erfreulich die Netzwerkentwicklung in Bezug auf die persönliche Lebensgestaltung bisweilen sein mag, ihre eigentliche Relevanz liegt woanders. Erstmals steht dem globalen Kapitalmarkt ein Transaktionsmedium zur Verfügung, mit dessen Hilfe sich Buchgeld (= elektronisch gespeicherte Information) in Echtzeit, nahezu unbegrenzt und zu außerordentlich gerin-

Arbitrage

Arbitrage bezeichnet den Handel, der Preisdifferenzen für ein Gut zwischen verschiedenen Märkten nutzt. Dabei wird das Gut an einem Ort zum dort gehandelten günstigen Preis erworben und am anderen zu dem dort erzielbaren höheren Preis verkauft. Arbitrage führt zu Preiskonvergenz entfernter Märkte. Die Höhe von Arbitrageeffekten hängt maßgeblich von den zur Verfügung stehenden Informations- und Transportsystemen ab.

STICHWORT

gen Kosten verschieben lässt. Auf diese Weise können per Mausklick auch minimale und kurzfristig gegebene Arbitrage-Gewinne an den internationalen Aktien- und Devisenmärkten realisiert werden. Für sich alleine genommen hatten die institutionellen Liberalisierungsmaßnahmen der 1980er Jahre noch keine derartigen Spekulationsmöglichkeiten geboten. Hinzu kommt, dass im Prinzip jeder Internetnutzer solche Transaktionen tätigen kann, mithin massenpsychologische Phänomene (»Lawineneffekte«) die Kapitalmärkte stärker als zu früheren Zeiten bewegen.

Die relativ synchrone Erosion dreier wichtiger Interaktionsbarrieren – so die These – begründet das Alleinstellungsmerkmal der dritten Globalisierungsphase. In der Folge haben sich Einzelne, Gruppen, Unternehmen und Nationen in neuen Wettbewerbskonstellationen wiedergefunden und mussten sich mit unvertrauten Konkurrenten und Perspektiven auseinandersetzen. Dabei ist – wie bereits angedeutet – der Rückgriff auf bewährte Erfahrungen nur noch bedingt hilfreich. Damit verbundene Ungewissheiten und sehr unterschiedliche Zukunftserwartungen bauen ebenso wie tatsächliche soziale Auf- und Abstiegserfahrungen gesellschaftliche Spannungen auf – und zwar innerhalb als auch zwischen nationalen Gesellschaften. Noch komplizierter wird die Situation durch die wachsende Einsicht, dass aufgrund der Grenzen ökologischer Belastbarkeit unseres Planeten nicht alles wirtschaftlich bzw. technisch Mögliche und nicht jede Wohlstandssteigerung auch tatsächlich realisiert werden kann. Eine Kollision mit dem liberalen Wachstumspostulat scheint unvermeidlich, ebenso zunehmende Verteilungskämpfe.

Ganz ohne Zweifel liegt eine überaus komplexe, schwer zu durchschauende und sich rasch wandelnde Konstellation vor, die individuelle wie kollektive Akteure immer wieder vor neue Herausforderungen stellt. Die Viel-

Kennzeichen der dritten Globalisierungsphase

Von der bi- zur multipolaren Weltordnung

■ Zusammenbruch des sozialistischen Staatengemeinschaft

■ Regionalisierungsinitiativen:

  • Nordamerika: NAFTA (1991)

  • Europa: EU (1992)

  • Ostasien/Pazifik: APEC (1989)

  • Lateinamerika: Mercosur (1991)

  • Afrika: Comesa (1994)

Neue Welthandelsordnung

■ Washington Consensus (1990)

■ Vom GATT zur WTO (1995)

Kommunikationsnetzwerke

■ Festnetze

  • Telefon

  • Internet, E-mail

■ Funknetze

  • Handy

  • Satellitenfernsehen

»Welt AG« und NGOs

■ Multinationale Unternehmen

■ Internationale Organisationen

  • Regierungsorganisationen

  • Nicht-Regierungsorganisationen

Volkswirtschaften im freien Spiel der Kräfte

■ Mexiko 1994

■ Russland 1996

■ Asien 1998

■ New Economy Bubble 2001–2003

Kriminalität / Terrorismus

■ Internationaler Drogen-, Waffenhandel

■ Internationaler Terrorismus

INFO-BOX

10

zahl ihrer Reaktionen lässt vor allem eines erkennen – die Orientierung am globalen Handlungsrahmen:

■ *Massenmigration:* Unter dem Eindruck gewaltiger Not im eigenen Lande (u. a. Armut, Missernten oder Bürgerkriege) und angelockt von – medial vermittelten – Signalen über vermeintlich paradiesische Zustände in Europa und Nordamerika machen sich weltweit Hunderttausende auf den Weg, um in fernen Ländern eine bessere Zukunft zu finden. Die auserwählten Wohlstandsinseln versuchen ihrerseits durch hohe materielle und immaterielle Einwanderungshürden, teilweise auch durch gezielte Entwicklungsprogramme vor Ort, die Migranten außerhalb der eigenen Grenzen zu halten.

■ *Herausbildung eines transnationalen Globalisierungsdiskurses:* Seit Mitte der 1990er Jahre bewegt eine intensive Auseinandersetzung um die Globalisierung das weltöffentliche Interesse. Sie ist zuerst einmal ein Hinweis auf die individuelle wie kollektive Reflexionsleistung über diesen säkularen Prozess. Zudem führt der Diskurs vormals separat behandelte Themenstränge (z. B. Entwicklungsproblematik, soziale Schere, Nachhaltigkeit) zusammen und dient als analytische Matrix.

■ *Konstituierung von NGOs in Auseinandersetzung mit der Globalisierung:* Oft genug mündete die gedankliche Auseinandersetzung mit der Globalisierung in konkrete Handlungen. Neben zahlreichen etablierten NGOs, die wie Kirchen, Umweltverbände oder Gewerkschaften die Problematik »Globalisierung« in ihren bisherigen Themenkanon integrierten, konstituierten sich auch transnationale Netzwerke und Gruppen, deren Existenz ausschließlich aus der Beschäftigung mit der Globalisierung abzuleiten ist.

■ *Globalisierte Unternehmensstrategien:* Insbesondere während der späten 1990er Jahre dominierte in den Manageretagen von international ambitionierten Firmen die Überzeugung, nur globale Präsenz (»Welt AG«) durch Unternehmensfusionen, -übernahmen, Joint Ventures oder ähnliche Zusammenschlüsse gewährleiste eine dauerhafte Zukunft des eigenen Hauses.

■ *Nationalstaatliche Regionalisierungsstrategien:* Das Denken in globalen Wettbewerbsfeldern hat fast alle Regierungen dazu veranlasst, stärker als in früheren Zeiten den integrativen Schulterschluss mit Nachbarstaaten zu suchen. Nach allgemeiner Auffassung verfügten nur Regionalverbünde über die notwendige kritische Masse, um auch in Zukunft im globalen Wettbewerb konkurrenzfähig zu sein und beispielsweise kostspielige Technologien (Luft-/Raumfahrt, Nuklearenergie, Mikroelektronik, Biotechnologie u. a. m.) weiter entwickeln zu können. Nicht von ungefähr registrierte die WTO gegen Ende des 20. Jahrhunderts eine Regionalisierungswelle; allein zwischen 1995–2000 waren es mehr als 100 neu eingetragene Regionalabkommen. Damit partizipierten derzeit wohl sämtliche Staaten dieser Erde an mindestens einem dieser Vereinbarungen, die sich zu den Prinzipien Freihandel, Deregulierung und Liberalisierung verpflichten. Die Regionalisierung stellt somit keine Gegenbewegung, sondern eine nationalstaatliche Anpassungsleistung an die Globalisierung dar.

VIII.2. Von der bi- zur multipolaren Weltordnung – die neue Raumstruktur

Die Auflösung der sozialistischen Diktaturen in Osteuropa und das nachfolgende Auseinanderbrechen der Sowjetunion hoben die seit 1947 existierende Zweiteilung des »Globalisierungsspielfeldes« auf. Einmal in Freiheit entlassen, entschieden sich die meisten Staaten Osteuropas ebenso wie die Nachfolgerepubliken der UdSSR für einen konsequenten ökonomischen Transformationskurs, um die jeweils eigene Volkswirtschaft in kurzer Zeit auf Weltmarktkurs zu trimmen. Soziale Spannungen und Verwerfungen wurden dabei in Kauf genommen. Die Idee zu dieser ordnungspolitischen »Schocktherapie« ging u. a. auf US-amerikanische Ökonomen zurück, von denen einige (z. B. Jeffrey Sachs, Harvard University) als Regierungsberater ihre Empfehlungen direkt vor Ort erteilten. Die Erfolgsbilanz wird sehr unterschiedlich beurteilt, unbestritten aber öffneten sie binnen kürzester Zeit die vormals sozialistischen Volkswirtschaften für eine Globalisierung nach liberalen Spielregeln.

Obwohl das geostrategische Gegengewicht zum Westen, genauer: zu den USA, nach 1990 weggebrochen war, bildete sich in der Folgezeit keine unipolare Weltordnung heraus. Zwar agieren die Vereinigten Staaten seither auf militärischem Gebiet als unangefochtene Supermacht, aber wirtschaftlich und politisch stehen sie mit einigen weiteren Gravitationszentren im offenen Wettbewerb. Bei diesen Zentren handelt es sich mehrheitlich nicht um einzelne Länder, sondern um regionale Staatenverbünde sehr unterschiedlicher Konstruktion. Meist fokussieren sie auf den Abbau von Handelshemmnissen, einige aber kooperieren auch auf anderen Feldern wie Wirtschafts- und Arbeitsmarktpolitik, Forschung, Umweltschutz oder Verbrechensbekämpfung. Die schwergewichtigsten jener Regionen konstituieren seit vielen Jahrzehnten die Weltwirtschafts-Triade:

▓ *Europäische Gemeinschaft/Europäische Union:* Nicht zuletzt wegen der Vereinigung Deutschlands und der ungewissen internationalen Situation forcierte die EG Anfang der 1990er Jahre ihren eigenen Integrationsprozess. Die Festschreibung der Wirtschafts- und Währungseinheit im Vertrag von Maastricht (1992) war eine logische Folge. Zugleich signalisierte Brüssel den Staaten Osteuropas seine Bereitschaft, bei entsprechenden politischen und ökonomischen Standards ihre Eingliederung zu befürworten. Nach mehreren Erweiterungsrunden bildet die Europäische Union nunmehr den weltweit größten regionalen Wirtschaftsraum.

▓ *Ostasien:* Trotz langjähriger ökonomischer Schwächeperiode Japans (»Japanese disease«) und trotz heftiger volkswirtschaftlicher Erschütterungen der »Tigerstaaten« (Malaysia, Singapur, Thailand, Indonesien) 1997/98 im Zuge der internationalen Finanzkrise markiert der Aufstieg Ostasiens den maßgeblichen Trend der vergangenen zwei Dekaden schlechthin. Die Schaffung einer Freihandelszone (*Asia-Pacific Economic Cooperation, APEC, 1989*) diente dazu, das Potential des derzeit dynamischsten Wirtschaftsraumes weiter zu entwickeln. In jüngster Zeit haben zudem die Milliardennationen China und Indien von sich reden gemacht, in ihrem Windschatten prosperieren aber auch kleinere Länder wie Vietnam.

▓ *Nord-/Mittelamerika:* Selbst die militärisch dominanten USA suchen auf wirtschaftlichem Gebiet Mitstreiter, um gegenüber Ostasien und der Europäischen Union bestehen zu können. Das 1991 gegründete *North American Free Trade Agreement* (NAFTA) vereint Kanada, die USA und Mexiko zu einer Freihandelszone. Weitergehende Initiativen Washingtons zur Einbindung Mittel- und Südamerikas scheiterten bislang am vehementen Widerspruch einiger der dortigen Regierungen, weil sie eine Bevormundung durch die »Yankees« befürchteten.

Neben diesen drei Hauptzentren bemühten sich auch andere Staatengemeinschaften um regionale Kooperation und damit um Vorteile im globalen Wettbewerb. Einige Beispiele seien angeführt:

▓ *Lateinamerika:* Im Jahre 1991 schlossen sich Brasilien, Argentinien, Paraguay und Uruguay zum *Mercado Común del Sur* (Mercosur) zusammen; seit 2004 zählt auch das ölfördernde Venezuela dazu. Neben der Koordinierung ihrer wirtschaftlichen Interessen und technischen Zusammenarbeit strebten die Gründungsstaaten explizit eine stärkere Positionierung innerhalb der regionalen Wirtschaftsblöcke an. Heute beabsichtigt die Gemeinschaft nicht zuletzt ein Gegengewicht zum übermächtigen Nordamerika aufzubauen.

▓ *Osteuropa*: Nach dem Zerfall der Sowjetunion bemühte sich Moskau mit geringem Erfolg um dauerhafte Einflussnahme auf die Nachfolgerepubliken. Die *Gemeinschaft Unabhängiger Staaten* (GUS, 1991) erwies sich letztlich als ein Konstrukt ohne innere Bindekraft. In jüngster Zeit aber sind Russlands Ambitionen, sich unabhängig von der GUS als regionales Machtzentrum zu etablieren, relativer Erfolg beschieden. Seine Aufnahme in den erlauchten Kreis führender Wirtschaftsnationen (G 7 → G 8) im Jahre 1998 muss als Reverenz des Westens an die nach wie vor große internationale Bedeutung der ehemaligen Supermacht interpretiert werden.

▓ *Naher Osten:* Schließlich sei noch auf die Nah-Ost-Region verwiesen, wo einige ölexportierende Länder in der OPEC zusammengeschlossen sind. Ihre wirtschaftsstrategische Schlüsselrolle schlug sich aufgrund politischer Zwistigkeiten selten in eine druckvolle Politik beispielsweise gegenüber den westlichen Industrienationen nieder. Allerdings sind die künftigen machtpolitischen Verhältnisse in der Region durch die derzeitige religiös-kulturelle Konfliktsituation schwer einzuschätzen. In wie weit es sich hierbei um eine globalisierungsbedingte Entwicklung handelt, ist in der Forschung umstritten.

▓ *Afrika:* Afrika vermochte bislang weder auf politischer, noch ökonomischer Ebene eine dem asiatischen Raum vergleichbare Entwicklung zu durchlaufen und gilt derzeit als »lost continent«. Einige Ansätze zur politischen Kooperation (Afrikanische Union, AU 2002) und regionalen Wirtschaftintegration (z. B. COMESA, 1994) leiden unter instabilen Verhältnissen. Derzeit sieht es danach aus, als ob der Abstand zu den Globalisierungszentren eher wachsen, denn abnehmen würde.

Die globale Raumstruktur weist neben dem geschilderten Regionalisierungstrend noch eine zweite markante Strukturbildung auf, die quer zur nationalstaatlichen Ordnungskategorie verläuft: das Netzwerk der *global cities*.[84] Dienstleistungszentren (internationaler Finanzmärkte einschließlich der dazugehörenden Einrichtungen, globaler Medienagenturen u. a. m.) wie New York, London, Tokio oder Frankfurt a. M. verbindet ein enges transkontinentales Beziehungsgeflecht, wohingegen das regionalsoziale Umfeld mehr und mehr an Bedeutung für diese Metropolen verliert.

---

84 Bahnbrechend Sassen, Saskia: The Global City. New York, London, Tokyo. Princeton 1991.

VIII.3. Indikatoren der dritten Globalisierungsphase

Wie zu erwarten, schreiben etliche, bereits wohl bekannte Indikatoren auch nach 1990 den säkularen Globalisierungstrend fort. Zusätzlich aber erscheinen neue Elemente, denen im Folgenden besondere Beachtung geschenkt wird.

II.3.1. Weltwirtschaftliche Indikatoren

Der alle bisherigen Globalisierungsphasen kennzeichnende Sachverhalt, dass die Wachstumsraten des grenzüberschreitenden Handels deutlich über jenen des Weltsozialprodukts lagen, ist auch für die Zeit nach 1990

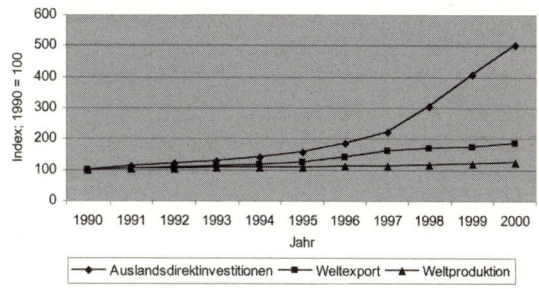

Graphik 17

Quelle: UNCTAD, Trade and Development Report 2002

zu bestätigen *(Graphik 17)*. Selbst mehrere internationale Konjunktureinbrüche vermochten daran wenig zu ändern. Hohe Wachstumsraten finden sich bei »wissensintensiven« Gütern der Luft- und Raumfahrtindustrie, der Pharma- und IT-Branche. Dagegen verloren die während der zweiten Globalisierungsphase dominierenden Güter »mittlerer Technologie« (Autos, Elektrotechnik u. a.) etwas von ihrer früheren Bedeutung. Besonders dynamisch entwickelten sich internationale Dienstleistungen, die mittlerweile mehr als 20 % zum Welthandel beitragen. Hier schlägt sich einerseits der in den führenden Wirtschaftsnationen zu beobachtende Übergang von der Industrie- zu Dienstleistungsgesellschaft nieder. Andererseits wirken sich die Liberalisierungsmaßnahmen der WTO speziell in diesem tertiären Wirtschaftssektor aus.

All diese Zeugnisse sich verdichtender internationaler Verflechtungen stehen aber im Schatten der Entwicklung von Direktinvestitionen im Ausland *(Graphik 17)*. Zwischen 1986 und 2000 betrug das durchschnittliche Jahreswachstum neuer Direktinvestitionen 25 %. Dieser Wert unterstreicht die vorherrschende Unternehmensstrategie, deren Hauptziel mit den Worten des vormaligen Vorstandsvorsitzenden von Daimler-Chrysler, Jürgen Schrempp, auf die Schaffung einer »Welt AG« abzielte. Analog der Entwicklung im politischen Bereich versprachen schiere Unternehmensgröße (»kritische Masse«), weltweite Präsenz und eine umfassende Produktpalette die größten Erfolgsaussichten für das Unternehmen und damit für die Aktionäre beste Gewinnchancen. Zugleich erweitern Unternehmen dadurch ihre Handlungsspielräume gegenüber nationalen Regierungen. Grenzüberschreitende Gewinn- und Verlustbilanzierung (»kreative Buchhaltung«) hebelt ungelegene Steuerreglements aus, Produktionsauflagen (z. B. Umweltschutz) können durch Betriebsverlagerung ins Ausland umgangen werden. Zuweilen reicht auch die Androhung solcher Schritte, um politische Initiativen frühzeitig abzubiegen.

Neben den ausländischen Direktinvestitionen stiegen auch die Portfolio-Investitionen (z. B. Börsentransaktionen) nach 1990 in atemberaubendem Maße *(Graphik 18)*. Erst seit 1994 sorgte eine ganze Reihe von regio-

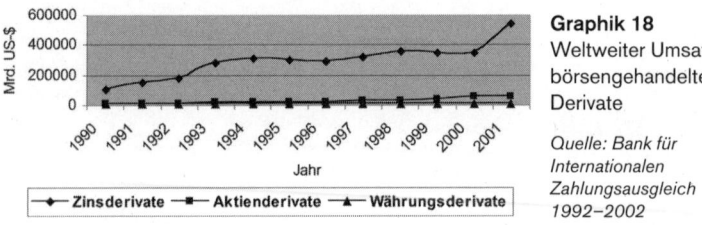

Graphik 18
Weltweiter Umsatz
börsengehandelter
Derivate

Quelle: Bank für Internationalen Zahlungsausgleich 1992–2002

nalen Wirtschaftskrisen – Mexiko 1994, Russland 1997, Ostasien 1997/98, Neuer Markt 2001–2003 – für ein Stottern des Wachstumsmotors; eine nachhaltige Trendwende läuteten sie indes nicht ein. Mittlerweile stehen weniger als 10 % der täglichen Transaktionen im unmittelbaren Zusammenhang mit dem internationalen Warentausch – der Rest ist Spekulation! In dem Zusammenhang sei auf das hohe Maß an Übereinstimmungen bei den Entwicklungen nationaler bzw. regionaler Börsenindizes wie Dow Jones, EuroStoxx oder Nikkei hingewiesen. Dies spricht für das hohe Integrationsniveau der internationalen Börsenmärkte.

Triangel der Weltwirtschaft: Mit dem neuen Globalisierungsschub verstärkte sich die seit Jahrzehnten zu beobachtende weltwirtschaftliche Raumstruktur. Der Triaden-Anteil am Weltgüterexport und globalen Finanztransaktionen steigerte sich noch, so dass von einer Abkopplung der peripheren Gebiete Afrika und Lateinamerika die Rede ist *(Graphik 19)*. Mehr als

Anteil (%)	1950	1960	1970	1980	1990	2000
Industrieländer	63,5	69,7	75,4	68,7	74,0	66,2
EU (12)	32,1	37,4	40,4	38,2	41,0	35,9
Japan	1,5	3,5	6,3	7,0	8,0	6,5
USA	16,6	15,1	14,1	12,4	13,4	15,5
Entwicklungsländer	36,6	30,3	24,6	31,3	26,0	33,8
Asiat. Schwellen-länderländer[1]	5,8	5,4	4,2	6,3	11,3	15,9
Lateinamerika	10,4	7,7	5,6	5,7	3,4	5,7
Afrika	6,5	5,6	4,2	4,6	2,5	2,1

[1] *Hongkong, Singapur, Südkorea, Taiwan, Thailand, China*

Tab. 9 Entwicklung des Welthandels nach Ländergruppen (1950–2000)
Quelle: Weltbank, Weltentwicklungsbericht. Div. Jgge.

90 % der strategischen Firmenkooperationen spielen sich mittlerweile innerhalb der Triade ab.

Dabei verschob sich die Gewichtung leicht zu Gunsten des ostasiatisch-pazifischen Raumes *(Abb. 13)*. Neben »Altmeister« Japan drängten in den 1990er Jahren die »Tigerstaaten« (New Industrialized Countries, NIC) nach vorne, in allerjüngster Zeit sind es vor allem China und Indien, die auf sich aufmerksam machen. Das atemberaubende Wachstumstempo beider Volkswirtschaften sorgt nicht nur für Engpässe auf den Weltrohstoffmärkten, sondern auch zu Umweltbelastungen mit globalen Fernwirkungen.

Internationale Wirtschaftskrisen: Eine wichtige Folge der intensiven Austauschbeziehungen stellen die Häufung von Finanz-, Kapital- und Währungskrisen in ganz unterschiedlichen Weltgegenden dar. Die Schuldenkrisen in Mexiko 1994 (»Tequila-Krise«), Russland 1997, Argentinien (1998–2002) und Brasilien (1998) sind in dem Zusammenhang zu nennen. Im Gegensatz zur Weltwirtschaftskrise 1929–1939 wirkten sich diese semiperipheren Verwerfungen nur sehr mäßig auf die ökonomischen Zentren Europa und Nordamerika aus. Die betroffenen Volkswirtschaften verfügten nicht über das Potential, um die ökonomischen Schwergewichte hierzulande ernsthaft zu verschieben.

Vor allem die im Herbst 1997 ausgebrochene Asienkrise rief heftige Kritik an der Globalisierung hervor. Auch wenn die ganz belastbaren Beweise fehlen, spricht doch einiges dafür, dass finanzstarke Hedge-Fonds gegen

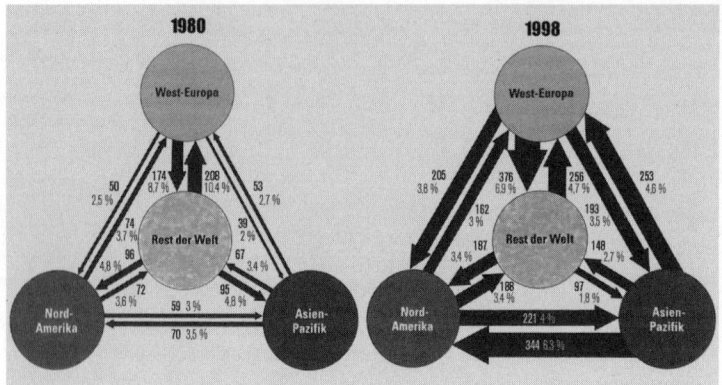

Graphik 19 Handelsverflechtung Triade (1980/98)

Quelle: Deutscher Bundestag (Hrsg.), Globalisierung, S. 120.

die thailändische Währung spekulierten und auf diese Weise die gesamte Volkswirtschaft in heftige Turbulenzen brachte. Schockwellenartig breitete sich die Krise auf die umliegenden Staaten Singapur, Malaysia, Indonesien, die Philippinen etc. aus, ja bis nach Russland reichten die Fernwirkungen. In der Folge ging in den betroffenen Ländern das Bruttosozialprodukt rapide zurück, die Arbeitslosenzahlen explodierten und hunderttausende von Menschen wurden in Not und Elend gestoßen. Als eine der Ursachen für die Katastrophe erkannten viele Experten die ordnungspolitischen Vorgaben, welche die Weltbank und der IWF an ihre Kreditzusagen geknüpft hatten. Privatisierung und Deregulierung hätten in den institutionell noch wenig gefestigten Staaten dazu beigetragen, dass die jeweiligen Regierungen kaum Handlungsspielräume für ein effektives Krisenmanagement besaßen.

VIII.3.2. Grenzenlose Wirtschaftsakteure

Angesichts der bislang angeführten Globalisierungsindikatoren überrascht es kaum, dass die MNU – wie bisher – eine Schlüsselrolle innerhalb des gesamten Prozesses spielen *(Tab. 10)*. Allerdings interpretieren sie diese Rolle in einer anderen Weise als zu früheren Zeiten.

Ihren forcierten Expansionskurs begründen die MNU-Vorstände vornehmlich mit dem *shareholder-value-principle*. Demzufolge richten sich strategische Unternehmensentscheidungen wie Betriebsverlagerungen, Entlas-

	1993	**1995**	**1997**	**2001**
Anzahl	38.000	45.000	60.000	65.000
Anzahl Tochterunternehmen	250.000	280.000	508.000	850.00
Anzahl Auslands- beschäftigte (Mio.)	5,6	5,8	6,0	6,9

Tab. 10 Anzahl multinationaler Unternehmen (1993–2001)
Quelle: UNCTAD, World Investment Report, div. Jgge.; Schätzungen

sungen, Ausgliederung von Unternehmensteilen u. a. m. vorrangig nach dem Aktionärsinteresse, das seinerseits auf die Wertsteigerung des Unternehmens fixiert ist. Berechtigte Anliegen weiterer Akteure wie Arbeitnehmer, Zulieferer, Kunden oder Kommunen stünden hintan. Natürlich birgt eine solche Maxime erheblichen sozialpolitischen Sprengstoff, zumal das *shareholder-value-Prinzip* keine Aussage über den Zeithorizont von Aktionärsinteressen beinhaltet. Kurzfristige Profite können durchaus auf Kosten langfristiger Interessen wie Arbeitsplatzsicherheit oder Betriebserhaltung im eigenen Land realisiert werden.

Die berüchtigten Hedge-Fonds haben das *shareholder-value-Prinzip* auf die Spitze getrieben. Aufgrund ihrer hochriskanten Anlagestrategie und enormen Renditeversprechen sind sie gezwungen, den Marktwert der von ihnen auserwählten Unternehmen binnen kürzester Zeit ohne Rücksicht auf soziale »Kollateralschäden« nach oben zu treiben. Ihr globales Aktionsfeld, ihre Ortsungebundenheit und das damit verbundene plötzliche Auftauchen und Verschwinden entzieht sie nationalen Entscheidungsträgern und macht sie auch gegen öffentliche Kritik immun. Ein solches Verhalten inspirierte einen führenden bundesdeutschen Politiker dazu, derartige Fonds mit der biologistischen und damit fragwürdigen Metapher »Heuschrecke« zu etikettieren.

VIII.3.3. Die global denkende und handelnde Gesellschaft

Sowohl im Denken wie im Handeln nahezu sämtlicher gesellschaftlicher Akteure ist der »Globus« nunmehr präsent. Das gilt in erster Linie – aber keineswegs ausschließlich – für die wirtschaftlich-technisch entwickelten Staaten und hier für jene Teile der Gesellschaft, die aufgrund ihrer Sozialisation oder beruflichen Tätigkeit keine engere Raumbindung aufweisen. Trotzdem ist die »Globalisierung in den Köpfen« kein Privileg elitärer

Kreise, sondern ein sozial kaum einzugrenzendes Phänomen. Sie wird ver-
mittelt von einer global organisierten Medienstruktur, die Informationen
zeitnah in alle Regionen verbreiten.

Hedge-Fonds

*Ein Hedge-Fonds ist eine Kapitalanlage, an der Investoren
Anteile erwerben können. Der Fondsgesellschaft investiert
ihrerseits bevorzugt in hochriskante Wertpapiere, um hohe
Renditen zu erzielen.*

*Im Vergleich zu normalen Investmentfonds sind sie in ihrer
Anlagestrategie unabhängiger und unterliegen auch geringeren Aufsichtsregeln. Ursprünglich aus den USA (1949)
kommend, sind Hedge-Fonds in Deutschland seit 2004
öffentlich zugelassen.*

STICHWORT

Exemplarisch für den Trend sei auf die Debatte um die seit 2000 erstellten
PISA-Studien verwiesen. Im Gegensatz zu vergleichbaren Diskussionen
früherer Zeiten dominierte zumindest in den medial präsenten Beiträgen
die Frage, welchen Platz das nationale Bildungssystem im globalen Ran-
king von PISA einnimmt. Substanziellere Analysen zu einzelnen Stärken
und Schwächen der Schulbildung blieben den Expertendiskursen vorbehalten. Das Beispiel entlarvt, in welchem Maße das Denken im globalen
Wettbewerb bereits jene gesellschaftliche Bereiche erreicht hat, die vordergründig noch national, ja sogar regional (Bundesländer) gestaltet werden.
Offenkundig definiert sich die Wertschätzung des Gutes »Bildung«, einer
der wenigen hierzulande verfügbaren »Rohstoffe«, vor allem über seine
Relevanz für unsere Zukunft in einer globalisierten Welt.

VIII.4. Strukturelle Voraussetzungen der dritten Globalisierungsphase

VIII.4.1. Liberalisierung und technologischer Fortschritt bei Kommunikation und Information

»Das Netz« ist einer der Schlüsselbegriffe im Globalisierungsdiskurs. Keine
Struktur verkörpert ihn so augenscheinlich wie das Internet. Durch seine

Öffnung für die ganze Gesellschaft im Jahre 1990 und durch die Einführung der komfortablen Plattform *World Wide Web (www)* veränderte sich das Kommunikations- und Informationsverhalten von Grund auf. E-Mail, Blog und Chat bieten zuvor unbekannte Möglichkeiten gegenseitigen Austausches. Onlinehandel und -banking lösen die klassischen »Besorgungen« früherer Zeiten, die stets mit einem Gang zum Einzelhändler oder zur Sparkassenfiliale verbunden waren, nach und nach ab. Sämtliche Kerndaten des Internets (u. a. Anzahl der Domains, Homepages, Internetzugänge, Nutzer) weisen exponentielle Wachstumsraten auf und belegen ein von Grund auf sich änderndes Sozialverhalten. Keineswegs zufällig deckt sich ihre geographische Verteilung mit eben jener triadischen Struktur wirtschaftlicher und sozialer Globalverflechtungen *(Abb. 13)*. Versuche autoritärer Regime, der eigenen Bevölkerung politisch unliebsame Netzinhalte aus dem Ausland durch eine Firewall vorzuenthalten, sind bislang gescheitert. Das zeigt in aller Deutlichkeit, wie sehr die Netzstruktur sämtliche Interaktionsbarrieren zu durchlöchern vermag.

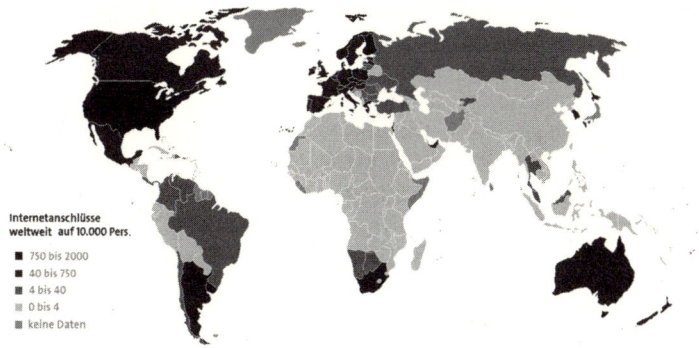

Internetanschlüsse
weltweit auf 10.000 Pers.

- 750 bis 2000
- 40 bis 750
- 4 bis 40
- 0 bis 4
- keine Daten

Abb. 13 Verteilung der Internetanschlüsse nach Weltregionen

VIII.3.4. Washington Consensus und WTO – die neue Ordnung im Zeichen des Freihandels

Die neue Weltwirtschaftsordnung unter liberalen Vorzeichen baut vornehmlich auf zwei Säulen auf: dem *Washington Consensus* (1990) und der *World Trade Organization* (WTO, 1995).

Der Washington Consensus, ursprünglich mit Blick auf die verschuldeten und dem Protektionismus zuneigenden Staaten Lateinamerikas formu-

liert, trug eine zentrale Botschaft in alle Welt: Weniger Staat ist mehr.
Sämtliche Entwicklungsländer, die Hilfe beim IWF oder bei der Weltbank
beantragten, mussten sich verpflichten, dieser Vorgabe Folge zu leisten.
Konkret bedeutete das die Privatisierung von Staatsbetrieben, die Öffnung
der heimischen Wirtschaft für ausländische Investoren, den Abbau von
Handelshemmnissen jedweder Art u. a. m. *(Tab. 11)*.

	1991	1993	1995
Anzahl der Länder, die dereguliert haben	35	57	64
Gesamtzahl der Änderungen	82	102	112
Änderungen in Richtung einer Liberalisierung	80	101	106
Änderung in Richtung verstärkter Kontrolle	2	1	6

Tab. 11 Liberalisierung von Investitionsvorschriften
Quelle: UNCTAD, World Investment Report 1996.

Die Kritik an dieser Art von Entwicklungshilfe zielt in zweierlei Richtungen: Zum einen stört man sich daran, dass von den schwächeren Nationen
ordnungspolitische Zugeständnisse erbracht werden sollen, zu denen die
reichen Ländern selbst nicht bereit sind. So schotten sich bis heute die
USA und Europäischen Union vor unliebsamen Agrar- oder auch Textil-
importen ab. Zum anderen wehrt man sich mit Blick auf die eigene politische Souveränität gegen äußere Einflussnahme, die bei näherer Betrachtung ihren Ursprung zu einem großen Teil in Washington, Brüssel und
Tokio haben. Denn über ihren Stimmanteil in der Weltbank bzw. im IWF
verfügen die Zentren der Weltwirtschaft über die größten Entscheidungs-
befugnisse. Und schließlich wird der Zugriff europäischer Konzerne auf die
Bodenschätze verurteilt.

Die 1995 erfolgte Gründung der WTO war eine Reaktion auf den
schwachen Rechtsstatus des GATT (internationales Protokoll), die als
mangelhaft empfundene Bindewirkung seiner Beschlüsse sowie die zähen
Verhandlungsrunden mit ihren teilweise mageren Ergebnissen. Einflussreiche Staaten drängten daher auf die Schaffung einer vollwertigen internationalen Organisation. Gegenüber dem GATT dehnte die WTO ihren
Zuständigkeitsbereich erheblich aus. Das General Agreement on Trade in
Services (GATS) regelt internationale Dienstleistungen, das *Agreement on
Trade-Related Aspects on Intellectual Property Rights* (TRIPs) schützt intellek-
tuelles Eigentum (Patente) im grenzüberschreitenden Austausch.

> ### *Biopiraterie*
>
> *Biopiraterie bezeichnet die juristische Möglichkeit, Elemente der natürlichen Umwelt (Pflanzen, Tiere, DNA-Sequenzen etc.) für einen bestimmten Zeitraum (meist 20 Jahre) patentieren zu lassen.*
>
> STICHWORT

Beide Vereinbarungen beflügelten die dritte Globalisierungsphase und provozierten zugleich heftige Kritik. Vor allem das TRIPs ist im Zusammenhang mit *Biopiraterie* großer Pharmazieunternehmen in Verruf geraten. Auch deren urheberrechtlich begründete Weigerung, billige Nachahmerpräparate (sog. Generika) in Entwicklungsländern zuzulassen und auf diese Weise die medizinische Versorgung ärmster Bevölkerungsschichten zu verbessern, stößt immer wieder auf massiven Widerspruch.

VIII.5. Reaktionen auf die beschleunigte Globalisierung

Als gesamtgesellschaftlicher Querschnittsprozess lässt die Globalisierung keinen Lebensbereich unberührt. Unter den mannigfachen Reaktionen auf diese Entwicklung werden im Folgenden drei vorgestellt, die in dieser Form vor 1990 nicht gegeben waren:

- Globalisierung als analytische Matrix für unterschiedlichste gesellschaftliche Brennpunkte (reflexive Ebene)
- Globalisierung als Movens für die Konstituierung einer skeptischen bis kritischen Bewegung
- Globalisierung und Umwelt

VIII.5.1. Globalisierung als analytische Matrix

Es fällt auf, dass zahlreiche gesellschaftliche Themen, die schon lange diskutiert wurden, im Lichte der Globalisierung neue Akzente erhielten und letztlich zu einem umfassenden Diskurs integriert wurden. Dazu zählen:

Die Frage der sozialen Gerechtigkeit Dabei geht es einmal um die interregionale Gerechtigkeit – gewissermaßen die Fortschreibung des langjährigen Nord-Süd-Konfliktes. Zum anderen fließt die im 19. Jahrhundert wurzelnde »Soziale Frage« ein, die eine Spreizung der innergesellschaftlichen »sozialen Schere« thematisiert. Drittens findet der Aspekt der intergenerativen Gerechtigkeit Beachtung. In dem Zusammenhang wird das Problem diskutiert, in welchem Maße wir unseren Wohlstand auf Kosten unserer Kinder und Enkel genießen (sustainable development/economy).

Entwicklungsproblematik Während der 1970er Jahre als Nord-Süd-Dialog geführt, theoretisch angereichert durch die Dependezia-Konzepte, erscheint die globale Ungleichverteilung materieller Güter weniger ein Problem südlicher Unter- als mindestens ebenso sehr ein Problem nördlicher Überentwicklung.

Ökologische Herausforderung: Die Umweltkontroversen der 1960/70er Jahre fließen in die aktueller Globalisierungsdebatte ein. Konkret stellt sich Frage nach dem Umgang mit den natürlichen Ressourcen, nach regionalen Kreislaufwirtschaften, nach dem »ökologischen Fußabdruck«[85] einzelner Wohlstandsgesellschaften und anderem mehr.

ökologischer Fußabdruck

Der ökologische Fußabdruck beschreibt die Gesamtfläche, die ein Land für seine Infrastruktur, um Nahrungs-, Güter und Dienstleistungen zu erzeugen und die Emissionen der fossilen Energieträger zu absorbieren. Derzeit übersteigt der ökologische Fußabdruck die biologische Kapazität der Erden um 20 %.

STICHWORT

VIII.5.2. Reflexion und Gewalt – zivilgesellschaftliche Reaktionen auf die Globalisierung

Wie nur wenige Entwicklungen spaltet die Globalisierung die Geister. Verkürzt kann die Kontroverse auf den Slogan »Fair trade vs. free trade« gebracht werden. Während Befürworter von Marktwirtschaft und Freihandel, von ihren Gegner abschätzig als »Neoliberale« bezeichnet, die Entwicklung begrüßen und nach politischen Kräften befördern, organisierte sich im Laufe der 1990er Jahre eine umfangreiche und sehr heterogene Gegenbewegung. Die Globalisierungskritik knüpft an die zivilgesellschaftliche Bewegung der 1960er Jahre an. Dementsprechend finden sich zahl-

---

85 Wuppertal Institute (Hrsg.): Fair Future. Begrenzte Ressourcen und globale Gerechtigkeit. S. 62

STICHWORT

ATTAC

*Die wohl prominenteste globalisierungskritische Strömung ist
die am 3.6.1998 gegründete Association pour une Taxation
des Transactions financières pour l'Aide aux Citoyens (ATTAC).
In wörtlicher Übersetzung eine Vereinigung, die sich zur
Besteuerung finanzieller Transaktionen im Interesse der Bürger
einsetzt, richtet sich die Kritik der Gruppe vor allem an jene
Akteure des globalen Kapitalmarktes, die durch Spekulationen
riesige Gewinne erzielen. Sie war eine Reaktion auf die
Asienkrise, welche seit 1997 etliche Staaten jener Region erfasst hatte und die internationalen Finanzspekulanten zugeschrieben wurde. Erstmals nahm die Weltöffentlichkeit Ende
November 1999 Notiz von diesem Netzwerk, als Hunderttausende im kanadischen Seattle gegen ein Ministertreffen der WTO
demonstrierten. Im Jahre 2003 zählte ATTAC 90.000 Mitglieder
in 45 Ländern; allein in Deutschland engagieren sich über
12.000 Personen in mehr als 160 Gruppen. Ihre Kritik richtet
sich indes weniger gegen globale Beziehungen allgemein, als
gegen solche, die allein dem Interesse und den Gewinnen einiger weniger Akteure bzw. Unternehmen dienen.*

reiche der lange bekannten NGOs auch auf diesem Terrain wieder. Daneben aber agieren Netzwerke, die sich in unmittelbarer Beschäftigung
und Auseinandersetzung mit der Globalisierung konstituiert haben. Die
bekannteste ist zweifelsohne ATTAC. Ebenso vermochte die *Gruppe von
Lissabon*[86] Akzente zu setzen oder auch das *International Forum on Globalization*[87].

Eine weitere bedeutsame Einrichtung ist das seit 2001 parallel zum
Davoser Weltwirtschaftsforum ausgerichtete Weltsozialforum in Porto
Allegre. In demonstrativer Kontrastierung der mondänen Schweizer Ski-

---

86 Die Gruppe von Lissabon (Hrsg.): Grenzen des Wettbewerbs. Die Globalisierung der Wirtschaft und die Zukunft der Menschheit. Bonn 1997.
87 Mander, Jerry / Cavanough, John (Hrsg.): Alternatives to Economic Globalization. San Francisco 2002 (dt.: Eine andere Welt ist möglich. München
2003).

sportatmosphäre debattieren die Teilnehmer in der von sozialen Problemen geprägten brasilianischen Hafenstadt unter weitaus bescheideneren Bedingungen.

Vor dem Hintergrund des verschärften Globalisierungsdruckes auf die Schwellenländer eskalierte die Auseinandersetzung im Umfeld von der WTO-Ministerkonferenz in Seattle (1999) und auf dem Weltwirtschaftsgipfel in Genua (2001); heftige Gewaltausbrüche, Straßenschlachten mit Verletzten und Toten prägten die aufgeheizte Atmosphäre. Zwischenzeitlich sorgten die Sicherheitsvorkehrungen für eine Wagenburgmentalität und luden damit die gesamte Debatte symbolisch auf.

VIII.5.3. Globalisierung und Umwelt

Weltsozialforum

Seit 2001 in Porto Allegre (Brasilien) abgehaltene Gegenveranstaltung zum Weltwirtschaftsforum in Davos (Schweiz). Das WSF wendet sich gegen den »Neoliberalismus« und zählt zu den globalisierungskritischen Einrichtungen.

STICHWORT

Der Zusammenhang zwischen Globalisierung und Umweltbelastung ist problematisch, da die Abgrenzung zur »normalen«, industriell verursachten Schädigung schwer zu vollziehen ist. Allerdings lassen sich einige Punkte benennen, die unmittelbar auf interregionalen Austausch zurückzuführen sind:

▪ Luftfahrt: Das erheblich gestiegene Flugverkehrsaufkommen, u. a. eine Folge der Deregulierung des Luftverkehrs und der geringen Kerosinkosten, erhöht die Belastung der sensiblen Stratossphäre mit Schadstoffen und Kondensstreifen. Auswirkungen auf das Weltklima werden diskutiert.

▪ Schifffahrt: Neben den Ölkatastrophen und illegalen Tankreinigungen bereitet insbesondere die Nutzung des schwefelhaltigen Schiffsdiesels Kopfzerbrechen.

▪ Personen- und Lastkraftverkehr: Der in der westlichen Welt stark ausgeprägte Individualverkehr belastet das globale Ökosystem und wesentlich zum Klimawandel bei. Die Vorstellung, eine westeuropäische Verkehrsdichte auf China oder Indien zu übertragen, wird von Experten ausgeschlossen, solange Autos mit Verbrennungsmotoren ausgerüstet sind.

▨ Austausch von Pflanzen, Tieren und Mikroorganismen: Neophyten, Neozooen und exotische Krankheiten breiten sich rasch und in großer Zahl aus, meist im Gefolge menschlicher Interaktionen.

▨ Produktion für globalen Markt: Die global organisierte Agrarproduktion führt zu Artenschwund im Bereich von Nutztieren und -pflanzen – eine Form biotischer Homogenisierung.

VIII.6. Kontinuität und Zäsur – eine Bilanz

In vielerlei Hinsicht schreibt die dritte Globalisierungsphase säkulare Trends fort und bildet damit ein Kontinuum mit dem vorhergehenden Stadium. Trotzdem generiert die dramatisch rasche Ausweitung geographischer (Wegfall der Ost-West-Barriere), sozialer (Internet) und institutioneller (Deregulierung) Interaktionsräume neue Qualitäten, die es erlauben, von einer eigenständigen Globalisierungsphase zu sprechen.

Die Folgen dieser Entwicklung erreichen potentiell sämtliche Akteurskategorien in allen Weltgegenden. Auf der intellektuell-reflektorischen Ebene stieg die Globalisierung zur analytischen Matrix auf, in die ganz verschiedene Problemfelder integriert werden. Auf der Handlungsebene zeigen die einzelnen Akteursgruppen mannigfache Anpassungsstrategien.

Es wird von niemandem bestritten, dass die Globalisierung erhebliche gesellschaftliche Spannungspotentiale aufgebaut hat, wofür mehrere Faktoren verantwortlich gemacht werden können:

▨ Unterschiedliche Mobilität von Produktionsfaktoren
▨ Vorgelegte Globalisierungstempo
▨ Wachsende und sich selbst induzierende soziale Ungleichheit

Es hat sich als die große Aufgabe unserer Zeit herauskristallisiert, derartige, den Zusammenhalt nationaler Gemeinschaften wie der Weltgesellschaft bedrohende Spannungen in einem erträglichen Maße zu halten.

Teil B

Die Zeitachse dient Historikern als vertraute und hilfreiche Orientierungsgröße. Zwar haben neuere theoretische Forschungsansätze das chronologische Ordnungsprinzip an den Rand gedrängt. Aber es verfügt doch
immer noch über Qualitäten, wenn es darum geht, komplexe Situationen
hinsichtlich ihres Facettenreichtums, ihrer inneren Beschaffenheit und
Wechselwirkungen zu erfassen, zugleich aber auch Wandlungen über die
Zeit hinweg nachzuvollziehen. Dabei treten besondere Merkmale einzelner Epochen, Abgrenzungen zu früheren oder späteren Abschnitten, Kon-
tinuitäten und Brüche deutlich zu Tage. Bezogen auf das hier zu behan-
delnde Thema, erbringt der bislang an der Chronologie ausgerichtete
geschichtliche Überblick eine durchaus angemessene Ordnungs- und Ori-
entierungsleistung.

Interessiert man sich hingegen für die langfristige historische Entwicklung einzelner Funktionsstrukturen, weltwirtschaftlicher Trends, bestimmter Akteurskategorien oder Leitkonzepte, so stellt sich diese Darstellungs-
form als eher unhandlich heraus. Welche Weltwährungssysteme es
beispielsweise gab, unter welchen Bedingungen sie sich herausbildeten und
veränderten, welcher Stellenwert für die Globalisierung ihnen zu unterschiedlichen Zeiten zugeschrieben werden muss, all diese Fragen erschließen sich dem Leser nur kapitelweise. Um diesem Manko zu begegnen,
behandeln nachstehenden Ausführungen vier Teilstrukturen der Globalisierung über die einzelnen Phasen hinweg:

■ *Transport- und Kommunikationssysteme:* Die materielle Basis jedweder
weiträumigen Interaktion bilden Transport- und Kommunikationsnetze.
Ihre funktionalen Qualitäten bestimmen maßgeblich die Geschwindigkeit,
Frequenz, Sicherheit und Kapazität, mit der naturräumliche Interaktionsbarrieren überwunden werden können. In letzter Konsequenz beeinflussen
sie auch die hierfür aufzubringenden Kosten. Diesen wiederum kommt als
ökonomische Interaktionsbarriere im modernen Globalisierungsverlauf die
Schlüsselfunktion schlechthin zu.

■ *Wirtschaftstheoretische Leitideen und politische Praxis:* Spätestens seit dem
19. Jahrhundert spielen institutionelle Hürden (z. B. Zölle, Einfuhrbe-

schränkungen u. a.) im weltweiten Verflechtungsprozess eine wichtige Rolle. Ihrer Existenz und Handhabung liegt ein politischer Gestaltungswille zugrunde, der sich seinerseits an theoretischen Leitideen orientiert. Da die entscheidenden Globalisierungsimpulse von ökonomischen Interessen und Handlungen ausgingen, stehen nachfolgend wirtschaftstheoretische Konzepte im Blickfeld. Keinesfalls aber soll ein allzu schlichter Zusammenhang zwischen politischer Theorie und Praxis unterstellt werden. Zu geläufig sind die Beispiele, in denen überzeugte Freihandelsverfechter Ausnahmen von der reinen Lehre durchsetzen (z. B. Einfuhrbeschränkungen), um eine bestimmte Klientel zu gewinnen oder gar Eigeninteressen zu entsprechen.

■ *Global player:* Die Weltbühne gehört den *global players*. Sie zählen zu den maßgeblichen Akteuren, welche die Globalisierung vorantreiben, gestalten und in bestimmte Richtungen lenken – und das nicht erst in jüngster Zeit, sondern bereits seit mehreren hundert Jahren. Diese Einsicht darf nicht darüber hinwegtäuschen, dass global players selbst, in Globalisierungsstrukturen eingebunden, nur über eingeschränkte Handlungsfreiheiten verfügen. Es ist eine schwierige und für das Verständnis der Globalisierung sehr wesentliche Frage, in welchem Maß sie Antreiber oder Getriebene waren und sind.

■ *Politischer, sozio-ökonomischer und kultureller Transformationsdruck:* Zu allen Zeiten gingen von der Globalisierung sozio-ökonomische Impulse zur Veränderung aus. Blieb die gesamtgesellschaftliche Reichweite ihrer Wirkungen bis zum Ende der Protoglobalisierung eher beschränkt, baute sich seit dem 19. Jahrhundert ein umfassender Transformationsdruck auf. Kaum eine soziale Gruppe und kaum eine Region vermag sich ihm heute noch zu entziehen. So verwundert es nicht, dass etliche der aktuell diskutierten Probleme bereits vor hundert Jahren zur Debatte standen. Die hier aufgegriffenen Themen – Niedergang des Nationalstaates sowie sozialer Auf- und Abstieg – zählen dabei zu den Kernelementen des öffentlichen Diskurses in der entwickelten Welt.

Anhand der gewählten Ausschnitte soll die Bedeutung und Wirkungsweise ganz unterschiedlicher Elemente – technische Systeme, Ideen, Akteure und Wandlungsdruck – innerhalb der Globalisierung verdeutlicht werden.

IX. Transport- und Kommunikationssysteme

IX.1 Vom expandierenden zum schrumpfenden Planeten – Wahrnehmungen der Erde

Analog zur individualbiographischen Erfahrung prägte die bis in die frühe Neuzeit stete Horizonterweiterung das kulturelle Gedächtnis der Menschheit. Die Welt, d. h. der zu bestimmten Zeiten jeweils er- und befahrbare geographische Ausschnitt der Erdoberfläche, präsentierte sich als expandierender Handlungsraum. Lange blieb sein tatsächliches Ausmaß ungewiss. Selbst nachdem der Mensch im frühen 16. Jahrhundert den Globus erstmals umrundet hatte, empfand er viele Regionen als schwer zugänglich, fremd und gefährlich.

Mit dem Einsetzen der Verkehrsrevolution (19. Jh.) kehrte sich das jahrhundertealte Bild von der expandierenden Welt in sein Gegenteil. Jetzt nahm man die Erde als dramatisch schrumpfenden Planeten *(Abb. 14)* wahr. Entfernungen, für die Jules Vernes im vorvergangenen Jahrhundert noch 80 Tage veranschlagt hatte, legen wir heute an ein bis zwei Tagen zurück; die Welt als ein *global village*[88].

Materielle Grundlage für diese atemberaubende *time-space-compression* bilden die modernen Transport- und Kommunikationssysteme. Sie erlauben heutzutage globale Mobilität, indem sie die Entfernung und andere naturräumliche Barrieren ihrer separierenden Funktionalität weitgehend entkleiden. Das geschieht allerdings nicht zum Nulltarif. Wer ins Flugzeug steigt, sein Handy bedient oder im Internet surft, muss zum Teil beachtliche Kosten tragen. Je nach individueller Finanzlage kann hieraus eine unüberwindliche Zugangshürde zu den benannten Systemen erwachsen. In diesem Sinne transformieren moderne Verkehrs- und Kommunikations-

---

88 McLuhan, Marshall: The Gutenberg Galaxy. The Making of Typographic Man. Reprint Toronto 2002.

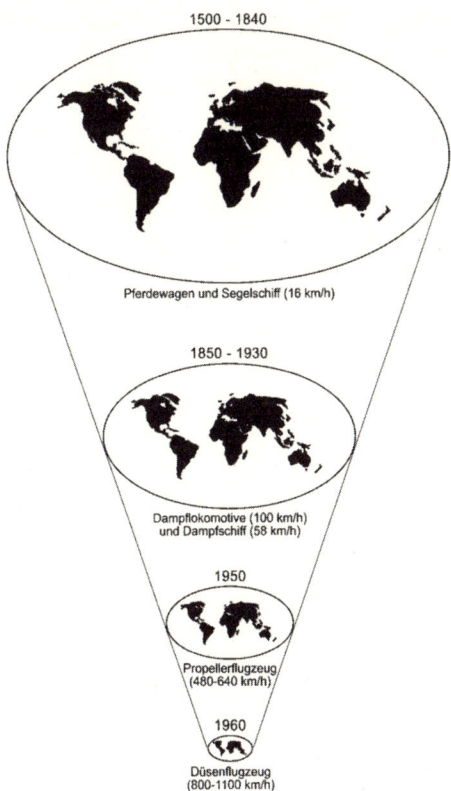

Abb. 14 Darstellung des schrumpfenden Planeten
Quelle: Dicken, P: Global Shift: Transforming the World Economy. London 31998, S. 152

systeme naturräumliche Hürden (Entfernung, Ozeane etc.) in eine institutionelle, schichtenspezifisch wirksame Interaktionsbarriere (Kosten).

Begonnen hatte alles sehr gemächlich. Prä- und protoglobale Epoche
wiesen hinsichtlich überregionaler Transport- und Kommunikationsmöglichkeiten einen überschaubaren Bestand an technischen Errungenschaften
auf. Sieht man einmal von Schusters Rappen ab, sorgten Gespanne und
Schiffe für die räumliche Verteilung von Mensch, Tier, Ware – und Information! Die Kopplung der Botschaft an den (Post-)Boten stellte eine der
wichtigsten Beschränkungen vormoderner Raumüberwindung dar. Ob

schriftlich fixiert oder im Gedächtnis abgelegt, Nachrichten komplexeren Inhalts reisten niemals schneller als der zügigste Reiter. Selbst die aus allen Zeiten und zahlreichen Regionen überlieferten Signalketten – Rufposten, Rauchzeichen, optischer Telegraph – entkräften diese Beobachtung nicht. Denn mit ihnen ließen sich zwar sehr verdichtete Botschaften zuweilen existenzieller Tragweite übermitteln. Benachbarte Dorfgemeinschaften in Kamerun etwa warnten sich gegenseitig per »Trommeltelegraphie« vor heranrückenden europäischen Gegnern. Differenziertere Sachverhalte jedoch waren auf diesem Wege kaum zu erklären.

Immerhin, bereits die vormodernen Transport- und Infrastruktursysteme durchliefen über die Jahrhunderte einen Optimierungsprozess. Durch Verbesserungen beim Fahrzeug- und Straßenbau gewann die Überlandreise an Komfort und Sicherheit, schiffbautechnische Innovationen erhöhten die geographische Reichweite, der Erdball wurde zum verkehrstechnisch beherrschbaren Handlungsraum. Aber eine nennenswerte Beschleunigung ging von diesen Entwicklungen nicht aus. Atlantiküberquerungen und Asienfahrten nahmen im ausgehenden 18. Jahrhundert ähnliche Zeitspannen in Anspruch wie zweihundert Jahre zuvor. Das ist wenig verwunderlich, hatten sich die Antriebsquellen – Muskelkraft, Wind und Wasserströmung – seither doch kaum verändert, lediglich der Grad ihrer Nutzbarmachung konnte, z. B. durch ausgeklügelte Takelage und Steuerung, gesteigert werden.

Die beschauliche Vormoderne endete verkehrs- und kommunikationstechnisch im 19. Jahrhundert, als es gelang, mehrere geschwindigkeitslimitierende Grenzen zu verschieben:

- *Ergänzung natürlicher Antriebsquellen durch technische (Maschinenkraft: Dampfmaschine, Verbrennungs-, Elektromotor).*
- *Informationstechnische Überwindung der »Botschaft-Bote-Kopplung« durch elektromagnetische Signalübertragung (Telekommunikation: Telegraph, Telefon).*
- *Erweiterung der räumlich fixierten Kommunikationsinfrastrukturen durch allgegenwärtige Funknetze.*

Diese Fortschritte eröffneten den globalen Raum nicht nur für cosmopolitan gesonnene Eliten, sondern auch für weite Teile der Gesellschaft. Selbst die atemberaubenden Veränderungen in der Verkehrs- und Kommunikationskultur des ausgehenden 20. Jahrhunderts lassen sich auf diese drei technologischen Errungenschaften zurückführen.

IX.2. Was die Welt bewegt: Muskelkraft – Windkraft – Maschinenkraft

Überregionale Landtransporte litten bis zur ersten Globalisierungsphase unter der eingeschränkten Belastbarkeit von Zugtieren und Untergrund. Die Entwicklung leistungsfähiger Dampfmaschinen und ihre Kombination mit dem bereits im frühneuzeitlichen Bergbau eingesetzten Rad-Schiene-System erweiterten diesen Engpass für überregionale Handelsbeziehungen ganz erheblich. Während die aus Eisen, später aus Stahl gefertigten Räder und Schienen den Energieeinsatz um 90 % minderten, gewährleistete die Dampfmaschine enorme Antriebskraft, hohe Geschwindigkeit und damit neue Spielräume im Transportwesen – verglichen mit den vormodernen Gespannen. Bereits die Zeitgenossen erkannten das immense Profitpotential der Dampfeisenbahn und waren bereit, neben großer Anfangseuphorie auch riesige Finanzmittel zu investieren. Die wirtschaftlichen, kulturellen und sozialen Folgewirken des Eisenbahnbaus und -betriebs sind aufgrund ihres Ausmaßes an dieser Stelle nicht sinnvoll zu skizzieren – sie waren mit einem Wort: revolutionär.

Der Schiffsverkehr profitierte ebenfalls vom Maschinenantrieb, wobei die entscheidenden Vorteile gegenüber dem Segel während der ersten Jahrzehnte keineswegs bei den Transportkapazitäten gegeben waren. Im Gegenteil: Maschinenanlagen und Kohlenbunker beanspruchten einen erheblichen Teil der Frachträume. Wegen des hohen Brennstoffbedarfes setzte man Dampfmaschinen bis Ende des 19. Jahrhunderts vor allem als Hilfsantrieb in Segelschiffen ein (übrigens: in jüngster Zeit zeichnet sich eine interessante Rückbesinnung ab; es laufen Versuche, große Frachtschiffe mit computergesteuerten Segeln auszustatten!). Der entscheidende Vorteil von Dampfschiffen ist vielmehr in ihrer Unabhängigkeit gegenüber den Launen der Natur zu suchen. Widrige Winde und ungünstige Strömungen vermochten sie aus eigener Kraft zu überwinden, weitere Vorzüge des Eigenantriebs kamen vor allem beim Durchfahren langer Kanäle (Suez-, Panamakanal; Binnenkanäle) zum tragen. Damit wurde der Weltwarenverkehr schneller und hinsichtlich der Zeitplanung exakter kalkulierbar – time is money!

Auch wenn es anfangs nicht danach ausgesehen hatte, auf lange Sicht gestattete der Maschinenantrieb dann doch größere Frachtkapazitäten. Da Dampfschiffe wegen der schweren, heftig rumpelnden Maschinenanlagen einen Stahlrumpf benötigten, der seinerseits schwerere Lasten aushielt, nahm die durchschnittliche Schiffsgröße von 685 BRT im Jahre 1890 auf

1741 BRT nach dem Ersten Weltkrieg zu. Weiterhin erhöhte die Schiffs-
schraube den Wirkungsgrad der Antriebsaggregate, so dass der Kohlenbe-
darf deutlich abnahm. Die sinkenden Realkosten der Ozeanschifffahrt
geben diese Effizienzsteigerung wieder *(Graphik 20)*.

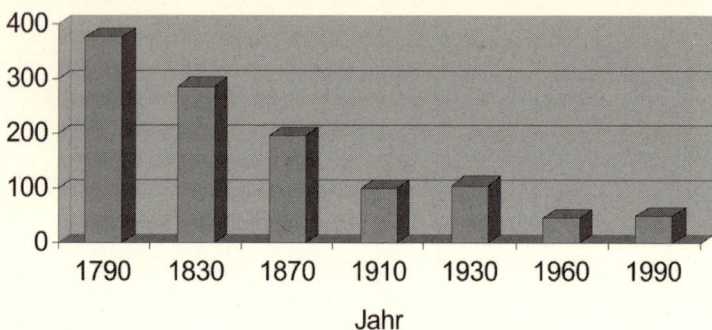

Graphik 20 Realkosten der Ozeanschifffahrt (1790–1990; 1910 = 100)

Quelle: Crafts, Nicholas/Venables, Anthony J.: Globalization in History: A Geographical Per-
spective. London 2002, S. 6.

Der im 20. Jahrhundert zu beobachtende Mobilitätsschub lag ganz wesentlich in der Einführung leistungsfähiger Verbrennungsmotoren auf Mineral-
ölbasis begründet. Diese Kombination löste nicht nur Steinkohle und
Dampfmaschinen in Bahn und Schiff ab, sondern ermöglichte zwei gänzlich neue Fahrzeugtypen, die das Erscheinungsbild der Globalisierung im
20. Jahrhundert prägten: Automobil und Flugzeug.

Nachdem sich erste »Dampfwagen« Ende des 18. und zu Beginn des
19. Jahrhunderts aufgrund ihres hohen Gewichts auf der Straße nicht
bewährt hatten, hielt man die Zukunft des schienenungebundenen Auto-
mobils schon für beendet, noch ehe sie recht begonnen hatte. Erst die
Umstellung auf einen geeigneten Primärenergieträger (Mineralöl) und
einen effizienten Motor brachte rund hundert Jahre später den Durchbruch. Dem Kraftwagen kam und kommt innerhalb der Globalisierung
eine Schlüsselrolle zu, allerdings weniger wegen des Individualverkehrs
und der Massenmobilisierung, die ja auf überregionale und kontinentale
Räume begrenzt blieben. Vielmehr gingen vom Automobilbau wichtige
Impulse zur durchrationalisierten Massenproduktion (Fordism) und damit
zur globalen Marktexpansion aus. Heute folgen Automobilherstellung
(weltweite Arbeitsteilung, Betriebsverlagerungen) und Vertrieb (globaler

Markt) streng der Globalisierungslogik, Autoproduzenten zählen zu den bekanntesten Vertretern der MNU (»Welt AG« Daimler-Chrylser, 1998). Schlussendlich kann am Kulturgut »Auto« exemplarisch nachvollzogen werden, wie ursprüngliche regionale Unterschiede in Technik und Design aufgrund zunehmender Marktintegration verwischen (Homogenisierung).

Das Flugzeug wiederum verwirklichte den uralten Menschheitstraum vom Fliegen und bietet heute als einziges Verkehrsmittel breiten Massen der wohlhabenden Länder Zugang zur interkontinentalen, ja globalen Erlebniswelt. Die jährliche Fernreise zählt seit den 1980er Jahren gewissermaßen zum Standardvergnügen der Mittelschicht. Schon Anfang der 1950er Jahre spielten Werbeplakate großer Fluggesellschaften mit dem Motiv »Die ganze Erde ein Reiseziel« *(Abb. 15)*. Das abgedruckte Beispiel stammt vom nordnorwegischen Flugplatz Bodö und veranschaulicht übrigens das zweigeteilte Globalisierungsspielfeld jener Zeit: eine Flugverbindung in die sozialistischen Staaten sucht man vergebens!

Abb. 15 »All roads«
– Werbeplakat der
Skandinavischen
Fluglinie SAS (1950)
Quelle: SAS-Archiv

IX.3. Von der »snail mail« zur E-mail – grenzenlose Kommunikation

Informationsaustausch über große Entfernungen – postalische Zustellverfahren
Auch wenn die Informationsübermittlung während der prä- und protoglobalen Epoche an den Überbringer und damit an dessen maximaler Reisegeschwindigkeit gebunden blieb, konnte diese bei geschickter Organisation recht beachtlich gesteigert werden. Reitende Boten des Hauses Fugger, die Eilpost derer von Thurn und Taxis oder die im 18. Jahrhundert eingerichtete »fliegende« Postkutsche zwischen London und Manchester sind Beispiele dafür, dass eine Reduktion der Zustellzeit von Brief- und Paketsendungen um bis zu 60 % gegenüber der herkömmlichen Reisedauer möglich war. Da ein zeitlicher Informationsvorsprung gewaltige finanzielle Vorteile bedeuten konnte, waren die Anstrengungen in diese Richtung entsprechend groß. Das Londoner Bankhaus N.M. Rothschild & Sons etwa profitierte von dem Umstand, wenige Stunden vor der Konkurrenz die Nachricht von Napoleons Niederlage bei Waterloo (1815) erhalten zu haben. Die in dem engen Zeitfenster getätigten Börsengeschäfte sollten sich als überaus gewinnbringend erweisen.[89] Bis heute hat sich an der Geschwindigkeitskopplung postalischer Zustellungen mit dem Überbringer nichts geändert, auch wenn sich dessen Mobilität erheblich beschleunigt hat.

In Anknüpfung an frühneuzeitliche öffentliche Postkursnetze (Venedig, Vatikan, Thurn und Taxis) baute man im 19. Jahrhundert entsprechende Strukturen unter staatlicher Aufsicht aus. Das Problem grenzüberschreitenden Postverkehrs lösten die nationalen Organisationen anfangs durch bilaterale Verträge, in denen man sich über die Konditionen verständigte. Im 1878 auf Initiative des deutschen Reichspostmeisters Heinrich von Stephan gegründeten Weltpostvereins einigten sich die 32 Gründerstaaten auf ein einheitliches Postgebiet, Transitfreiheit für Sendungen, sowie auf verbindliche Gebühren- und Portoordnungen. Maßnahmen dieser Art beschleunigten den Aufschwung des grenzüberschreitenden Briefverkehrs. Zählte man 1880 rund 730 Mio. Postsendungen weltweit, so waren es 1909 bereits rd. 4,4 Mrd. (+ 620 %).

Die europäischen Gesellschaften dienten beim Aufbau des chinesischen bzw. japanischen Postwesens als Vorbild. Man kann hierin sehr wohl eine

---

89 Ferguson, Niall: Die Geschichte der Rothschilds. Propheten des Geldes. Bd. 1: 1798–1848. München/Stuttgart 2002.

organisatorische Standardisierung und ein Element organisatorischer Konvergenz im Bereich des öffentlichen Dienstes erkennen, die dem transkontinentalen Briefverkehr zugute kam.

Die große Liberalisierungswelle der 1980er Jahre läutete das Ende der staatlichen Postunternehmen ein. In mehreren Schritten vollzog sich die Privatisierung: Umwandlung in eine Aktiengesellschaft, Emission der Anteilsscheine an der Börse, Reduktion des staatlichen Aktienpaketes. Nunmehr agieren diese Unternehmen als Logistikdienstleister streng marktorientiert, d. h. sie geben unrentable Geschäftsfelder auf (z. B. flächendeckende Briefzustellung in der Provinz) und orientieren sich am Weltmarkt. Etliche der ehemaligen Staatsunternehmen stellen sehr erfolgreich in den Ballungszentren aller Kontinente die Briefe zu – und erschließen sich auch weitere Geschäftsfelder.

Durchbruch der festnetzgebundenen Telekommunikation Großes Aufsehen erregte in ganz Europa der erste optische Telegraph, welchen Claude Chappe zwischen Paris und Lille 1794 installierte. Die Vision eines europäischen Elitenetzwerkes, welches über den optischen Telegraphen gelehrte Aussprachen halten würde, machte sich breit. Die Vorzüge des ungewohnten Nachrichtenübermittlungssystems waren so einsichtig, dass Großbritannien und Schweden wenig später gleichartige Anlagen errichteten. Im frühen 19. Jahrhundert folgten weitere Staaten in Europa, Nord- und Südamerika und in Asien. Allerdings sollten die optischen Telegraphen keine breite Wirkungsmacht entfalten, sondern blieben vor allem diplomatischen und militärischen Zwecken vorbehalten.[90]

Erst die Entdeckung und technische Beherrschung des elektrischen Stroms eröffnete völlig neue Möglichkeiten der Informationsübermittlung.[91] Der elektromagnetische, drahtgebundene Telegraph hob das Tempolimit bei der Nachrichtenübermittlung weitgehend auf. Ihren Durchbruch erzielte diese Technologie mit einer Pilotstrecke im nordamerikanischen Boston 1843. Die preußische Regierung gab 1847 nach anfänglichem Zögern die erste Telegraphenlinie für den zivilen Gebrauch frei. Im Winter 1848/49 wurde die von der Firma Siemens weitgehend unterir-

90 Beyrer, Klaus: Die optische Telegraphie als Beginn der modernen Telekommunikation. In: Teuteberg, Hans Jürgen/Neutsch, Cornelius (Hrsg.): Vom Flügeltelegraph zum Internet. Geschichte der modernen Telekommunikation. Stuttgart 1998, S. 14–26, hier: S. 15.
91 Hartmann, Frank: Globale Medienkultur. Technik, Geschichte Theorien. Wien 2006.

disch verlegte Linie von Berlin nach Frankfurt a. M. eingeweiht, die im Zusammenhang mit den revolutionären Vorgängen eine nicht unbedeutende Rolle spielen sollte.

Nachdem mit der Telegraphenverbindung zwischen Dover und Calais unter dem Ärmelkanal hindurch die Funktionstüchtigkeit von Seekabeln bewiesen worden war, stand 1866 die erste dauerhaft funktionierende transatlantische Telegraphenverbindung. Sie verband mit London und New York das traditionelle wirtschaftliche und politische mit dem künftigen Machtzentrum der Welt. Nun benötigten Botschaften nicht mehr rund sieben Tage per Schiff, sondern nur noch vier Minuten. Als 1902 die Kabelverlegung durch den riesigen Pazifik geglückt war, war das »Nervennetz des Erdballs« vollständig *(Abb. 16)*.

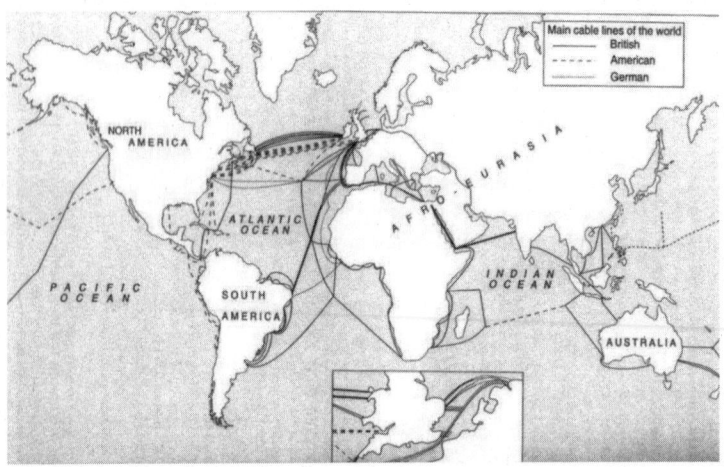

Abb. 16 US-amerikanische, britische und deutsche Unterseekabel (1911)

Quelle: Hugill, Peter J.: Global Communications since 1844. Geopolitics and Technology. Baltimore/London 1999, S. 44.

Der räumliche Ausbau des Welttelegraphenliniennetzes im 19. Jahrhundert entsprach recht genau der weltwirtschaftlichen Struktur. Ausgehend vom Impulsgeber Großbritannien, kam es zur Vernetzung der Zentren in Europa und Nordamerika, Teilen Asiens und Südamerikas. Afrika blieb nahezu außen vor. Zugleich wird die Bedeutung des ökonomischen Hegemons Großbritannien deutlich, welcher bis zum ausgehenden 19. Jahrhundert fast ein Monopol auf die Weltkabel besaß und noch bis zum Beginn des Ersten Weltkrieges mehr als die Hälfte dieser Einrichtungen sein eigen nannte. London stieg nach dem Urteil des deutschen Nationalökonom Max Roscher zum »Zentral-Nachrichtenbureau der Welt«[92] auf. Wie präsent das aktuell diskutierte global city-Konzept bereits seinerzeit war, lässt sich einem Schreiben des Bankiers Rothschild an seinen Kollegen Bleichröder aus dem Jahre 1876 entnehmen. »Die ganze Welt ist eine Stadt«[93] teilte er mit und meinte damit die dicht vernetzte Metropolengemeinschaft rund um den Globus.

Entsprechend dem Postsektor, bildeten sich auch im Umfeld der Telekommunikation organisatorische Strukturen in Anpassung an globale Erfordernisse heraus. Schon sehr früh, 1850/51, verständigten sich Betreibergesellschaften zahlreicher Länder auf einen einheitlichen Telegraphencode, der den weltweiten Informationsfluss ermöglichte. Der allgemeine Telegraphenverein bot als Dachorganisation der nationalen Organisationen eine geeignete Plattform, um anstehende, vornehmlich kommunikationstechnische Probleme zu verhandeln.

Die Ausstrahlungen der neuen Technologie auf den Mediensektor führten auch dort zu ausgeprägten Anpassungen an den nunmehr globalen Informationsraum. Der ursprüngliche Nutzerkreis, Regierungen, Diplomaten und Militär, wurde bald um Großunternehmen, Börsen und Medieneinrichtungen ergänzt. Internationale Nachrichtenagenturen wie Reuters (Großbritannien, britisches Empire), Associated Press (USA; Asien) oder Wolff (Deutsches Kaiserreich, Österreich-Ungarn, Russland) passten ihre Arbeitsweisen an die Telegraphie an und versorgten regionale und lokale Zeitungen mit Nachrichten. Sie trugen mit zum Entstehen einer kritischen Weltöffentlichkeit bei, was am Beispiel der Berichterstattung über die Kongogräuel um die Jahrhundertwende deutlich wurde. Aber auch die heute so bedenklichen oligopolartigen Kartellstrukturen der globalen Medienlandschaft nahmen bereits in der zweiten Hälfte des 19. Jahrhunderts seinen Ursprung.

Allerdings wies die Telegraphie eine entscheidende Schwäche auf: Sie vermochte den im unmittelbaren individuellen Kommunikationsverhalten gebräuchlichen Sprechakt nicht umzusetzen. Diese Möglichkeit bot seit

---

92 Roscher, Max: Die Kabel der Welt. Hauptsächlich in volkswirtschaftlicher Hinsicht. Abschn. V: Die Organisation des Seekabelwesens. Berlin 1911, S. 170.
93 Zit. nach Stern, Fritz: Gold und Eisen. Bismarck und sein Bankier Bleichröder. Frankfurt a. M. 1978, S. 243.

Ende der 1870er Jahre das Telefon in lokalen und regionalen Netzen. Seine Reichweite blieb aber lange Zeit beschränkt, erst 1956 verband ein leistungsfähiges transatlantisches Telefonkabel Europa mit dem nordamerikanischen Halbkontinent. Sechs Jahre später folgte die wohl berühmteste Telefonverbindung des Kalten Krieges, der sogenannte »heiße Draht« (hot line) zwischen Washington und Moskau. Beide Supermächte verständigten sich auf diese globale Infrastruktur, um eine künftige atomare Konfliktzuspitzung, wie sie sich im Umfeld der Kubakrise (1962) zugetragen hatte, durch direkte Gespräche auf oberster Ebene zu entschärfen.

Vermutlich hat keine andere technische Innovation das soziale Leben der Menschheit so tief verändert wie die Einführung des Internet. In den frühen 1960er Jahren erstmals theoretisch beschrieben, entstand das früheste Computernetzwerk in Californischen Forschungseinrichtungen. Das *Advanced Research Project Agency Network* (ARPANET, 1969) vernetzte vier Großrechner und sollte die amerikanische Nuklearwaffenzentren auch nach einem sowjetischen Atomschlag miteinander in Verbindung halten. Mit der 1973 vorgenommenen Verknüpfung bis dahin separater Netzwerke entstand das eigentliche Internet, das erst 1983 eine Aufteilung in einen militärischen und einen zivilen Bereiche erfuhr. Den Durchbruch als Massenmedium erzielte das Internet mit der komfortablen Plattform *world wide web* und dem *E-mail-Dienst*. In den vergangenen Jahren hat seine Leistungsfähigkeit in einer Weise zugenommen, dass es alle bisherigen Systeme in den Schatten stellt. Nach der Text- und Bildübermittlung kam die Internettelefonie, Musik- und Filmübertragung. Die W-Lan-Zugangsmöglichkeit kombiniert seit kurzem die Vorteile des Funknetzes mit dem des Internets. Einhergehend mit der rapiden Kostenreduktion – allein zwischen 1999 und 2001 sanken die Nutzungsgebühren in den OECD-Staaten um 23 % p. a. – und allgegenwärtigen Verfügbarkeit entwickelt sich das Internet zu einem Cyberspace, durch den man von Zeit zu Zeit surft. Interpretiert man Spiele wie »World of Warcraft« richtig, weisen die jüngste Trends auf eine Verschmelzung von Cyberspace und realer Welt.

Funknetzgebundene Kommunikation Die technologischen Wurzeln der drahtlosen Telekommunikation reichen ins späte 19. Jahrhundert zurück, als der Italiener Marconi die Funktelegraphie entwickelte. Ihre ursprüngliche Bedeutung galt der Sicherung von See- und Luftschifffahrt, rasch aber auch der Übermittlung von Börsennachrichten (zwischen New York und Paris erstmals 1903). Lange Jahrzehnte wurden die Funknetze terrestrisch betrieben und verstärkt. Mit dem Einsatz von Satelliten begann in den 1960er Jahren die extraterrestrische Signalübertragung. Marconis Entdeckung strahlte in ganz verschiedene Richtungen ab, bot die Ausgangsbasis für Rundfunk und Fernsehen, aber auch für Mobiltelefon und satellitengestützte Navigationssysteme.

»Demnächst können Sie die ganze Welt in die Tasche stecken«. Das in den späten 1990er Jahren plakatierte Werbeversprechen eines Handyproduzenten für sein handliches Erzeugnis brachte es auf den Punkt: die Globalisierung, die alltäglich und individuell erfahrbare Komprimierung von Zeit und Raum, erlebte durch Internet, Satellitenverbindungen und Mobilfunk eine völlig neue Dimension. Von nahezu jedem Ort dieser Erde aus kann der Kontakt zu einem auf der anderen Seite des Globus befindlichen Partner aufgenommen oder können Informationen abgerufen werden – in Echtzeit. Naturräumliche Barrieren spielen kaum noch eine Rolle (Ausnahme: Funkloch), entscheidend sind letztlich die Kosten.

X. Global Player – Gestalter, Antreiber, Getriebene

X.1. Was ist ein Global Player? Definition und Typologie

Im alltäglichen Sprachgebrauch scheint die Sache eindeutig zu sein. Global players, das sind die weltweit präsenten Großkonzerne, »Giganten ohne Heimat«[94], wie die ZEIT mutmaßte. Auch populärwissenschaftliche Informationsbroschüren der Bundeszentrale für politische Bildung folgen dieser Begriffsauslegung und führen als Synonym »multinationale Unternehmen« an.[95] Gegen eine solche terminologische Verengung, die auf ökonomische Akteure abhebt, spricht allerdings, dass global player im Wortsinne nichts anderes als globaler Spieler (= Akteur) bedeutet. Eine Eingrenzung auf bestimmte Organisationstypen, soziale Gruppen oder Individuen wird keineswegs nahe gelegt und erscheint angesichts der bunten Vielfalt zivilgesellschaftlicher, kommerzieller oder regierungsamtlicher Organisationen auf globaler Ebene auch nicht sinnvoll.

Daher wird im Folgenden unter *global player* ein individueller oder kollektiver Akteur verstanden, der über das Potential verfügt, die gesamte Erdkugel als sein »Spielfeld« zu nutzen. Das bedeutet nicht zwangsläufig, dass er auch überall präsent sein muss, wie das bei einigen multinationalen Unternehmen mit weltweiten Niederlassungsnetzen ja näherungsweise der Fall ist. Auch lokal oder regional verortete Akteure können bei entsprechendem Aktionsradius eindeutig als global players identifiziert werden. Populäre Künstler (Rolling Stones), prominente Fußballclubs (Real Madrid) oder politische Organisationen (Europäische Union) erfüllen beispielsweise dieses Kriterium.

Selbstverständlich zieht ein so weit gefasstes Begriffsverständnis große Vielfalt und damit große Unübersichtlichkeit nach sich. Aber die Sozialwissenschaften bieten doch einige überzeugende Systematisierungsmodelle

---

94 Die ZEIT 37/2000, S. 16.
95 Jäger, Uli: pocket global. Globalisierung in Stichworten. Braunschweig 2004.

Kategorie	Mitgliederherkunft Handlungsmotiv	Beispiele
International Governmental Organizations (IGO)	Global	Völkerbund (1919–1946) UNO (seit 1945) IWF, IBRD (seit 1945) WTO (seit 1995)
	Regional	Europäische Union (seit 1992) ASEAN, NAFTA, Mercosur
International Non-Governmental Organizations (INGO)	Non-Profit	Römisch-katholische Kirche IOC (seit 1894) FIFA (seit 1904) Greenpeace (seit 1971) Amnesty International (seit 1961)
	Profit	Multinationale Unternehmen

Tab. 12 Grobklassifikation »Internationale Organisationen«

Quelle: Rittberger, Volker: Internationale Organisationen. Politik und Geschichte. Opladen 1994, S. 30; eigene Überarbeitung

an, nach denen sich die zahlreichen global players eingruppieren lassen. Das diesen Ausführungen zugrunde gelegte Klassifikationsschema zählt zu den gängigen seiner Art und listet als angemessene Kriterien »Regierungsbeteiligung«, »Mitgliederherkunft« und »Handlungsmotive« auf *(Tab. 12)*.

Global players haben in der Vergangenheit maßgeblichen Einfluss auf den Globalisierungsverlauf genommen, prägen ihre Erscheinungsformen in der Gegenwart und dürften auch in der Zukunft eine gewichtige Rolle spielen. Je nach Interessenlage verfolgen sie unterschiedliche, ja gegensätzliche Ziele. Die daraus resultierenden Konflikte werden auf dem globalen Feld ausgetragen, wobei die »Spielregeln« (politische und juristische Rahmenordnung) nur sehr ungenügend ausgearbeitet sind. Das führte zu heftigen und emotional aufgeladenen Auseinandersetzungen.

X.2. Multinationale Unternehmen

An multinationalen Unternehmen scheiden sich die Geister. Den einen erscheinen sie als machtvolle, profitgierige Ausbeuter, andere erkennen in ihnen verantwortungsbewusste und wohlstandsfördernde Organisationen. Die Wahrheit liegt – wie so oft – irgendwo dazwischen.

X.2.1. Definition

Nach einer UN-Sprachregelung zählen zu den multinationalen Unternehmen all jene Firmen, die in mehr als zwei Staaten Vermögenswerte kontrollieren.[96] Daraus ist zwar noch keine globale Präsenz abzuleiten, aber es wird deutlich, dass ein ökonomischer global player zugleich ein multinationales Unternehmen ist. Für ein Auslandsengagement stehen ihnen grundsätzlich zwei Wege offen. Entweder tätigen sie *Direktinvestitionen*, d. h. sie errichten in anderen Ländern Fabriken oder erwerben dort bereits existierende Betriebe. Der Vorteil dieser Variante liegt darin, dass ein direkter Einfluss auf das Management und damit die operative Leitung der ausländischen Dependance gegeben ist. Der andere Weg verläuft über *Portfolioinvestitionen*, bei denen im Gegensatz zu den Direktinvestitionen Renditeerwartungen im Vordergrund stehen. Ein Unternehmen erwirbt Anteile an einem ausländischen Partner (z. B. in Form von Aktien), verfügt dadurch aber noch nicht über unmittelbaren Zugang zu der Führungsetage. Diesen erlangt es nur, wenn sein Aktienpaket einen gewissen Prozentsatz aller Anteilsscheine beinhaltet.

Zuweilen lassen sich Unternehmen aufgrund ihrer Organisationsstruktur keinem Land eindeutig zuordnen. Manche Autoren bezeichnen sie dann als »transnationale Unternehmen«, andere verwenden beide Ausdrücke synonym. Da sie sich hinsichtlich ihrer Handlungsmuster von »gewöhnlichen« multinationalen Unternehmen nicht wesentlich unterscheiden, wird im Folgenden eine solche Differenzierung ausgeblendet.

X.2.2. Das multinationale Unternehmen – ein Erfolgsmodell!

Der Typus »multinationales Unternehmen« ist ohne Zweifel ein Erfolgsmodell. Um die Jahrtausendwende zählte die Welthandels- und Entwicklungskonferenz (UNCTAD) rund 65.000 MNU mit 850.000 Auslandstöchtern und 54 Mio. Beschäftigten. Sie wickelten knapp 2/3 des damaligen Weltexports ab und die Größeren unter ihnen wiesen einen höheren Umsatz als das Bruttoinlandsprodukt kleinerer Volkswirtschaften aus. So übertraf der Jahresumsatz von DaimlerChrysler 1998 das polnische, finnische oder auch griechische BIP. Mehr als 80 % der MNU haben ihren Hauptgeschäftssitz in einem der Triaden-Staaten registrieren lassen.

---

96 UN Departments of Economic and Social Affairs: Multinational Cooperations in World Development. New York 1973, S. 5.

Multinationale Unternehmen blicken auf eine lange Erfolgsgeschichte zurück, und es spricht einiges dafür, dass diese noch eine Weile anhalten wird. Unter den zahlreichen Gründen für diesen Siegeszug seien benannt:

■ *Organisationsvorteile:* Die internationale Zusammenarbeit geht reibungsloser von statten, wenn beide Partner demselben Unternehmen angehören. Komplexe Projekte lassen sich leichter planen und durchführen, die Weisungsbefugnisse sind klar geregelt.

■ *Privilegierter Zugang zu nationalen Kapitalmärkten:* Multinationale Unternehmen verfügen durch ihre internationale Positionierung über bessere Zugangsmöglichkeiten zum jeweils nationalen Kreditmarkt. Die Finanzierung aufwändiger Vorhaben wird hierdurch erheblich erleichtert.

■ *Bessere Auslastung der eigenen Produktionsanlagen (economies of scale):* Gerade in kapitalintensiven Branchen ist der Auslastungsgrad von Maschinenanlagen eine betriebswirtschaftlich zentrale Größe. Er kann durch gezielte Auftragsvergabe von eigenen, im Ausland ansässigen Betrieben gesteigert werden.

■ *Synergieeffekte bei Forschung und Entwicklung (F&E):* Sind die sehr hohen Investitionen in F&E einmal geleistet worden, profitieren alle Unternehmensteile von den Resultaten.

■ *Zugang zu Rohstoffquellen:* Eine ausländische Dependance erleichtert in aller Regel den Zugang zu den Rohstoffquellen vor Ort. Gerade dieser Punkt spielte in der Auseinandersetzung zwischen den Industrienationen und den weniger entwickelten Staaten – häufig vormalige Kolonien – eine gewichtige Rolle.

■ *Aufteilung der Wertschöpfungskette:* Multinationale Unternehmen vermögen die Wertschöpfungskette eines Produktes so zu organisieren, dass an den jeweiligen Standorten die günstigsten Produktionsfaktoren eingesetzt werden. Das in der Einleitung geschilderte Fallbeispiel (Barbie) entspricht dieser Logik. Die arbeitsintensiven Produktionsschritte sind in Niedriglohnländer ausgelagert worden.

■ *Umgehen von Einfuhrbeschränkungen, -zöllen etc.:* Importbeschränkungen jedweder Art verlieren ihre Barrierenfunktion, wenn ein ausländisches Unternehmen Fabrikationsstätten in dem betreffenden Land betreibt. Nachdem die europäischen und nordamerikanischen Automobilproduzenten, durch die japanischen Absatzerfolge auf den heimischen Märkten zu Beginn der 1980er Jahre aufgeschreckt, Einfuhrrestriktionen erfolgreich durchgesetzt hatten, gründete Toyota, Honda und Co. Fertigungsstätten auf den westlichen Märkten. Unbehelligt von Zollschranken setzten sie ihre Absatzexpansion bis zum heutigen Tage fort.

■ *Standortkonkurrenz:* Der Wettbewerb unterschiedlicher Regionen um die Ansiedlung von Industriebetrieben und damit von Arbeitsplätzen schlägt sich u. a. darin nieder, dass den umworbenen Unternehmen Ansiedlungsprämien in Form von Subventionen, Steuervorteilen und anderen finanziellen Zugeständnissen in Aussicht gestellt werden. Besonders strukturschwache Staaten versuchen über Freihandels- oder Sonderwirtschaftszonen ausländische Investoren anzulocken.

■ *Marktnähe:* Produkte und ihr Design weisen häufig einen engen Bezug zu kulturellen Umwelt auf. Das ästhetische Empfinden beispielsweise variiert je nach regionaler und kultureller Verortung ganz erheblich. Aus diesem Grunde ist bislang beispielsweise das mehrfach in Angriff genommene Konzept eines »Welt-Autos« gescheitert. Multinationale Unternehmen versuchen dieser Marktvielfalt getreu der Einsicht »think global, act local« gerecht zu werden, in dem sie auf den wichtigen Absatzmärkten direkt präsent sind.

■ *Währungsschwankungen:* Ein großes Problem beim internationalen Handel stellen die teilweise erheblichen Währungsschwankungen dar. Exportgüter können sich bei ungünstiger Entwicklung in kurzer Zeit verteuern, mit der Folge, dass der Auslandsabsatz einbricht und der Hersteller in Schwierigkeiten gerät. Produktionsstätten in dem betreffenden Land wiederum entschärfen das Wechselkursrisiko. Tatsächlich lässt sich für die 1980er Jahre ein enormes Anwachsen von Auslandsinvestitionen nachweisen, was u. a. auf die zehn Jahre zuvor freigegebenen Wechselkurse zurückzuführen ist.

So viele Gründe auch für ein multinationales Organisationsmodell sprechen mögen, eines darf bei alledem nicht vergessen werden: Länderübergreifende Geschäfte setzen stabile politische Verhältnisse, Rechtssicherheit auf internationaler Ebene und niedrige Handelsbarrieren voraus. Deshalb bemühen sich Weltunternehmen intensiv um diese Themen, machen ihren Einfluss auf politische Instanzen geltend und treiben so die Globalisierung an. Im gleichen Zuge aber sorgt der verschärfte internationale Wettbewerb seinerseits, das die MNU ihre eigene globale Ausrichtung vorantreiben. Sie sind Antreiber und Getriebene in einem. Ein Blick in die Geschichte klärt über die Abhängigkeit ökonomischer *global players* vom jeweiligen *global frame* auf.

X.2.2. Handelshäuser – chartered companies – Aktiengesellschaften

Prä- und protoglobale Phase Gleichwohl der Begriff »multinationales Unternehmen« erst in den 1950er Jahren Eingang in die wissenschaftliche Literatur gefunden hat,[97] lassen sich Unternehmen mit weltweitem Aktionsradius bereits weit eher nachweisen. Das ausgehende Mittelalter und die Frühe Neuzeit kannten mit den großen Kaufmannshäusern (Medici, Fugger, Welser) Wirtschaftsakteure, deren Handelsbeziehungen große Teile des seinerzeit bekannten Raumes durchzogen. Allerdings blieben sie doch hauptsächlich dem eurasischen Raum verhaftet; überseeisches Engagement war eher die Ausnahme und meist wenig erfolgreich.

Die im 15. Jahrhundert einsetzende Expansion der Europäer und der Aufbau eines globalen Handelsnetzes erforderte immenses Risikokapital, welches einzelne Privatkaufleute nicht aufzubringen vermochten. Daher entwickelte sich Ende des 16. Jahrhunderts im nordwestlichen Europa ein neuer Typus von global agierender Kaufmannsgesellschaften: die »chartered company«. Als auf Dauer gestellte Kapitalgesellschaft und mit staatlichen Privilegien versehen waren, machten Unternehmen dieser Art den etablierten Portugiesen und Spaniern erfolgreich Konkurrenz in Übersee.

Als Organisationsmodell, das Maßstäbe setzte, fungierte die 1602 gegründete *Vereenigde Oostindische Compagnie* (VOC) mit Sitz in Amsterdam. Zur Finanzierung des überaus kostspieligen und riskanten Asiengeschäfts gab die VOC Anteilsscheine aus, die an der Amsterdamer Börse gehandelt wurden. Sie war damit die erste börsennotierte Aktiengesellschaft der Welt. Das Grundkapital in atemberaubender Höhe von 6,5 Mio. holländischen Gulden verschaffte ihr wesentlich größere Handlungsspielräume, als den Konkurrenten aus Portugal und Spanien zur Verfügung standen. Ihre riesige Fracht- und Kriegsflotte, die große Truppenzahl und zahlreiche befestigte Stützpunkte stellten einen nicht zu kompensierenden Wettbewerbsvorteil dar. Selbst die ebenfalls als *joint stock company* (Aktiengesellschaft) konstruierte, aber mit weitaus weniger Kapital ausgestattete englische *East India Company* musste für knapp zweihundert Jahre die niederländische Dominanz im Handel zwischen Europa und Asien akzeptieren. Dennoch endete die VOC-Erfolgsstory, wie übrigens jene der meisten anderen *chartered companies*, im ausgehenden 18. Jahrhundert mit einem Bankrott. Aus globalisierungshistorischer Perspektive müssen zwei Ursachen für diesen Niedergang in den Vordergrund gerückt werden:

▤ *Ungenügende Rechtsordnung und -sicherheit jenseits des Territorialstaates:* Zum einen war die VOC wegen der schwierigen Sicherheitslage auf der Asienroute und in Asien gezwungen, Eigentumsrechte und sonstige An-

---

97 Jones, Multinationals and Global Capitalism. From the Nineteenth to the Twenty-first Century. Oxford 2005, S. 4.

sprüche auf eigene Faust geltend zu machen. Durch ein Oktroy (staatl. Konzession) waren ihr zwar weitgehende hoheitliche Befugnisse übertragen worden, insbesondere jene zu militärischen Handlungen, aber auf lange Sicht waren diese Transaktionskosten wirtschaftlich nicht zu tragen. Insbesondere der vierte niederländisch-englische Krieg (1780–1784) riss ein tiefes Loch in die VOC-Kasse.

■ *Mangelhafte Transport- und Kommunikationsstruktur:* Zum anderen zeigte sich, dass die globalen Dimensionen mit den damaligen technischen Möglichkeiten nicht hinreichend effizient beherrscht werden konnten. Weder verfügte man in der asiatischen Zentrale Batavia über genaue und zeitnahe Marktinformationen aus Europa, noch wusste man in Amsterdam um die Preisentwicklung in Ostasien. Auch das unternehmensinterne Controlling war mangelhaft, die Informationsasymmetrien öffneten der Korruption Tür und Tor.

Zusammengefasst: Weder erwiesen sich die politisch-rechtlichen Rahmenbedingungen als stabil genug, noch reichten die verkehrs- und kommunikationstechnischen Möglichkeiten für das globale Spielfeld aus. Die »twin role of trader and sovereign«[98] überforderte die frühneuzeitlichen »multinationalen Unternehmen«, war somit Hauptgrund für Aufstieg und Niedergang gleichermaßen.

Die neue Generation multinationaler Unternehmen Das Organisationsmodell »global agierendes Unternehmen« war aber keineswegs dauerhaft gescheitert. Vielmehr erlebte es Mitte des 19. Jahrhunderts eine Renaissance, was auch damit zusammenhing, dass die Rahmenbedingungen sich deutlich verbessert hatten. Nunmehr gewährleisteten die modernen Infrastrukturen in den Bereichen Verkehr und Kommunikation die interne Informationsübermittlung und kostengünstige Warentransporte. Außerdem existierte ein in Ansätzen erkennbarer internationaler Ordnungsrahmen. Gemeinsam mit den im Kontext des Hochimperialismus gegebenen staatlichen Sicherheitsgarantien erwiesen sich die Voraussetzungen für weltweite Geschäfte als akzeptabel. Andere Faktoren kamen noch hinzu, etwa die Liberalisierung des Aktienrechts in den meisten europäischen Staaten oder technische Innovationen. In der Folge nahmen die MNU hinsichtlich ihrer Anzahl und wirtschaftlichen Bedeutung rasant zu, was sich auch im politischen Einfluss niederschlug.

---

98 Bowen, H. V.: The Business of Empire. The East India Company and Imperial Britain, 1756–1833. Cambridge 2006, S. 83.

Allerdings sollten sich die Rahmenbedingungen für ökonomische global players zwischen 1914 und 1945 erheblich verschlechtern. Die sozialistische Revolution in Russland schlug in den Bilanzen westlicher Firmen negativ zu Buche, weil sämtliche Direktinvestitionen enteignet und verstaatlicht wurden. Der nach 1918/19 um sich greifende Protektionismus beeinträchtige generell das internationale Investitionsklima. Deutsche Unternehmen büßten im Gefolge zweier verlorener Kriege einen Großteil ihrer im Ausland registrierten Anlagen, Patente, Marken etc. ein.

Ganz ähnliche Erfahrungen machten europäische und US-amerikanische Konzerne im Zuge der Dekolonisation nach 1945. Zahlreiche der neuen Nationalstaaten entzogen ihnen Bergbaukonzessionen, Produktionsstätten, Plantagen etc. Dabei kam dem Nahen Osten mit den Erdölfeldern eine herausragende Bedeutung zu. Nach und nach nahmen die arabischen Staaten die Ölförderung in eigene Hände und gründeten 1960 mit der OPEC ein handelspolitisches Kartell. Den westlichen Konzernen blieb allenfalls noch die Möglichkeit, als Kooperationspartner im Geschäft zu bleiben.

Trotz der internationalen Unsicherheiten verbesserte sich nach 1945 das Geschäftklima für multinationale Unternehmen vor allem wegen der US-amerikanischen Politik. Sie setzte in den Weltorganisationen bzw. -vereinbarungen (IWF, IBRD, GATT) einen Liberalisierungskurs durch, der Auslandsinvestitionen erleichterte. Auch die infrastrukturellen Grundlagen boten immer günstigere Bedingungen für die Bestellung globaler Geschäftsfelder

Die 1980er Jahre: ein Schub für multinationale Unternehmen und ausländische Direktinvestitionen Die während der 1980er Jahre einsetzende Welle von Auslandsinvestitionen geht auf folgende Faktoren zurück:

▓ Die Wirtschaftskrise der 1970er Jahre in den Industrieländern regte die Suche nach neuen Auslandsmärkten an.

▓ Hierzulande steigende Löhne, Lohnnebenkosten, Steuerlasten, Umweltauflagen etc. konnten angesichts der voranschreitenden Globalisierung und dem sich verschärfenden internationalen Wettbewerb nicht mehr hinreichend ausgeglichen werden. Die Produktionsverlagerung an günstigere Standorte wurde zur realistischen Option.

▓ Der in den 1980er Jahren einsetzende internationale Börsenboom regte die allgemeine Investitionstätigkeit an.

▓ Die Liberalisierung in den Industrieländern eröffnete neue Geschäftsfelder und zahlreiche der heutigen global player waren ehemalige Staatsunternehmen (Medienkonzerne, Deutsche Post AG, Deutsche Telekom AG)

■ Der technische Innovationsschub (Mikroelektronik, Software) eröffnete neue Geschäftsfelder, auf denen heute einige der weltweit größten Unternehmen (Intel, Microsoft) agieren.

X.2.3. In der Kritik: Lobbyismus und fehlende soziale Verantwortung

Am überragenden Erfolg multinationaler Unternehmen entzündet sich massive und wachsende Kritik. Da ihre Handlungsweise entsprechend der kapitalistischen Logik am Eigennutz orientiert ist, wird ihnen vorgeworfen, dass sie Profite auf Kosten der Allgemeinheit erwirtschaften würden. Gegenüber den nationalen Staaten spielten sie ihre überregionale Flexibilität aus, in Sachen Umweltschutz übervorteilten sie insbesondere die unterentwickelten Länder und die soziale Gerechtigkeit würden sie nach dem Grundsatz behandeln: »Die Managergehälter orientieren sich an den USA, die Löhne der Belegschaft an China.« (Jürgen Peters, IG Metall)

Das Problem liegt weniger in diesen tatsächlichen oder vermeintlichen Fehlentwicklungen, sondern in der strukturell bedingten Machtposition der Konzerne. Dem früheren Chairman von General Motors wird der Aphorismus zugeschrieben: »Was für GM (General Motors) gut ist, ist gut für Amerika« [99] Nun mag dieser Zusammenhang angesichts eines unverkennbaren Bedeutungsverlustes von GM nicht mehr ganz so eng sein. Dennoch ändert das nichts an der zugrunde liegenden Aussage über die Einflussmöglichkeiten der MNU auf die politischen Entscheidungsinstanzen.

Die Verbindung zwischen großem ökonomischem Potential und mächtigem politischem Einfluss lässt sich über die Jahrhunderte nachweisen. Zuweilen fielen bei den Akteuren der Protoglobalisierung die Handlungsfelder Wirtschaft und Politik dergestalt zusammen, dass beispielsweise Personen aus dem Hause Medici die Stadtrepublik Florenz führten oder die VOC einen Staat im Staate bildete. Im Zusammenhang mit dem ersten Opiumkrieg zwischen Großbritannien und China (1839–1842) gaben die Partialinteressen einflussreicher Asienhändler (u. a. East India Company) den Ausschlag dafür, dass die britische Regierung nach längerem Zögern die militärische Konfrontation suchte. Selbst nach dem englischen Rechts- und Moralkodex war dieser Krieg kaum zu rechtfertigen. Die Beispiele ließen sich für das 20. Jahrhundert in großer Zahl fortführen. Aus alledem ist

---

99 Harry D. Sloane, Chairman von GM.

vor allem eines zu schließen: Auch in der Zukunft wird der Konnex zwischen Politik und global aufgestellten Großunternehmen eines der strukturellen Probleme unserer Gesellschaftsordnung bleiben.

X.3. International Governmental Organizations (IGOs)

Eine Fülle von Aufgaben und Problemen sind jenseits des Nationalstaates angesiedelt. Friedenssicherung, Rechtskonventionen, technische Übereinkünfte und Umweltfragen zählen zu den wichtigsten Feldern, für deren Bearbeitung es Organisationen mit angemessener Kompetenz und Handlungsreichweite bedarf. Die hierfür geschaffenen Internationalen Regierungsorganisationen ergänzen die nationalen Regierungen, die aufgrund ihrer räumlich begrenzten Autorität dazu nur bedingt in der Lage sind.

X.3.1. Definition und Typologie

Juristische Grundlage einer jeden IGO bildet ein von mehreren Staaten unterzeichneter völkerrechtlicher Vertrag. Sie ist mit eigenen Organen und Kompetenzen ausgestattet und bearbeitet in mulilateraler Kooperation grenzüberschreitende Probleme bzw. Aufgaben. Bei den meisten Einrichtungen handelt es sich um internationale Institutionen, d. h. die nationalen Regierungen behalten sich die letzte Entscheidungskompetenz vor. Nur wenige IGOs, genannt sei die Europäische Union, entsprechen den Kriterien der Supranationalität. Die Regierungen der Mitgliedsstaaten haben bestimmte Kompetenzen an Brüssel abgegeben und müssen sich nach dort getroffenen Entscheidungen richten (z. B. Außenhandel).

Hinsichtlich der Mitgliedschaft lassen sich globale und regionale IGOs unterscheiden. Während UNO und WTO eindeutig in die erste Kategorie einzuordnen sind, zählt die EU beispielsweise zur zweiten. Allerdings, und das mag etwas verwirren, wird man sie ohne weiteres als global player bezeichnen dürfen, vergegenwärtigt man sich den weltpolitischen Einfluss der europäische Staatengemeinschaft.

Ein anderes Systematisierungsprinzip geht von den Tätigkeitsfeldern aus. IGOs sind auf allen politischen und gesellschaftlichen Gebieten anzutreffen, sie regeln Fragen des länderübergreifenden Kulturaustausches, organisieren internationale Bildungsprogramme oder pflegen die Weltwirtschaftsordnung. Ihre historische Genese bietet daher interessante Anhaltspunkte für die zu den jeweiligen als wichtig erachteten interregionalen bis globalen Problemfelder. Zudem lässt sich an den Mitgliederlisten der vergangenen zwei Jahrhunderte die schwindende Dominanz Europas erkennen.

X.3.2. Historische Entwicklung

Die erste Globalisierungsphase (1840–1914) ging mit einem raschen grenzüberschreitenden Verflechtungsprozess einher. Wirtschaftliche Beziehungen, Verkehrsnetze, kultureller Austausch und politische Kontakte bedurften eines internationalen und vor allem eines kontinuierlichen Managements.

Bis dahin war es üblich gewesen, auf großen Kongressen multilaterale Vereinbarungen zu treffen. Als herausragendes Beispiel kann die Schlussakte des Wiener Kongresses (1815) genannt werden. Sie beinhaltete nicht nur eine Neuordnung Europas nach der Ära Napoleon, sondern auch Regelungen internationaler Belange. So verpflichteten sich die Signatarstaaten, den Sklavenhandel abzuschaffen und die Piraterie auf dem offenen Meer zu bekämpfen. Diese Form des internationalen Politikmanagements hat sich über die Jahrzehnte bis heute gehalten. Berühmt wurden beispielsweise die Berliner Konferenzen von 1878 (Bismarck als »ehrlicher Makler«) und 1884/85 (Kongo-Konferenz) und die Marokko-Konferenzen von 1906 und 1911. Auch die Konferenz für Sicherheit und Zusammenarbeit in Europa (KSZE 1975) stand in dieser Tradition.

Ein weiteres frühes Beispiel multilateraler Kooperation stellten die zahlreichen Konventionen über die europäische Flussschifffahrt dar. Sämtliche bedeutenden Flüsse Mitteleuropas sollten sicher und von Schiffen aller Nationen frei befahren werden dürfen. Den Auftakt gab die Flussschifffahrtsakte für den Rhein (1814/15), es folgten entsprechende Übereinkünfte über die Elbe (1821), Weser (1823), Maas (1830) und Donau (1856). Das Modell übertrugen die Imperialpolitiker auch auf Afrika, beispielsweise bei der bereits erwähnten Kongokonferenz in Berlin (1884/85).

Allerdings eigneten sich solche sporadischen Initiativen nicht für die dauerhafte und begleitende Verhandlung wichtiger internationaler Beziehungen. Hierzu bedurfte es technischer Kommissionen, Verbände etc. Haupttätigkeitsfelder der IGOs des 19. Jahrhunderts waren technische Belange. Geregelt wurden Fragen des internationalen Verkehrs, sowohl zu Wasser als auch auf dem Lande. Besonders wichtig waren die Vereinbarungen zu Telekommunikation und zum Postdienst. In der Tradition technischer Übereinkünfte stand auch der 1922 ins Leben gerufene Internationale Eisenbahnverband sowie die 1944 gegründete Internationale Organisation für Zivilluftfahrt.

Politische Weltorganisationen und -ordnung des 20. Jahrhunderts Die Einsicht, dass nicht nur technische Aspekte internationaler Regelungen bedürfen, sondern auch das politische Zusammenleben der Völker, reifte langsamer. Zum Durchbruch verhalfen nicht zuletzt die traumatischen Erfahrungen zweier Weltkriege, in deren Folge die Errichtung einer institutionellen Weltordnung eingeleitet wurde. Immerhin hatten die Haager Konferenzen von 1899 und 1907 und die dort beschlossenen Landkriegsordnung bereits vor dem Ersten Weltkrieg einen ersten Wegweiser in Richtung internationales Krisenmanagement aufgestellt.

Der Völkerbund setzte das im 19. Jahrhundert angewandte Konsultativprinzip der multilateralen Treffen fort. Die Einrichtung eines ständigen Sekretariats und der periodisch tagenden Bundesversammlung verstetigte nicht nur das Prinzip, sondern erweiterte es um den Gedanken der Gleichberechtigung aller Völker. Auch wenn der Völkerbund scheiterte, blieben seine Kernanliegen – Friedenssicherung, humanitäre Hilfe und Förderung allgemeinen Wohlstands – weithin akzeptierte Ziele. Seine strukturellen Defizite hoffte man beim neuerlichen Versuch, mittels der UNO eine politische Weltordnung schaffen zu können, zu vermeiden. Allerdings war es hier die gegenseitige Blockade der beiden Hegemonialmächte USA und UdSSR, welche insbesondere den Sicherheitsrat erheblich behinderte. Das Institutionensystem von Bretton Woods wiederum repräsentierte nur die Staaten der westlichen Welt. In den späteren Jahren, insbesondere nach dem Zerfall der Sowjetunion stellte sich die finanzielle Abhängigkeit der UNO von den Mitgliedsländern als problematisch heraus. Vor allem Washington war nicht bereit, seinen Zahlungsverpflichtungen vollständig nachzukommen, weil es sich in seiner internationalen Handlungsfreiheit mehrfach von der UNO zu Unrecht eingeschränkt sah. Unabhängig von solchen Querelen erwiesen sich die humanitären Unterorganisationen, bei denen eine Kooperation über die Blöcke hinweg relativ unproblematisch war, als wertvoll und weithin geschätzt.

Regionalorganisationen Das Bemühen, großräumige politische Handlungseinheiten zu schaffen, verfolgten Regierungen wohl zu allen Zeiten. Geändert haben sich Mittel und Wege, aber auch die Motivation für ein solches Vorgehen. Frühneuzeitliche Territorialstaatsbildung und -expansion bleiben an dieser Stelle einmal ausgeblendet, obwohl es reizvoll wäre, die mit militärischer Stärke oder geschickter Heiratspolitik betriebene

Arrondierung unter dieser Fragestellung zu diskutieren. Im 19. Jahrhundert aber wiesen die imperialen Bestrebungen der europäischen Großmächte in diese Richtung. Ziel war es, ein autonomes und konkurrenzfähiges eigenes Einflussgebiet zu erhalten. Im 20. Jahrhundert ist man hiervon – nicht zuletzt wegen humanitärer und ökonomischer Erwägungen – abgekommen.

Nach dem Zweiten Weltkrieg lassen sich drei Motive für eine regionale Kooperation bzw. Integration erkennen: Militärisch sorgte die ideologische Konfrontation für die Einsicht, gemeinsam ist man stärker. Wirtschaftlich zeigte sich, dass die Vorzüge eines großen Binnenmarktes erlangt werden können, wenn man eine Freihandelszone oder gar eine Wirtschaftseinheit herbeiführt. Technologisch wurden manche Projekte so kostspielig, dass ein einzelner Staate sie nicht mehr schultern konnte. Das europäische Airbus-Projekt und die europäische Atomgemeinschaft EURATOM (1958) sind zwei Beispiele dafür.

X.4. International Non-governmental Organizations (INGOs)

Die dritte Kategorie der global player wurzelt im zivilgesellschaftlichen Aufbruch des 19. und 20. Jahrhundert. NGOs geben den gesellschaftlichen Partialinteressen eine Stimme, die in regierungsamtlichen Verlautbarungen bislang kaum hörbar waren. In diesem Sinne verstehen sich die Gruppierungen zu Recht als wichtige Träger einer zivilgesellschaftlich-basisdemokratischen Kultur. Auf der anderen Seite fehlt ihnen jedwede demokratische Legitimation, was einen gewissen Widerspruch zum eigenen Ansatz beinhaltet.

Der vor allem in den 1970er Jahren erfolgte Zusammenschluss von NGOs zu INGOs ist weniger ein Hinweis darauf, das vormals regional begrenzte Probleme sich ausgeweitet haben als vielmehr, dass ihre globale Dimension erst relativ spät erkannt wurde.

X.4.1. INGO – Definition, Merkmale, Typologie

Bei einer Non-governmental Organization (NGO) handelt es sich um den Zusammenschluss von Personen mit gemeinsamen Wertvorstellungen und politischen Zielsetzungen. Ein weisungsgebundenes Verhältnis zur nationalen Regierung bzw. staatlichen Administration liegt nicht vor. Die NGO steht in privater Trägerschaft und agiert nicht gewinnorientiert. Ein Zusammenschluss mehrerer NGOs über Staatsgrenzen hinweg begründet eine INGO. Sie befasst sich meist mit einem klar definierten Aufgabenbereich wie Umweltschutz, Menschenrechte o.ä. Wie bei internationalen Regierungsorganisationen reflektiert das im Laufe der Zeit sich erweiternde Themenprofil aller INGOs das veränderte Problembewusstsein der Weltöffentlichkeit.

X.4.2. Historische Entwicklung

INGOs spielen erst seit der modernen Globalisierung eine größere Rolle. Sie treten bevorzugt dort auf, wo die nationale Handlungsreichweite von Regierungen endet und keine internationale Kooperation existiert. Zum anderen agieren sie bei offenkundigem Marktversagen.

Im 19. Jahrhundert standen humanitär-humanistische Aspekte im Vordergrund, vor allem die Abschaffung der Sklaverei, die Regelung einer Verwundetenversorgung im Zusammenhang mit Kampfhandlungen oder auch der internationale Pazifismus. Als Gegen- bzw. Parallelbewegung zur adligen und bürgerlichen Welt formierte sich 1864 die Sozialistische Internationale.

Nach einem ersten Gründungsboom in Folge des Völkerbundes, kam es in den 1930/40er Jahren zu einem scharfen Einbruch bei den Neugründungen von INGOs. Die nationalistisch aufgeheizte Atmosphäre hinterließ tiefe Spuren. Erst das US-amerikanische *civil rights movement* wie auch die Protestwelle der 1960er Jahre sorgte für den Durchbruch einer zivilgesellschaftlichen Kultur, die sich nicht nur auf kleinere, vornehmlich elitäre Kreise beschränkte. Die 1970er Jahre verzeichneten mit den neuen sozialen Bewegungen einen wahren INGO-Boom. Thematisch standen Umweltschutz, Entwicklungshilfe und Abrüstung im Vordergrund, wobei sowohl inhaltlich als auch organisatorisch ein Trend zur Fusion zu erkennen war.

In den 1990er Jahren integrierte die Globalisierungskritik all jene Strömungen in einen großen Zusammenhang. Globalisierung fungiert seither gewissermaßen als analytische Matrix, in der ökologische Probleme, soziale Ungerechtigkeit u. a. m. ihre Platz finden.

XI. Wirtschaftstheoretische Leitideen und Wirtschaftspolitik

XI.1. Theoretische Leitideen und praktische Politik

XI.2. Dirigismus oder Liberalismus? Wie soll die Weltwirtschaft gestaltet werden?

XI.1. Theoretische Leitideen und praktische Politik

Menschen im Allgemeinen und Politiker im Besonderen erheben den Anspruch, intentional zu handeln. Konkrete Ziele – selbst gesteckt oder vorgegeben – sollen durch planvolle, durchdachte Vorgehensweise möglichst effizient erreicht werden. Handelt es sich dabei um komplexere Herausforderungen politischer, wirtschaftlicher oder gesellschaftlicher Art, kommen Leitideen ins Spiel. Sie bieten den Akteuren Orientierungshilfen, an denen sie ihre Entscheidungen größerer und kleinerer Tragweite ausrichten. Sowohl die Wahl des Zieles, als auch die Frage, auf welchem Wege und mit welchen Mitteln es zu verwirklichen wäre, stehen in engem Zusammenhang mit der zugrunde gelegten Leitidee.

Politische Leitideen verfügen nicht über den Status unumstößlicher Wahrheit. Ihre Überzeugungskraft steht und fällt mit der Qualität ihrer Lösungsvorschläge für anstehende Probleme. Da aber die Meinungen über solche Qualitäten nicht selten auseinander gehen, pflegen mehrere Leitideen über längere Zeit miteinander um die Gunst der Mehrheit zu konkurrieren (Liberalismus vs. Sozialismus). Zudem unterliegen Leitideen intellektuellen Konjunkturschwankungen; unabhängig ihrer tatsächlichen Inhalte stoßen sie mal auf größere, mal auf geringere Akzeptanz.

Die Globalisierung selbst wurde maßgeblich von theoretischen Konzepten und daraus abgeleiteten politischen Entscheidungen beeinflusst – und sie wird es immer noch. Im Folgenden interessieren vor allem jene wirtschaftstheoretischen Konzepte, die einen klaren Bezug zu grenzüberschreitenden Interaktionen und Integrationsprozessen enthalten. Selbstverständlich bieten auch kultur- und gesellschaftstheoretische Ansätze aufschlussreiches Erklärungspotential. Da aber nach der hier vertretenen Auffassung die moderne Globalisierung primär ökonomisch motiviert war und ist, liegt der Fokus nachfolgender Ausführungen auf den wirtschaftstheoretischen Konzepten und ihren Auswirkungen auf die politische Praxis.

XI.2. Dirigismus oder Liberalismus?
Wie soll die Weltwirtschaft gestaltet werden?

»Was die Weltwirtschaft betrifft, so ist sie verflochten«[100], bemerkte Kurt Tucholsky, ließ aber offen, warum das so wäre. Die überzeugendste, weil einfachste Erklärung verweist darauf, dass nur über den Außenhandel begehrte Güter zu beziehen sind, welche die Binnenwirtschaft aus klimatischen, geologischen oder gewerblich-strukturellen Gründen nicht zur Verfügung stellen kann. Dieser einsichtige, jahrhundertealte Gedankengang führte die Experten zu der Frage, wie der Staat mit den daraus erwachsenden Gefahren ökonomischer und politischer Fremdeinflüsse umgehen sollte. Ihre Antworten füllen ganze Bibliotheken, lassen sich im Kern aber auf zwei Grundpositionen zurückführen:

■ *Staatsdirigismus und Außenwirtschaftssteuerung:* Dieser Haltung liegt die Überzeugung zugrunde, dass Regierungen im Eigeninteresse a.) externe Einflüsse auf ihre Volkswirtschaften kontrollieren und reglementieren müssen und b.) die Außenwirtschaft zur optimalen Förderung der eigenen volkswirtschaftliche Prosperität steuern sollten. Dieser Logik folgten die merkantilistische Außenwirtschaftspolitik zwischen 1650 und 1750, neomerkantilistische Maßnahmen des ausgehenden 19. Jahrhunderts und der in der Zwischenkriegszeit des 20. Jahrhunderts erkennbare Protektionismus. Weiterhin ist in diesem Kontext auch das im »real existierenden Sozialismus« etablierte staatliche Außenhandelsmonopol anzuführen. Es war zwar nicht durch die Marxsche Lehre gedeckt, sollte aber einstweilen aufrecht erhalten werden, bis der aggressive Kapitalismus/Imperialismus untergegangen wäre. Auch die NS-Außenwirtschaftslenkung im Rahmen des »Neuen Planes« zählt zu den dirigistischen Konzepten.

■ *»Nachtwächterstaat« und Außenwirtschaftsordnung:* Dagegen lautet die wirtschaftsliberale Kernbotschaft: Weniger Staat ist mehr! Erst das freie Spiel der Marktkräfte würde das vorhandene dynamische Potential freisetzen und die erwünschten Wohlstandseffekte zeitigen. Bezogen auf die Außenwirtschaft bestünden die Aufgaben des Staates darin, a.) größtmögliche Zurückhaltung zu üben und b.) nur in unvermeidlichen Fällen (unfaire Handelspraxis ausländischer Akteure, ideologische Unterwanderung etc.) etwaige Wettbewerbsverzerrungen zu unterbinden oder Gefahren für das politische System abzuwenden.

---

100 Tucholsky, Kurt: Kurzer Abriss der Nationalökonomie. In: Die Weltbühne, 15.9.1931, S. 393.

Die wirtschaftspolitischen Leitbilder der vergangenen dreihundert Jahre lassen sich ebenso wie die daraus abgeleitete politische Praxis zwischen diesen beiden Polen verorten.

X.2.1. Merkantilismus, Neomerkantilismus, Protektionismus

Merkantilismus Unter Merkantilismus ist jene wirtschaftstheoretische und -politische Strömung des 17./18. Jahrhunderts zu verstehen, die mittels einer aktiven Regierungspolitik die jeweils eigene Volkswirtschaft gezielt zu fördern trachtete. Im Erfolgsfall würden ein höheres Steueraufkommen, wachsende Zolleinnahmen und Erträge aus zahlreichen weiteren Abgabevarianten das Staatssäckel füllen und so die Monarchie stärken. Denn bekanntlich verschlangen die wichtigsten Herrschaftssäulen des vormodernen Territorialstaates – Heer, Verwaltung und Hof – Unsummen, die in Gold und Silber aufzubringen waren. Daher zielte die merkantilistische Politik auf die Beschaffung großer Edelmetallvorräte ab.

Die Außenwirtschaft nahm in dem Gesamtkonzept aus zwei Gründen eine besonders wichtige Position ein. Erstens sorgten Exporte dafür, dass Geld bevorzugt in Form von Edelmetallen unmittelbar ins Land und mittelbar in die Staatskasse gelangte, wohingegen Importe solches aus dem eigenen Territorium abzogen. Folglich praktizierten zahlreiche Regierungen eine Exportförderpolitik vor allem bezüglich der Fertigwaren, da sie höhere Gewinnmargen als Roh- und Grundstoffe versprachen. Importe hingegen wurden mit Zöllen belegt und auf jene Güter beschränkt, welche die heimische Wirtschaft nicht zur Verfügung stellen konnte. Auf diese Weise minimierte man nicht nur den Warenbezug, sondern erzielte auch noch beachtliche Zoll- und Steuereinnahmen. Zu den wenigen erwünschten Einfuhren zählten Roh- und Grundstoffe, da sie zu Fertigwaren weiterverarbeitet und anschließend dem Export zugeführt werden konnten.

Zweitens lag dem merkantilistischen Konzept die Prämisse zugrunde, dass die Weltwirtschaft den Regeln eines »Nullsummenspiels« gehorchte. Außenwirtschaftliche Positionsgewinne des Einen (z. B. Exportsteigerung) gingen demnach automatisch mit Nachteilen des Anderen (z. B. Exportabnahme) einher – und vice versa! »One man's loss is another man's gain«, brachte der englische Theoretiker Thomas Munn (1571–1641) diesen Sachverhalt auf den Punkt. Offenkundig setzte sich im zeitgenössischen Denken der politisch-militärische Wettbewerb zwischen den frühneuzeitlichen Herrschaften Europas nahtlos auf der außenwirtschaftstheoretischen und -praktischen Ebene fort.

Ein aus der »Nullsummen«-Vorstellung abgeleitetes politisches Handlungsmuster war und ist die *beggar-my-neighbour-strategy*. Dabei werden außenwirtschaftspolitische Maßnahmen in der Absicht ergriffen, eigene Vorteile auf Kosten anderer zu erzielen. Neben handelspolitischen Maßnahmen (Exportförderung durch Subventionen, Abwertung der eigenen Währung etc.; Importminderung durch Zölle, Kontingentierung etc.) waren auch Dienstleistungen in das Konzept integriert. Beispielsweise schloss die berühmte Navigationsakte, welche London 1651 verabschiedet hatte, für knapp zwei Jahrhunderte ausländische Konkurrenten von lukrativen Gütertransporten zwischen dem englischen Mutterland und seinen Kolonien aus. Damit knüpfte die Regierung an die seit dem 15. Jahrhundert nachzuweisende Monopolstrategie Portugals und Spaniens an, mit der die katholischen Königreiche ganze Schifffahrtsrouten nach Amerika und Asien für sich alleine beansprucht hatten.

Außenhandelshürden

Tarifäre Handelshürden

- Zölle (Land-, Wasserzoll u.a.)
- Steuern
- Gebühren (Wege-, Brückengeld u.a.)

Nicht-tarifäre Handelshürden

- Preisbezogene Maßnahmen
- Mengenbeschränkende Maßnahmen
- Staatliche Auftragsvergabe an heimische Akteure
- Benachteiligung ausländischer Akteure
- Handelsmonopole
- Importüberwachung

INFO-BOX

11

Neomerkantilismus Das Spektrum möglicher Außenhandelshürden war in seinen Grundzügen bereits im 17./18. Jahrhundert entwickelt und angewandt worden. Aufgrund der liberalen Neujustierung nationaler Wirtschaftspolitiken im 19. Jahrhundert gerieten merkantilistische Elemente zwangsläufig in den Hintergrund. Dennoch wurden sie nicht gänzlich »entsorgt«, sondern in gewissen Situationen immer wieder in die Diskussion eingeworfen. So betonte der Nationalökonom Friedrich List (1789 – 1846) im Rückgriff auf den ersten US-amerikanischen Finanzminister Alexander Hamilton die Notwendigkeit sogenannter »Erziehungszölle« für junge Industriezweige *(infant industries)*. Mit ihrer Hilfe sollten diese Branchen so lange vor der überlegenen Auslandskonkurrenz geschützt werden, bis sie aus eigener Kraft den Wettbewerb bestehen könnten. Der kritische Punkt dieser an sich schlüssigen Argumentation liegt darin, dass sich die Unternehmen in dem Schutzraum hinter den Zollmauern einrichten und nicht die schmerzhaften, aber notwendigen Anpassungen an den Weltmarkt vollziehen könnten. Immerhin zeigen die Beispiele Japans nach 1945 und der seit den 1980er Jahren *New Industrialized Countries* (NIC) Taiwan, Südkorea und Hongkong, dass das Konzept der Erziehungszölle durchaus aufging.

Mit schöner Regelmäßigkeit gelangen in wirtschaftlichen Krisenzeiten Forderungen nach Schutzzöllen auf die politische Tagesordnung. Meist werden sie von traditionsreichen, aber kaum noch konkurrenzfähigen Branchen eingefordert, um das eigene Verfallsdatum hinauszuzögern. Dieses Muster lag auch dem europaweit zu beobachtende Schwenk vom Freihandels- auf den Schutzzollkurs Ende der 1870er Jahre zugrunde. Bereits seit Jahren hatten Industrialisierung und Globalisierung wachsenden Transformationsdruck vor allem auf den Agrarsektor und die Schwerindustrie zahlreicher europäischer Staaten ausgeübt. Angesichts ihrer düsteren Zukunftsaussichten drängten die Interessenvertreter auf staatliche Unterstützungsmaßnahmen. Ihr Ruf nach tarifären Schutzmauern (Importzöllen) wurde in dem Moment von den Regierungen erhört, als der Gründerkrach (1873) in eine langjährige Gründerkrise einmündete und scheinbar akuter Handlungsbedarf bestand. Zollanhebungen, Retorsionszölle und Handelskriege (Russland vs. Deutschland) prägten die folgenden Jahrzehnte bis zum Ersten Weltkrieg, weshalb ihnen das Etikett »Neomerkantilismus« angeheftet wird.

Protektionismus Die Weltwirtschaft der Jahre 1918–1939 litt unter massiven protektionistischen Maßnahmen nahezu aller Länder. Während die 1919/20 neu gegründeten Nationalstaaten gewissermaßen im Zuge ihrer Identitätsbildung klare Abgrenzungen sowohl im politischen als auch im wirtschaftlichen Bereiche anstrebten, schotteten selbst politisch und ökonomisch gefestigte Länder wie die USA und Großbritannien ihren Heimatmarkt ab. Auch die in den 1930er Jahren einsetzende Abwertungsspirale internationaler Wechselkurse fiel unter diese Handlungsstrategie, zielte sie doch auf die Steigerung von Exporten und Senkung von Importen ab. Da aber nahezu alle Staaten ähnliche Maßnahmen ergriffen, hoben sich die ohnehin nur kurzfristig erreichbaren Vorteilspositionen gegenseitig in ihren Wirkungen auf. Es setzte zum Nachteil aller ein allgemeiner weltwirtschaftlicher Desintegrationsprozess ein.

Zielte der Protektionismus zumindest importseitig auf eine Filterung unliebsamer Weltmarkteinflüsse im Inneren, formulierte das Autarkiekonzept die völlige Abschottung der eigenen Volkswirtschaft als angestrebten Idealzustand. Natürlich bleibt die Autarkie in der modernen Welt ein bestenfalls näherungsweise erreichbarer Zustand. Immerhin verfügte beispielsweise die international isolierte sozialistische Sowjetunion, gestützt auf ebenso umfangreiche wie vielfältige Rohstofflagerstätten, ausgedehnte landwirtschaftliche Flächen und einen hinreichend großen Binnenmarkt, über relativ gute Voraussetzungen zur Selbstversorgung. Dagegen musste die Autarkie, wie sie das NS-Regime propagierte, angesichts des Industrialisierungsgrades Deutschlands Stückwerk bleiben bzw. zur Legitimation wirtschaftlich unsinniger Projekte (Produktion synthetischer Kraftstoffe etc.) herhalten.

Nach 1945 setzte sich das Freihandelsparadigma, geadelt durch zahlreiche »Wirtschaftswunder« in Deutschland, Italien oder auch Japan und durch einen lang anhaltenden Konjunkturaufschwung bis in die frühen 1970er Jahre durch. Der Zusammenbruch des Weltwährungssystems von Bretton Woods (1971/73), die beiden Ölkrisen (1973/78) und die nachlassende konjunkturelle Dynamik weckten indes alte Reflexe: Zollhürden und andere Importbeschränkungen schienen fröhliche Urstände zu feiern. Zwar vermochten die mächtigen Industriestaaten auf den Weltwirtschaftsgipfeln die Rückkehr zum Protektionismus verhindern und seit dem neoliberalen Kurs der 1980er Jahre gilt der mainstream eindeutig dem Freihandel. Dennoch existieren subtile Formen der Abschottung von Heimatmärkten, da sich zwischenzeitlich das Instrumentarium nicht-tarifärer Handelsbeschränkungen sehr verfeinert hat. So wurde den USA vorgeworfen, dass sie nur vordergründig eine liberale Außenhandelspolitik betreiben, einzelne Sektoren aber sehr wohl mit Zollmauern und darüber hinaus durch technische Auflagen, Kontingentierungen etc. schützen würden.[101] Auch andere Nationen bzw. Staatengemeinschaften mussten und müssen sich ähnliche Kritik gefallen lassen. Japan etwa hatte seine jahrzehntelange Exportoffensive mit einem systematisch unterbewerteten Yen befördert, und die EG/EU achtet im Agrar- und Textilsektor sehr genau auf die Interessen heimischer Produzenten.

X.2.2. Liberalismus/Freihandel – Neoliberalismus

Deregulierung und Privatisierung! Auf diese beiden Vorgänge lässt sich das liberale Ordnungsmodell, welches die politische, gesellschaftliche und wirtschaftliche Ordnung integriert, mit einer gewissen Berechtigung reduzieren. Sämtliche Bereiche menschlichen Zusammenlebens sollten nur in geringem Umfange vom staatliche Regelwerk beschränkt werden, weil dieses die individuelle Kreativität und Eigeninitiative eher lähmen denn beflügeln würde. Daher gelte es, die seit Jahrhunderten ausgearbeiteten und ausgeweiteten staatlichen Reglements abzubauen *(Deregulierung)*. Falls dieser Ansatz richtig ist, und davon gehen überzeugte Liberale aus, muss sich der Staat aus vielen Handlungsfeldern zurückziehen und die dort tätigen Organisationen, Unternehmen etc. privaten Marktteilnehmern zugänglich machen *(Privatisierung)*. In der Folge sinken mit den Staatsaufgaben auch die -ausgaben, und dadurch kann die Abgabenlast (Steuer u. a.) für Private reduziert werden. Es ist offenkundig, dass das liberale Gesellschaftsmodell in Auseinandersetzung mit und in Abgrenzung zu dem Merkantilismus und seinen staatsdirigistischen Auswüchsen erarbeitet worden war.

Das Kronjuwel der Außenhandelstheorie – »Theorem des komparativen Kostenvorteils« Verfolgt man öffentliche Debatten über die beste Weltwirtschaftspolitik, fordern liberale Geister gebetsmühlenartig die Beseitigung jeglicher Handelshemmnisse. Sie behinderten den freien Wettbewerb, damit den technische Fortschritt und die wirtschaftliche Dynamik. Dagegen profitierten vom Freihandel auf lange Sicht sämtliche Staaten.

Zur Begründung dieser geradezu dogmatischen Überzeugung verweisen ihre Verfechter auf das Theorem vom komparativen Kostenvorteil,

---

101 Wallach, Lori: Fünf Jahre Welthandelsorganisation. Ein trauriges Fazit. In: Mander, Jerry/Goldsmith, Edward (Hrsg.): Schwarzbuch Gobalisierung. Eine fatale Entwicklung mit vielen Verlierern und wenigen Gewinnern. München 2004, S. 261.282

welches der britische Nationalökonom David Ricardo (1772–1823) im frühen 19. Jahrhundert aufgestellt hatte. Gleichwohl es wirtschaftstheoretisch lange überarbeitet, revidiert und ergänzt worden ist, gilt es nach wie vor als Kronjuwel der Außenhandelstheorie. Das Theorem fungierte als Leitidee für die britischen Freihandelspolitiker im 19. Jahrhundert. In den 1840er Jahre setzten sie durch, dass mit den Getreidezöllen und der Navigationsakte zwei wesentliche Relikte merkantilistischer Außenhandelspolitik über Bord geworfen wurden. Der im Jahre 1860 zwischen Frankreich und Großbritannien abgeschlossene Cobden-Chevalier-Vertrag beinhaltete erstmals die Meistbegünstigungsklausel und gab den Auftakt zu einer internationalen Zollsenkungsrunde. Nach den Wirren zweier Weltkriege und der Weltwirtschaftskrise von 1929 orientierten sich unter dem Einfluss der US-Regierung auch die Bretton-Woods-Institutionen und die GATT-Verhandlungsrunden an diesem Vorgabe liberaler Außenhandelstheorie.

Was besagt nun das Theorem der komparativen Kostenvorteile? Schon Adam Smith (1723–1790), Übervater des Liberalismus, hatte bereits sehr früh auf die positiven volkswirtschaftlichen Effekte des Außenhandels hingewiesen, wobei er von sogenannten absoluten Kostenvorteilen ausgegangen war. Das bedeutet, dass der Handel für zwei Länder vorteilhaft ist, wenn jedes Land die Güter exportiert, die es billiger als das andere herstellen kann. Was aber ist, wenn eines der beiden Länder alle Güter teurer produziert? Man könnte vermuten, dass in diesem Falle die Handelsbeziehungen abbrechen, weil es für das eine Land keinen Anreiz gibt, die teuren Produkte aus dem Partnerland zu beziehen. David Ricardo war dieser Frage nachgegangen und führte in seinem »Theorem des komparativen Kostenvorteils« aus, dass nicht nur absolute, sondern bereits komparative Kostenvorteile für beide Handelspartner Vorteile bergen würden, wie folgendes Beispiel illustrieren mag:

Bekanntlich finden Rosen in den USA am 20. Februar eines jeden Jahres reißenden Absatz – die Bringschuld am Valentinstag. Nun erfordert der Anbau von Winterrosen erhebliche Kapitalsressourcen (Energiekosten, Gewächshaus, Arbeitszeit etc.), die anderweitig besser eingesetzt werden könnten, etwa für den Bau von Computern. Fiktiv: Die für 10 Mio. Winterrosen erforderlichen Ressourcen würden ausreichen, um 100.000 Computer zu bauen. Die schönen Blumen könnte man aus Venezuela beziehen, wo sie a.) billiger sind und b.) Computer wegen unzureichendem know-how nicht so effizient herzustellen sind. Hier reichen die Kapitalressourcen, die für 10 Mio. Rosen benötigt werden, für den Bau von nur 30.000 Computern. Konzentrierte sich Venezuela auf den Rosenanbau und die

USA auf die Computerproduktion, sähe die Gesamtbilanz folgendermaßen aus *(Tab. 13)*:

Das Theorem vom komparativen Kostenvorteil führt den Nachweis – wenn auch unter sehr speziellen Bedingungen – dass internationale Wirtschaftsbeziehungen sich grundsätzlich für alle Beteiligten zum Vorteil auswirken können. Die Weltwirtschaft ist eben kein »Nullsummenspiel«.

	Rosen (Mio.)	**Computer (1000)**
USA	– 10	+ 100
Venezuela	+ 10	– 30
Summe	0	+ 70

Tab. 13 Beispiel Rosen vs. Computer (Theorem der komparativen Kostenvorteile)

Quelle: Krugmann, Paul R./Obstfeld, Maurice: Internationale Wirtschaft. Theorie und Politik der Außenwirtschaft. München u. a. 2006, S. 55–56.

Wirtschaftsliberalismus seit den 1980er Jahren (»Neoliberalismus«) Der Wirtschaftsliberalismus geriet durch die Turbulenzen der Weltwirtschaftskrise in eine ernsthafte Legitimationskrise. Unter Führung der USA gelang es, seine Glaubwürdigkeit nach 1945 durch eine lang anhaltende wirtschaftliche Prosperitätsphase zu stärken. Vor allem die GATT-Verhandlungsrunden setzten gemäß dem Theorem vom komparativen Kostenvorteil konsequent auf sinkende Industriezölle.

Nachdem mit dem konjunkturellen Einbruch der 1970er Jahre erste Anzeichen einer protektionistischen Renaissance erkennbar wurden, verfochten insbesondere die republikanische Reagan-Administration in Washington (1980–1988) und die Tory-Regierung unter Margarete Thatcher (1979–1990) in London einen strikten Liberalisierungskurs. Mit dem konservativen Schwenk in den USA, Großbritannien und Westdeutschland gewannen wirtschaftsliberale Konzepte wieder stärker an politischen Einfluss. Eines der wichtigsten wissenschaftlichen Zentren war die Chicagoer Schule um den Nobelpreisträger Milton Friedman (1912–2006). Sie trat für eine sehr weitgehende nationale Marktliberalisierung ein, sowie für die Privatisierung staatlicher Unternehmen vor allem in den Bereichen Telekommunikation, Medien, Postwesen, Bahn und Luftfahrt. Damit sollte eine Deregulierung bislang staatlich kontrollierter Teilmärkte (Strom, Gas, Bahn u. a.) einhergehen. Mit Blick auf die Weltwirtschaft verfocht Friedman einen kompromisslosen Freihandelskurs. Handelsbeschränkungen jedweder Art seien abzuschaffen, dem freien Spiel der Kräfte sollte kein Einhalt geboten werden. Im Rahmen des Globalisierungsdiskurses wird diese Grundrichtung als »Neoliberalismus« bezeichnet und sehr kritisch gesehen. Vor dem Hintergrund der Begriffsgeschichte – ursprünglich zielte Neoliberalismus als Eigenbezeichnung auf eine Gruppe deutscher Nationalökonomen um Walter Eucken – und angesichts der abwertenden Konnotation erscheint der Begriff aber wenig hilfreich.

Das Konzept der Chicagoer Schule war in den 1990er Jahren international sehr einflussreich. Es diente dem IWF und der Weltbank als Argumentationsgrundlage für die Aushandlung des Washington Consensus, es bildete die Basis für die ordnungspolitische Schocktherapie osteuropäischer Transformationswirtschaften und es ist bis heute Leitfaden für die Welthandelsorganisation. Dieser durchschlagende Erfolg hing auch mit dem Niedergang des großen Gegenentwurfes Sozialismus zusammen. Im Überschwang des Sieges formulierte der amerikanische Politikwissenschaftler Francis Fukuyama das Ende der Geschichte und meinte damit, dass das liberale Modell auf Dauer ohne ernsthaften Gegenentwurf bleiben würde, weshalb es als Grundlage für eine Weltwirtschaftsordnung dienen müsse.[102]

In jüngster Zeit scheint das Meinungspendel wieder etwas zurück zu schwingen. Die Skepsis gegenüber den liberalen Rezepten einer weitgehend ungezügelten Globalisierung speist sich vor allem aus der offenkundig zunehmenden sozialen Spreizung innerhalb der Gesellschaften, wie auch zwischen einigen Regionen. Zudem häufen sich alarmierende Meldungen über die ökologischen Folgen unseres Wirtschaftens. Es gibt gute Gründe zu der Annahme, dass unter diesem Aspekt insbesondere die hoch entwickelten Länder ihren Wohlstand auf Kosten ärmerer Regionen und künftiger Generationen genießen, was kaum so bleiben dürfte.

---

102 Fukuyama, Francis: Das Ende der Geschichte. Wo stehen wir? München 1992.

XII. Folgen der Globalisierung

XII.1. Niedergang des Nationalstaates?
XII.2. »Sozialer pater noster«? Auf- und Abstiegsszenarien der
Globalisierung

In der aktuellen, kontrovers ausgetragenen Globalisierungsdebatte schwingt die Geschichte mit. Befürworter wie Skeptiker greifen Erfahrungen aus der Vergangenheit auf, um die eigene Position zu stärken und widersprechende Auffassungen zu entkräften. Dabei spielt es eine untergeordnete Rolle, welchen historischen Zeitraum man der Globalisierung zugestehen möchte. Selbst die Vorstellung einer erst um 1990 einsetzenden Globalisierung blickt bereits auf 17 Jahre zurück; genug, um von einem zeitgeschichtlichen Erfahrungsschatz zu sprechen.

Nach der hier vertretenen Überzeugung laufen Globalisierungsprozesse modernen Zuschnitts seit knapp zweihundert Jahren ab. Daher lassen sich einige der heutigen Kernprobleme im Lichte vergangener Konstellationen diskutieren – sie klären zu wollen, wäre sicher ein zu vermessener Anspruch. Die ausgewählten Themen bieten denn auch historische Reflexionen in der Absicht, das Potential der Geschichtswissenschaft innerhalb des Globalisierungsdiskurses anzudeuten.

XII.1. Globalisierung – Nationalstaat – politische Stabilität

Auf den ersten Blick verkörpern Globalisierung und Nationalstaat unvereinbare, ja einander ausschließende Kategorien. Hier die Erosion von Interaktionsbarrieren, die oft genug deckungsgleich mit nationalstaatlichen Außengrenzen verlaufen. Als Folge zirkulieren Menschen, Waren und Geldströme einigermaßen ungehindert um den Globus. Dort die Identitätsstiftung durch Abgrenzung, die klassische Definition über ein begrenztes Staatsgebiet, ein Staatsvolk, eine Verfassung und eine gemeinsame kulturelle Tradition. Die Vermutung liegt auf der Hand, dass neue Nationalstaaten zahlreichere Grenzen (= Interaktionsbarrieren) bedingen, und die Globalisierung entsprechend an Dynamik verliert. Umgekehrt müsste eine voranschreitende Globalisierung den Niedergang des Modells »Nationalstaat« befördern.

Allerdings zeigen die vergangenen zweihundert Jahre, dass alle drei Globalisierungsphasen mit etlichen Nationalstaatsgründungen einhergingen. Ob Deutschland, Griechenland, Belgien, Italien sowie die neuen lateinamerikanischen Länder im 19. Jahrhundert, ob die nach 1945 in ihre Souveränität entlassenen vormaligen Kolonien oder die Gründungswelle in Osteuropa und Asien nach 1990 – in keinem Fall sind erkennbar dämpfende Auswirkungen auf die Globalisierung nachzuweisen. Ein prinzipieller und unmittelbarer Gegensatz zwischen nationalem und globalem Prinzip war und ist offenkundig nicht gegeben.

Dennoch sind die heutigen globalisierungsbedingten Zweifel an der Zukunft des Nationalstaates keineswegs unbegründet. Sie stützen sich im Wesentlichen auf zwei Argumente: erstens benachteiligt die asymmetrische Mobilität der Produktionsfaktoren (Grund/Boden, Arbeit, Kapital, Wissen) die räumlich immobile staatliche Ordnung. Während Kapital ohnehin nahezu frei vagabundiert und sich Unternehmen international aufstellen können, besteht diese Möglichkeit für das Gros der Arbeitnehmer nur sehr eingeschränkt und für öffentliche Dienstleistungen (Bildung, Verwaltung etc.) überhaupt nicht. Wenn nun Unternehmen aufgrund verschärfter Wettbewerbsbedingungen Arbeitsplätze ins Ausland verlagern und Gewinne in Länder mit einer niedrigeren Steuerbelastung transferieren, hat der Staat ein doppeltes Problem: geringere Einnahmen und höhere Arbeitslosenzahlen. Folglich schrumpfen die Finanzetats für öffentliche Aufgaben, zugleich steigen die Belastungen der Sozialversicherungssysteme. Der Staat verfügt nur noch über engere Handlungsspielräume und sieht sich wachsenden gesellschaftlichen Spannungen gegenüber.

Regionalisierung

Dem Ausdruck ›Regionalisierung‹ kommt eine doppelte Bedeutung zu. Während im landläufigen Sinne mit ›Region‹ ein Gebiet unterhalb der nationalstaatlichen Ebene meint, zielt im Globalisierungsdiskurs der Begriff auf eine Ansammlung benachbarter Staaten ab.

Dementsprechend bedeutet Regionalisierung in diesem Kontext Staatenverbund. Bespiel: der westeuropäische Integrationsprozess.

STICHWORT

Welche Optionen bleiben ihm angesichts einer solchen Entwicklung? Er kann den Standortwettbewerb annehmen und seinerseits Steuerlasten, Umweltauflagen, Lohnnebenkosten und bürokratische Auflagen reduzieren, d. h. in das *race to the bottom* eintreten. Im Gegenzug müsste er einen Teil seiner bisherigen Aktivitäten aus finanziellen Gründen einschränken, der Nationalstaat als Ganzes wäre aber (noch) nicht in Frage gestellt.

Der andere Weg weist in die Richtung regionaler Integration. Die Schaffung eines größeren einheitlichen Wirtschaftsraumes bietet den heimischen Unternehmen günstigere Rahmenbedingungen und der Staatengemeinschaft zugleich Wettbewerbsvorteile gegenüber jenen Regionen, die noch nicht integriert sind. Auch auf anderen Gebieten lassen sich integrative Synergieeffekte erzielen, etwa bei Forschung und Entwicklung.

Der in der zweiten Hälfte des 20. Jahrhunderts zu beobachtende Regionalisierungstrend ist ein Indiz für die Stichhaltigkeit dieser Überlegung. Obwohl die meisten Initiativen sich auf die ökonomische Integration beschränken – schließlich spielt hier die Globalisierungsmusik – zeigen einige Projekte sehr wohl weiterführende Schritte auf. Die Europäische Union ist diesen Weg sicherlich am höchsten hinaufgeklettert. Man sollte sich aber nicht der Illusion hingeben, dass sie sich dabei nicht versteigen könnte.

Trotzdem illustriert die Europäische Union, welche Kernkompetenzen und -symbole des Nationalstaates auf eine übergeordnete Ebene delegiert werden. So entscheidet in außenwirtschafts- und agrarpolitischen Fragen meist die in Brüssel ansässige EU-Kommission. Auch die Währungspolitik befindet sich nicht mehr in nationaler Hand. Die Deutsche Mark symbolisierte wie kaum eine andere Errungenschaft jenen Aufbaumythos, von dem die Bundesrepublik westlichen Zuschnitts so sehr zehrte. Zudem spielte sie in einer Stabilitätsliga mit dem Schweizer Franken. Dennoch ging sie ohne großes Emotionalität im Euro auf, und die Bundesbank wurde durch die Europäische Zentralbank defunktionalisiert. Die regionale Integrationsstrategie, befördert durch den Globalisierungsdruck, bestätigt mithin die These von der abnehmenden Bedeutung des Nationalstaates.

XII.2. Der soziale »pater noster«? Auf- und Abstiegsszenarien der Globalisierung

Soziale Auf- und Abstiegsszenarien waren und sind nicht ungewöhnlich. Im Gegenteil: sie zählen zu den charakteristischen Eigenschaften vertikal mobiler Gesellschaften, wie sie sich seit dem 19. Jahrhundert in der westlichen Welt herausgebildet haben. Gegenüber den vergleichsweise statischen Sozialstrukturen der Vormoderne wirbelten Industrialisierung und technische Innovationen die sich modernisierende Gesellschaft mächtig durcheinander. Traditionsreiche Berufsgruppen wie Kutscher und Huf-schmied zogen sich gemeinsam mit den dazugehörenden Pferdefuhrwer-ken aus dem öffentlichen Bild zurück, neue Tätigkeiten wie Heizer und Lokomotivführer nahmen ihren Platz ein.

Transformationsprozesse wie diese enthalten gewaltiges soziales Span-nungspotential, wenn sie eine ganze Gesellschaft ergreifen und den sozia-len »pater noster« in Gang setzen. Bestimmte gesellschaftliche (Berufs-) Gruppen steigen nach oben, andere fahren nach unten. Bereitet schon der eigene gesellschaftliche Abstieg größte Sorgen, so wächst er sich zur tief sitzenden Kränkung aus, wenn er mit dem Aufstieg des anderen kontras-tiert. Beides verstärkt das subjektive Empfinden von Ungerechtigkeit. Durch hervorgerufenen innergesellschaftlichen Spannungen entluden sich oft genug in Revolten kleineren Ausmaßes (Ludditenaufstände 1812, Ma-schinenstürmerei) und größeren Revolutionen. Sie inspirierten aber auch Karl Marx zu seinem großen Gesellschaftsentwurf.

An die Seite der Industrialisierung trat Mitte des 19. Jahrhunderts die Globalisierung. Gemeinsam trieben sie den sozialen *pater noster* noch rascher an. Die britische Textilindustrie hatte schon vor der Transportrevo-lution Europa und Indien mit seinen maschinell gefertigten Waren über-schwemmt, nur kurzfristig durch die Kontinentalsperre etwas behindert. Nach 1815 und vor allem mit dem Einsetzen leistungsfähiger kontinentaler Eisenbahnverbindungen gerieten regionale Textilproduzenten in der euro-päischen Semiperipherie (z. B. Rumänien) unter noch massiverem Wettbe-werbsdruck, dem sie nicht standhalten konnten. Eine recht ausdifferen-zierte Gewerbestruktur ging zugrunde und die betroffenen Regionen mussten sich auf die Agrar- und Grundstoffproduktion konzentrieren. Ähnliche Entwicklungen lassen sich für Indien nachweisen.

Auch das Deutsche Kaiserreich ist ein interessantes Beispiel für den sozialen *pater noster.* Während auf der einen Seite bürgerliche Industrielle wirtschaftlich und auf lange Sicht – politisch nach oben strebten, wehr-ten sich die traditionellen, auf agrarischen Besitz gestützten Eliten nach Kräften gegen den sich abzeichnenden Abstieg. Dieser speiste sich sowohl aus Industrialisierung- (Aufstieg der Schwer-, Elektro- und Chemieindus-trie) als auch aus Globalisierungseffekten (»grain invasion«). Sie waren weder bereit, angemessene politische und soziale Reformen einzuleiten, die selbstverständlich eine Machteinbuße bedeuteten, noch zeigten sie sich willens, aus eigener Kraft neue Geschäftsfelder zu erschließen. Die inneren Spannungen, denen das Kaiserreich schließlich ausgesetzt war, überstiegen seine Integrationskräfte im Ersten Weltkrieg, nachdem die Anfangseuphorie erst einmal gewichen war.

Über das ganze 20. Jahrhundert hinweg blieb die vertikale Mobilität erhalten, ihr Tempo beschleunigte sich eher noch. Die in jüngster Zeit als grenzenlos empfundene Wettbewerbssituation hat zur Folge, dass sich die berufliche Marktlage binnen weniger Jahre grundlegend ändert. Dementsprechend häufen sich Berichte über individuelle Ausbildungspfade, die sich abrupt als Sackgasse herausstellten. Machte bereits in den 1950er Jahre das Wort von der »Angst vor der Weltwirtschaft«[103] die Runde, könnte man angesichts jüngster Umfragen von der »Neuen Angst vor der Weltwirtschaft« sprechen.

Die allgemeine Stimmungslage verschärft sich durch den Eindruck, dass ein vermögender Teil der Gesellschaft von den globalisierten Rahmenbedingungen profitieren, sich gewissermaßen aus dem pater noster-Mechanismus ausklingen würde. Tatsächlich bestätigen die langfristigen statistischen Daten seit den 1970er Jahren eine wachsende Wohlstandskluft innerhalb der westlichen Gesellschaften. Während jener Bevölkerungsteil, der seinen Lebensunterhalt vom Arbeitslohn bestreitet, die Globalisierung als potentielle Bedrohung der eigenen Existenz empfinden muss, verkehrt sich diese Wahrnehmung dann ins Gegenteil, wenn man in erster Linie von Finanzgeschäften bzw. Kapitalrendite lebt.

---

103 Röpke, Wilhelm: Internationale Ordnung. 2. Aufl., Stuttgart 1954.

Teil C: Sieben Thesen zur Geschichte der Globalisierung

These 1: *Die Globalisierung im modernen Sinne setzte im 19. Jahrhundert ein.* Die drei Kernprozesse der Globalisierung, Expansion von Handlungsradien, Verdichtung großräumiger sozialer Netze und wechselseitige Beeinflussung entfernter Regionen, lassen sich über die ganze Menschheitsgeschichte zurückverfolgen. Globale Qualität erlangten sie indes erst im 15. Jahrhundert, und seit dem 19. Jahrhundert ist es sinnvoll, von moderner Globalisierung zu sprechen. Denn nunmehr wird dieser Prozess für breitere Gesellschaftskreise erfahrbar. Dementsprechend rückte der Erdball als Raum- und Handlungsgröße zunehmend ins kollektive Bewusstsein.

These 2: *Naturräumliche und kulturell-institutionelle Interaktionsbarrieren strukturieren den Globalisierungsverlauf in Raum und Zeit:* Während der prä- und protoglobalen Phase war die Expansion von Handlungsradien in hohem Maße davon abhängig, mit welcher Effizienz naturräumlichen Interaktionsbarrieren überwunden werden konnten. Im Zuge der Transport- und Kommunikationsrevolution (19. Jh.) rückte dieser Aspekt in den Hintergrund. Nunmehr dominierten kulturelle und institutionelle Interaktionsbarrieren den Verlauf, die räumliche und gesellschaftliche Struktur der Globalisierung. Damit wurde die Globalisierung bis zu einem gewissen Grad durch politische Eingriffe steuerbar.

These 3: *Die drei Globalisierungsphasen weisen zahlreiche strukturelle Analogien auf, weshalb es gerechtfertigt ist, sie als Globalisierung modernen Typs zusammenzufassen.* Zu den verbindenden Charakteristika der Globalisierung seit dem 19. Jahrhundert zählen ökonomische Interessen als Hauptantriebskraft, die Leitidee Liberalismus in verschiedenen Spielarten, das Akteursspektrum und die Triaden-Struktur. Einen wichtigen neuen Akzent setzte im 20. Jahrhundert vor allem die politische und wirtschaftliche Weltordnung.

These 4: *Die Globalisierung durchlief Phasen der Be- und Entschleunigung.* Bei der Globalisierung handelt es sich um keinen gleichmäßig voranschreitenden Prozess. Vielmehr nahm die Globalisierung im 19. Jahrhundert mächtig an Fahrt auf, nachdem zuvor die Erschließung des Globus eher gemächlich vorangeschritten war. Mittlerweile hat sie eine Dynamik erreicht, die innerhalb der Zeitspanne einer Generation fundamentale Veränderungen bewirkt. Zwischenzeitliche De-Globalisierungserscheinungen (1914–1945) beschränkten sich auf einzelne gesellschaftliche Teilbereiche (Wirtschaft), erfassten aber niemals den gesamten Trend.

These 5: *Die Globalisierung in ihrer Gesamtheit ist ein irreversibler Vorgang, der aber gewissen Steuerungsmöglichkeiten unterliegt.* Globalisierung ist ein unumkehrbarer Prozess. Es ist ausgeschlossen, dass die naturräumlichen Barrieren erneut eine solche Separationsfunktion erlangen, dass ganze Kontinente dauerhaft voneinander getrennt bleiben. Auch die kulturellen Interaktionsbarrieren *Unkenntnis* und *Furcht vor unbekannten Regionen/Kulturen* erscheinen nicht reversibel zu sein. Das Wissen um den Globus und seine Topographie, Fremdsprachenkenntnisse und interkulturelle Verständigung zählen zu den gesicherten Errungenschaften unserer Zivilisation. Bei den politisch gesetzten Hürden sieht das anders aus. Sie lassen sich bei entsprechendem Gestaltungswillen verändern, was ja auf außenwirtschaftlichem Gebiet mit schöner Regelmäßigkeit zu beobachten ist. Daher trifft es zu, dass Globalisierung zu weiten Teilen kein naturwüchsiger, unabwendbarer Trend sein muss, sondern gewissen Steuerungsmechanismen unterliegt.

These 6: *Globalisierung vollzieht sich im graduellen Wandel, bringt aber neue Qualitäten hervor.* Gleichwohl Globalisierung ein historisches Kontinuum darstellt – alles andere wäre auch sehr verwunderlich –, müssen den einzelnen Phasen unterschiedliche Qualitäten zugeschrieben werden. Ein solcher gradueller Wandel kann im Prinzip auf zweierlei Weise neue Eigenschaften generieren: Zum kann die graduelle Veränderung ab einem gewissen Niveau eine neue Qualitäten annehmen. Zum anderen generieren vormals getrennte Komponenten neue Eigenschaften, wenn sie zusammengeführt werden (Emergenz).

These 7: *Der Liberalismus fungiert als Leitidee der Globalisierung, stößt aber zunehmend an die Grenzen seiner Erklärungs- und Überzeugungskraft.* Die liberale Leitidee mit den Bausteinen Privatisierung und Deregulierung sorgte für den umfassenden Abbau institutioneller Barrieren. Mittlerweile stößt sowohl die Leitidee, als auch die damit begründete Freihandelspolitik zunehmend auf Kritik: Zum einen wird den vehementesten Vertretern des Freihandels vor allem aus den USA vorgeworfen, dass sie letztlich sehr wohl protektionistische Maßnahmen praktizieren. Der zweite und gewichtigere Einwand läuft darauf hinaus, dass die liberale Leitidee letztlich das soziale und ökologische Weltsystem an die Grenzen der Belastbarkeit führen würde – möglicherweise auch darüber hinaus.

Anhang

Abkürzungen

ASEAN	Association of South East Asian Nations
AU	Afrikanische Union
BRT	Bruttoregistertonne
COMESA	Common Market of Eastern and Southern Africa
EG	Europäische Gemeinschaft
EGKS	Europäische Gemeinschaft für Kohle und Stahl
ERP	European Recovery Program
EU	Europäische Union
EWG	Europäische Wirtschaftsgemeinschaft
FAZ	Frankfurter Allgemeine Zeitung
FDI	Foreign Direct Investments
FIFA	Fédération Internationale de Football Association
GATS	General Agreement on Trade in Services
GATT	General Agreement on Tariffs and Trade
GUS	Gemeinschaft unabhängiger Staaten
IBRD	International Bank for Reconstruction and Development
IGO	International Governmental Organization
INGO	International Non-Governmental Organization
IOC	International Olympic Committee
IWF	Internationaler Währungsfonds
Mercosur	Mercado Común del Sur
MNU	Multinationales Unternehmen
NAFTA	North America Free Trade Agreement
OEEC	Organization for European Economic Cooperation
OECD	Organizaton for Economic Cooperation and Development
SEATO	South East Asia Treaty Organization
tdw	tons dead weight (Ladegewicht)
TRIPS	Agreement on Trade Related Aspects on Intellectual Property Rights
UN	United Nations
UNO	United Nations Organization
US	United States
VOC	Vereenigde Ostindische Compagnie
wos	web of science
WTO	World Trade Organization

Graphiken

Tabellen

Abbildungen

Info-Boxen

Stichwort

Auswahlbibliographie

1. Quellen, Statistiken

Le Monde Diplomatique: Atlas der Globalisierung. Berlin 2003

Maddison, Angus: The World Economy. A Millennial Perspective. Paris (OECD) 2001

Maddison, Angus: Monitoring the World Economy 1820–1992. Paris (OECD) 1995

Mitchell, Brian R.: International Historical Statistics. Europe 1750–1993. New York [4]1998

Mitchell, Brian R.: International Historical Statistics. Africa, Asia, and Oceania 1750–1993. New York [4]2003

Mitchell, Brian R.: International Historical Statistics. The Americas 1750–1993. New York [4]1998

OECD: Historical Statistics 1960–1994. Paris 1995

OECD: Historical Statistics 1970–2000. Paris 2001

2. Überblickswerke

Bairoch, Paul: Economics and World History. Myths and Paradoxes. Chicago 1993

Beck, Ulrich: Was ist Globalisierung? Irrtümer des Globalismus – Antworten auf die Globalisierung. Frankfurt a. M. [4]1998

Bénichi, Régis: Histoire de la mondialisation. Paris [2]2006

Berger, Suzanne: Notre première mondialisation. Le Seuil, Paris 2003

Bordo, Michael D.; Taylor, Alan M.; Williamson, Jeffrey (Hrsg.): Globalization in Historical Perspective. Chicago 2003

Bordo, Michael D. (Hrsg.): Globalization in Historical Perspective. Chicago 2005

Cameron, Rondo: Geschichte der Weltwirtschaft. 2 Bde., Stuttgart 1991–1992

Borchardt, Knut: Globalisierung in historischer Perspektive. München 2001

Cohen, Daniel: La Mondialisation et ses enemies. Hachette, Paris 2004

Cowen, Noel: Global History: A Short overview. Cambridge 2001

Die Gruppe von Lissabon: Grenzen des Wettbewerbs. Die Globalisierung der Wirtschaft und die Zukunft der Menschheit. München 1997

Dürrschmidt, Jörg: Globalisierung. Bielfeld [2]2004

Edelmayer, Friedrich; Landsteiner, Erich; Pieper Renate (Hrsg.): Die Geschichte des europäischen Welthandels und der weltwirtschaftliche Globalisierungsprozeß. Wien 2001

Engel, Ulf; Middell, Matthias (Hrsg.): Bruchzonen der Globalisierung. Leipzig 2005

Fischer, Wolfram: Expansion, Integration, Globalisierung. Studien zur Geschichte der Weltwirtschaft. Hrsgg. v. Paul Erker und Heinrich Volkmann. Göttingen 1998

Frank, Andre Gunder: Orientierung im Weltsystem. Von der neuen Welt zum Reich der Mitte. Wien 2005

Frank, Andre G./Gills, Barry K. (Hrsg.): The World System. Five Hundred Years or Five Thousand? London 1993

Gills, Barry K. (Hrsg.): Globalization and Global History. London 2006

Grandner, Margarete; Rothermund, Dietmar; Schwentker, Wolfgang (Hrsg.): Globalisierung und Globalgeschichte (= Globalgeschichte und Entwicklungspolitik; Bd. 1). Wien 2005

Held, David (Hrsg.): A Globalizing World? Culture, Economics, Politics. London / New York ²2004

Holton, Robert J.: Making Globalization. Basingstoke 2005

Hopkins, Anthony G. (Hrsg.): Globalization in World History. London 2002

Hugill, Peter J.: World Trade since 1431. Geography, Technology, and Capitalism. Baltimore 1993

James, Harold: Rambouillet, 15. November 1975. Die Globalisierung der Wirtschaft. München 1997

Kofmann, Eleonore/Youngs, Gillian (Hrsg.): Globalization. Theory and Practice. London 1996

Lechner, Frank J.; Boli, John (Hrsg.): The Globalization reader. Malden u. a. ²2004

Manning, Patrick· Navigating World History. Historians Create a Global Past. New York 2003

Marks, Robert B.: Die Ursprünge der Modernen Welt. Ein globale Weltgeschichte. Darmstadt 2006 (engl. Original: The Origins of the Modern World. A Global and Ecological Narrative)

Mazlish, Bruce; Iriye, Akira (Hrsg.): The Gobal History Reader. New York, London 2005

Müller, Klaus: Globalisierung. Bonn 2002

Nolte, Hans Heinrich: Weltgeschichte. Imperien, Religionen und Systeme 1500–1900. Wien/Köln/Weimar 2005

O'Rourke, Kevin H.; Williamson, Jeoffrey G.: Globalization and History. The Evolution of a Nineteenth-Century Atlantic Economy. Cambridge/Mass. 1999

Osterhammel, Jürgen; Petersson, Niels P.: Geschichte der Globalisierung. Dimensionen, Prozesse, Epochen. 2. durchg. Ausg., München 2004

Pohl, Hans: Aufbruch zur Weltwirtschaft. Geschichte der Weltwirtschaft von der Mitte des 19. Jahrhunderts bis zum Ersten Weltkrieg. Stuttgart 1989

Robertson, Robbie: The Three Waves of Globalization. A History of a Developing Consciousness. London 2003

Scholte, Jan A.: Globalization. A Critical Introduction. Basingstoke 2000

Tilly, Richard: Globalisierung aus historischer Sicht und das Lernen aus der Geschichte (= Kölner Vorträge zur Sozial- und Wirtschaftsgeschichte, H. 41). Köln 2001

Tracy, James D. (Hrsg.): The Rise of Merchant Empires. Long-Distance Trade in the Early Modern World, 1350–1750. Cambridge 1990

Wallerstein, Immanuel: The Modern World System. Bd. 1–3. New York, San Diego 1974–1988

Walter, Rolf: Geschichte der Weltwirtschaft. Eine Einführung. Köln 2006

Waters, Malcom: Globalization. London 1995.

Willke, Helmut: Global Governance. Bielefeld 2006.

Wolf, Eric R.: Die Völker ohne Geschichte. Europa und die andere Welt seit 1400. Frankfurt/New York 1991

3. Einzelthemen

3.1. Chronologie

Abu-Lughod, Janet L.: Before European Hegemony. The World System A.D. 1250–1350. New York 1989

Aldcroft, Derek H./Sutcliffe, Anthony (Hrsg.): Europe in the International Economy 1500 to 2000. Cheltenham 1999

Bayly, Christopher A.: Die Geburt der Modernen Welt. Eine Globalgeschichte 1780–1914. Frankfurt a. M. 2006 (engl.: The Birth of the Modern World, 1780–1914. Global Connections and Comparisons. Malden/Mass. 2004)

Berend, Ivan T: An Economic History of Twentieth-Century Europe. Cambridge/UK u. a. 2006

Clark, Ian: Globalization and Fragmentation. International Relations in the Twentieth Century. Oxford 1997

Conrad, Sebastian; Osterhammel, Jürgen (Hrsg.): Das Kaiserreich transnational. Deutschland in der Welt 1871–1914. Göttingen 2004

Deutscher Bundestag (Hrsg.): Globalisierung der Weltwirtschaft. Opladen 2002 (www.bundestag.de/globalisierung)

Geyer, Martin H.; Paulmann, Johannes (Hrsg.): The Mechanics of Internationalism. Culture, Society, and Politics from the 1840s to the First World War. Oxford 2001

James, Harold: The End of Globalization. Lessons from the Great Depression. Cambridge/Mass. 2001

Matis, Herbert; Stiefel, Dieter: Die Weltwirtschaft. Struktur und Entwicklung im 20. Jahrhundert. Wien 1991

Pietschmann, Horst: Geschichte des atlantischen Systems 1580–1830. Ein historischer Versuch zur Erklärung der ›Globalisierung‹ jenseits nationalgeschichtlicher Perspektiven. Hamburg 1998

Pohl, Hans: Aufbruch der Weltwirtschaft. Geschichte der Weltwirtschaft von der Mitte des 19. Jahrhunderts bis zum Ersten Weltkrieg (= Wissenschaftliche Paperbacks, Wirtschafts- und Sozialgeschichte, Bd. 24). Stuttgart 1989

Pollard, Sidney: The International Economy since 1945. London 1997

3.2. Infrastruktur

Eichengreen, Barry: Vom Goldstandard zum Euro. Die Geschichte des internationalen Währungssystems. Berlin 2000

Headrick, David R.: The Tools of Empire. Technology and European Imperialism in the Nineteenth Century. Oxford 1981

Headrick, David R.: The Tentacles of Progress. Technology Transfer in the Age of Imperialism, 1840–1914. New York 1988

Headrick, David R.: The Invisible Weapon. Telecommunications and International Politics, 1851–1914. Oxford 1991

Hugill, Peter J.: Global Communications since 1844: Geopolitics and Technology. Baltimore 1999

3.3. Global Player

Boli, John/Thomas, George M (Hrsg.): Constructing World Culture. International Nongovernmental Organizations since 1875. Stanford 1999

Brunnengräber, Achim/Klein, Ansgar/Walk, Heike: NGOs im Prozess der Globalisierung. Mächtige Zwerge – umstrittene Riesen. Bonn 2005

Dunning, John H.: Multinational Enterprises and the Global Economy. Wokingham 1993

Iriye, Akira: Global Community. The Role of International Organizations in the Making of the Contemporary World. Berkely, Los Angeles, London 2002

Leggewie, Claus: Die Globalisierung und ihre Gegner. München 2003

Jones, Geoffrey: The Evolution of International Business. An Introduction. London 1996

Jones, Geoffrey: Merchants to Multinationals. British Trading Companies in the 19th and 20th Centuries. Oxford 2000

Jones, Geoffrey: Multinationals and global capitalism. From the Nineteenth Century to the Twenty-First Century. Oxford 2005

Jones, Geoffrey; Schröter, Harm G. (Hrsg): The Rise of Multinationals in Continental Europe. Aldershot 1993

3.4. Globalisierungsdiskurs

Featherstone, Mike (Hrsg.): Global Culture. Nationalism, Globalization and Modernity. A Theory, Culture & Society Special Issue. London 51995

Hirst, Paul/Thompson, Grahame: Globalization in Question. The International Economy and the Possibilities of Governance. Cambridge/UK 1996

Mander, Jerry/Cavanough, John: Eine andere Welt ist möglich. München 2003

Stiglitz, Joseph: Die Schatten der Globalisierung. München 2004

Wuppertal Institut (Hrsg.): Fair Future. Begrenzte Ressourcen und globale Gerechtigkeit. München 2005

4. Zeitschriften

Comparativ. Leipziger Beiträge zur Universalgeschichte und vergleichenden Gesellschaftsforschung

Zeitschrift für Weltgeschichte

Geschichte.transnational

International Journal on the History for European Expansion and Global Interaction

Jahrbuch für neue politische Ökonomie 18 (1999)

Journal of Global History

Journal of World History

5. Internetquellen

www.amnesty.de   Amnesty International Deutschland

www.attac.org   Attac

www.cwh.ucsc.edu   Center for World History

http://dmoz.org/World/Deutsch/Gesellschaft/Globalisierung/
                                    Linksammlung (open directory project)

www.eniugh.org/   European Network in Universal and
                                    Global History

www.forum-menschenrechte.de   Netzwerk von NGOs

www.forumsocialmundial.org   Weltsozialforum Porto Allegre

www.geschichte-transnational.clio-online.net
                                    Forum für Geschichte des kulturellen
                                    Transfers und transnationalen
                                    Verflechtung in Europa und der Welt

www.globalisierung-online.de   Globalisierungsportal

www.globalresearch.ca   Center for Research on Globalization

www.hwwa.de   Hamburgisches Weltwirtschaftsarchiv

www.ifg.org   International Forum on Globalization,
                                    San Francisco

www.ilo.org   Internationale Arbeitsorganisation

www.imf.org   Internationaler Währungsfonds

www.lamprecht-gesellschaft.de   Europäische Welthistoriker

www.oecd.org   Organisation für wirtschaftliche
                                    Zusammenarbeit und Entwicklung

www.thewha.org   World History Association

www.uia.org   Union of International Organizations

www.worldbank.org   Weltbank

www.worldhistorynetwork.org   The World History Network

www.wuppertal-institut.de   Wuppertaler Institut für Klima, Umwelt
                                    und Energie GmbH

Register

Das Register umfasst Personennamen, geographische Angaben und Sachbegriffe; der Ausdruck
»Globalisierung« wird nicht gelistet, da er auf jeder Seite erscheint.